EVIDENCE OF THINGS SEEN

犯罪故事沒有說的事

真實犯罪裡的正義、應報、救贖、寬恕與個人力量。

SARAH WEINMAN

薩拉・魏恩曼——編著

翻譯——麥慧芬

推薦序

犯罪永遠是社會病灶的反射與結果

范立達

很多年前，我曾在一個場合聽到刑事鑑識專家李昌鈺博士的演講，印象最深的一句話是：「這世界上有四分之一的人是靠著犯罪為生。」

這句話當然很聳動。但李昌鈺博士的意思，絕對不是認為世上有四分之一的人都是犯罪份子，他稍後解釋了這句話。所謂「靠著犯罪為生」，除了泛指犯罪者，還包括了負責刑偵、起訴、審判、執行的檢警調及司法人員。從這個核心再往外擴散，還有負責刑事鑑識、法醫鑑定、測謊、心理剖繪、精神鑑定等專業技術人員。再往外擴，連從事犯罪故事創作的作家，也都含括在內。如此算算，這世上五花八門各式各類的工作，似乎都很容易與犯罪沾上那麼一點邊。

以文學作品來說，犯罪小說、偵探小說、法庭小說、法醫小說大致已經形成一個結構非常完整的類型小說，而且普遍受到讀者的歡迎。當然，有些為人父母者，很不希望自己的兒女過於年輕時就接觸這種類型的小說，因為他們深怕孩子會受到書中殘暴血腥故事的影響，輕則作惡夢，重則扭曲人格的發展。

這種憂慮並非杞人憂天，而是有理論依據的。這理論，就是所有念過傳播科系的人都非常熟悉的「涵化理論」（Cultivation theory）。

涵化理論是喬治．葛本納（George Gerbner）等人在二十世紀七〇年代提出的一種大眾傳播理論，其觀點認為閱聽人看電視的時間愈長，他們對於現實的感知就愈接近電視的內容。

從這種理論出發，也就不難想像為什麼我們小時候都被禁止閱讀武俠小說。因為總有傳說，有些孩子看了太多的武俠小說後，信以為真，就拋下學業，上山去拜訪名師學藝了。雖然我們從來也沒看到確有此事的報導，但在眾人口耳相傳下，這種傳言慢慢就變成一種事實，而不由得不信了。

既然家長憂慮孩子讀了太多武俠小說會跑去山上學藝，同理可證，家長當然更擔心孩子讀了太多犯罪小說後，會不會變得心狠手辣，而幹下不可饒恕的罪案？

偏偏，除了犯罪小說，還有一類文學作品更加血淋淋，而且更寫實。這類作品我們稱之為「非小說」（Non-Fiction），它是建構在真實的犯罪事件上，而且是更翔實的報導與揭露。這類作品的問世，大概會讓更多家長睡不安穩。

論起這類型的「非小說」，絕對不能不提楚門．卡波提（Truman Capote）的紀實作品《冷血》。這本書是以一九五九年十一月十五日發生在美國南方小鎮一家四口滅門血案為主軸的報導文學。

據說作者卡波提花了近六年的時間，親自到監獄多次訪談涉案的兩名死刑犯，再到事發現場實地訪查，並走訪相關受害人的親人及家屬，才逐一建構出整個故事的架構。卡波提以小說創作的手法與技巧來敘述一件真實發生的命案，所以雖然這是一件真實事件，但閱讀起來如同小說一樣讓人喘不過氣來。卡波提在這部作品上或許耗盡畢生心力，所以雖然獲得莫大成就，但寫作過程卻也摧毀了他，從此再也無法產生新作。

直至今日，我還能憶起當年在閱讀《冷血》時，從背脊下方一路向上竄起的冷汗，那種戰慄感，真的是一種難得的閱讀體驗。

在卡波提之後，艾瑞克．拉森（Erik Larson）的《白城魔鬼》、《無線電擒凶記》、《死亡航跡》也是三部非虛構小說的文學作品。當然，由於作者不同，筆法不同，帶給讀者的感受自然也就不同。但與《冷血》相同的是，由於這幾部作品都是建構自實際發生的事件，閱讀時的真實感就更加強烈，心理衝擊也就更大。

身為一位媒體工作者，就我個人而言，我對於非虛構小說的喜好度當然更勝於小說。究其實，犯罪類型小說發展至今，該使用的技法及能使用的技倆大概都已經快被用光。某些寫作技巧還不純熟的作家，往往還沒把故事寫完，讀者就已經猜到結局或凶手，而有時作家為了不想讓讀者猜中結局，所以到了故事尾聲就刻意來個大反轉，或是反轉再反轉。這樣的轉折，第一次讀到時或許驚喜，但多碰幾次之後不免疲乏，也覺得落了俗套，或淪為老狗玩不出新把戲的窘境。相對而言，非虛構小說的故事既然有所本，當然也就不會有那麼天馬行空或讓人覺得胡扯一通的感覺。

只是，要完成一部非虛構作品（或是我們今日所稱的「報導文學」、「紀實文學」），作者要花費的心力可能遠勝於創作一部虛構小說。因為，既然作品非虛構，作者就必須實際走訪，不管是對人的採訪、對地點的查訪、對證據的梳理，都要耗掉作者非常多的時間與精力，而且要時時面臨碰壁的可能。或許過程相當吃力不討好，但也正因為是辛苦爬梳整理建立的故事，所以厚實度更高，也更容易傳達出故事背後的弦外之音。

《犯罪故事沒有說的事：真實犯罪裡的正義、應報、救贖、寬恕與個人力量》也是一本紀實文學，編者薩拉．魏恩曼收集了十四位作者的故事，編成此書。在本書中，你可以讀到種族歧視下的司法不公、被美化的刑警隊背後的不堪、受虐婦女自衛卻淪為階下囚的困境、金融犯罪者所享受的司法特權現象等等。由於每一篇故事都是真實事件，所以控訴的力道就更強烈，也就更值得省思。

我非常推薦本書的第六章〈連環槍擊事件的受害人與倖存者〉，作者鄭梅（May Jeong）對二〇二一年發生在亞特蘭大的按摩館連環槍擊案有非常細膩的報導。而且，鄭梅的筆法非常冷靜，對照她所呈現的是一樁連續屠殺血案，反差更大，讀來也相當震撼。

其實，一如本文最前面所述，這世界既然有四分之一的人是靠著犯罪為生，我們就該明白，我們所生活的這個世界，絕對不是個一塵不染的無菌室。犯罪永遠是社會病灶的反射與結果，閱讀犯罪小說或犯罪紀實作品，也只是直視社會的病灶。會不會受到犯罪者的影響，而讓自己被同化成同一類人？其實，都不是那麼必然。在涵化理論之外，還有宣洩理論、替代理論等不同立場的觀點，證明這的確是個多元世界，各種行為都能找到理論來解釋。那麼，身為讀者的我們，只要能把握自己的心性，並具備獨立思考的能力，在閱讀之餘更反省故事背後所欲傳達出來的種種，或許，暢讀犯罪小說或犯罪紀實報導也能讓自己大有所獲。

本文作者為資深媒體人

推薦序

沒提到的不代表沒有發生，甚至還是某種殘酷日常

出前一廷

講述真實的犯罪故事，在如今這個網路時代早已成為一門顯學，甚至還能被視為一種娛樂主流般的存在。

我們不僅會在打開 Netflix 這類影音平台時，看見許多犯罪紀實影集，就連在看 Youtube 時，也會有不少專門講知名刑案的頻道，不斷出現在「推薦影片」的清單當中。

而在 FB 這類社群網站裡，也有不少粉絲專頁與社團，讓人除了可以在上頭發表相關貼文，同時還提供了一個更方便的討論空間，讓大眾得以充當鍵盤偵探、法官，甚至是透過言語或肉搜來制裁嫌疑犯的執刑者。

在許多這類犯罪故事裡，事件往往像是一樁樁的特殊個案。凶手的瘋狂行徑與思維，都可能成為被再三強調的異質性存在。至於被害者這邊，可能則會被暗示成是某方面的咎由自取，好讓事件變得更有警惕效果。

但事實上，那些被反覆強調的特殊性，可能只是扭曲與放大過後的結果。要是我們獲得更全面的資訊，或許便會發現，那些案件被講述的角度，其實乃是經由各方面的權衡而成。除了刻意百轉千折的娛樂性，有時甚至還與種族、性別、社經階級的刻板印象有關，藉由強調「非我族類」的方式，讓這些原本可以探討更多社會問題的悲劇，就這麼成為了駭人聽聞的娛樂節目，或是殺雞儆猴般的說教方式。

然而，在此同時，也有一些同類作品，試圖帶來更全面的角度，探討這些案件背後的成因、偵辦過程的弊病，或是審判結果引發的爭論等等，努力指出我們應當致力改善的問題及措施，在確實藉由案件內容抓住我們注意力的同時，也帶來了更多更具意義的思考方向。

收錄十四篇不同作者發表於各大媒體的犯罪紀實文章，並按照其內容分為三大部，由薩拉．魏恩曼編纂的《犯罪故事沒有說的事》，便是這樣的一本作品。

第一部〈我們應該深思的問題〉，將焦點放在因社會結構而起的案件上，反映出種族與性別歧視，或是貧富差距導致的各種問題，在案件中扮演著怎樣的角色，並藉此告訴我們，這些歧視與偏見不僅可能導致凶手行凶，甚至還會在警方執法與法庭審理時發揮驚人影響，讓理應付出更大代價的人被為之輕饒，而有些情有可原的犯罪者，反倒被處以嚴刑。

在有些文章裡，我們還會發現一些案件由於偏見之故，最後成為未解懸案，甚至慘遭警方忽略，在根本還來不及成為犯罪故事的情況下，便被加以掩蓋。

而第二部〈我們講述的真實犯罪〉，則像是這些犯罪記者與作家，反過來對自身與同行的省思。其中包括知名的冤案受害者阿曼達．納克斯，親筆寫下她對那些刻意渲染的報導，還有以這場案件做為靈感，但卻從未徵詢過她的意見便拍攝而成的電影等相關看法。

此外，有些為了獨家消息而刻意討好警方的記者，也在這個篇章裡被加以質疑。至於平民百姓透過網路自主辦案，以及大受好萊塢歡迎，時常做為某些節目來賓或影集角色原型的警探，其實是大有問題的執法者這點，同樣讓我們看見了許多並未被一般犯罪故事言說過的切入角度。

至於第三部〈正義的碎片〉，則是把焦點放在那些犯罪故事看似已經完結後的階段。

那些犯人是否真的十惡不赦？究竟有沒有改過自新的可能？我們可以如何幫助被害者從陰影中走出？身為犯罪記者，是否應該為了追求真相而忽略人類應有的情感？一個案件究竟有多少種不同的審視角度？當我們深信這些內容時，是否有考慮過它們被訴說的方式，很可能是為了流量或政治目的而服務？

在《犯罪故事沒有說的事》的十四篇文章裡，我們將會發現，原來，這些犯罪故事始終不是什麼獨立的特殊個案。它們並非一座座的孤島，而像是由無數道路連結而成的一個個地區，讓我們沒發現原來自己只要轉錯一個小彎，或許便會置身其中。

沒轉進去的路不代表就不存在，正如同犯罪故事沒提到的那些事，不代表就沒發生，甚至還是某些族群，那早已習慣的一種殘酷日常。

本文作者為影／書評者

目錄

推薦序　范立達　003

推薦序　出前一廷　008

前言　017

編者序　025

第一部　我們應該深思的問題

一、殘暴的私刑、冷漠的警力，等待了三十四年的正義　035

「因為我們經歷的一切，因為我們成長的方式，所以我們黑人有自己的一套方式，而寬恕是我們學會的第一件事。」

二、短暫的生命與庇護餘蔭　051

「在這個世界上的某個地方，年輕的男孩或女孩害怕說出他們的經歷、害怕指出加害者……因為他們太過恐懼了。」

三、她們別無選擇，不得不這麼做　077

「我和來自不同國家、不同種族文化的數千名女受刑人一起生活……我們當中的許多人都只是在保護自己，或者在錯的時間與錯的人在一起，不然就是根本沒有犯下任何罪行。」

四、白領犯罪的黃金年代　111

一個地位穩固又不受控的超級掠奪者階層，正在肆虐美國社會，帶來浩劫。在這個過程中，他們摧毀了唯一能夠阻止他們的體制。

五、隱藏在加州如畫景色下的失蹤原住民女性 143
「案件數量清楚顯示這是一個危機，但大家對原民女性視而不見，這個問題一直沒有獲得解決……這些都是我們的同胞。她們需要回家。」

六、連環槍擊事件的受害人與倖存者 159
在移民成為移民，在這個身分成為她們的定義之前，這些女性腦子裡想的全是即將開展的遠景……在決定離開時，她們往往也做出了可能再也見不到家人或故鄉的決定。

第二部　我們講述的真實犯罪

七、誰擁有阿曼達．納克斯？ 195
步回自由世界之後，我知道自己的那個分身依然與我形影不離。我知道從那件事開始，我遇到的每個人都在與我見面之前，就先認識並評判過我的那個分身。

八、在你的心上綁條止血帶：警線記者艾德娜．布坎南的報導 209
布坎南的話就像是一個神諭，預言未來將滿是重述殺人案的播客，以及無止無盡的真實犯罪節目，她用一句話呈現犯罪紀實的吸引力所在：「可是我忘不了。」

目錄

九、犯罪紀實迷與一起丈夫失蹤的怪異案件 227

在任何網路關係中，親密感都能快速建立。她可以在社群媒體上毫不費力地成為任何人，在進入面對面相處前，她已經先在網路上創造出連結。

十、現實已經追上《重案組》了嗎？ 253

「從各個角色的觀點來創作，會有一種嵌入式敘事的效果……這樣的創作方式確實會要求作者做好自己的工作，把故事中各個角色的觀點完整呈現在觀眾眼前。」

第三部　正義的碎片

十一、你會改變嗎？ 273

「正義對不同人具有不同意義，我們永遠不可能達致完全的正義，不是嗎？有些東西已經被剝奪了。重點在於我們可以做些什麼，讓受害者變得更加完整。」

十二、觸及死囚內心的受刑人廣播電台 297

「這個電台對我很重要，真的很重要，而這也是我能做的唯一一件事。我是一個人。一個人待在牢房裡。我能做的就是把我想的說給你們聽。」

十三、致受害者之子 307
我見到你的那天，你的父親遭到槍殺身亡……這就是我以前過的日子：等著某件事情發生、期待某件事情不會發生、接電話、開車，永遠都在開車趕往災難現場。

十四、德州的三具屍體 315
這場悲劇，單純以其無法挽救的結局來看，感覺上根本就逃不了……三個人，一個完整的家庭，就此灰飛煙滅。從某個角度來看，警方的涉入可以看成是一段毫無關連的劇情。

謝辭 349
其他值得注意的犯罪事件 351
本書作者群 355
授權同意 360

前言

拉比雅・查德瑞 Rabia Chaudry

橫跨各式媒體型態的各種犯罪紀實類型，對於我們社會的影響是否弊大於利，長久以來爭論不休。多年來，意識到犯罪紀實的蓬勃發展，出現了一股反制力量。

來自各方的批評聲浪，舉出真實犯罪報導如何對我們產生害處。一方面，大眾文化評論者如蘿拉・波加特（Laura Bogart）擔心暴力和暴力犯罪者被美化與藉機牟利的問題；蘿拉的社論〈我們對犯罪紀實的執著為什麼會危害社會〉明確表達了立場，她表示：「呈現手法拙劣的犯罪故事……將殘暴與深度劃上等號。」她也正確指出，像泰德・邦迪（Ted Bundy）與傑佛瑞・達默（Jeffrey Dahmer）★這樣的惡人在大眾文化留下永恆的刻記，然而受害者卻被遺忘了。

另一方面，犯罪紀實對於我們集體的心理健康所造成的危害，也讓人感到憂心。不僅網路評論者與媒體人提出這樣的擔憂，心理健康專家也同感不安。二〇

★譯按：泰德・邦迪是美國連環殺手，一九七四至七八年間殺害三十名受害者；傑佛瑞・達默同樣是美國變態連環殺手，一九七八至九一年間殺害十七名受者。

二一年，針對犯罪紀實播客、著作與電視節目的數量不斷攀升，克里夫蘭醫學中心（Cleveland Clinic）點出一個問題：「你對犯罪紀實的熱愛，是否影響了自己的心理健康？」而他們的答案是「可能」兩個字。因時因地因人的不同狀況，犯罪紀實作品確實會增加一個人的焦慮程度、影響社交技能、干擾睡眠，甚至導致過度換氣與心悸的問題。他們認為對於謀殺、強暴等各種可怕暴力的報導或描寫，都可能讓人變得疑神疑鬼和恐懼而無法正常生活，尤其是女性。這些故事讓我們對陌生人感到不信任與害怕，甚至不敢和鄰居閒聊，就怕會遇到下一個約翰・韋恩・蓋西（John Wayne Gacy）或艾琳・烏爾諾斯（Aileen Wuornos）★。這些評論指出，少了人與人之間的寒暄問候，社交連結與個人快樂的程度都比較低。他們建議，留意自己的身體對於犯罪紀實的反應，要懂得適時抽離。

這兩種論點的背後存在一個相同的基本假設：犯罪紀實近來才成為全美（不對，應該說全球）的「執念」（Obsession）。而它的擴張正是我們問題的根源。我們被它包圍了，無處可逃。

然而，這是一個錯誤的假設。自從有人類歷史以來，大眾就著迷於犯罪紀實。罪行與罪犯一直都是偉大故事的核心。從聖經到莎士比亞，所有受人讚揚的巨作都不缺犯罪元素，暴力犯罪尤其揭露了人性最黑暗的一面——嫉妒、貪婪、慾望、傲

★譯按：約翰・韋恩・蓋西在一九七二至七八年間至少性侵、虐待並謀殺了三十三名男性；艾琳・烏爾諾斯在一九八九至九〇年連續劫殺七名男嫖客。

慢。這些內容具有訓誡意義，反映出我們內在的驅力，也確保人們不會偏離正義、聖潔等等概念太遠。

早在泰德·邦迪成為犯罪紀實的代表性人物之前，開膛手傑克就已牢牢盤據著數百萬，甚至上千萬人的夢魘（至今依然如此）。美國長大的孩子，誰沒有唱過那首關於麗琪·伯頓用斧頭謀殺雙親的童謠★，即使事件發生距今已百年？亞瑟·柯南·道爾爵士（Sir Arthur Conan Doyle）、阿嘉莎·克莉絲蒂（Agatha Christie），還有十六世紀犯罪報導、十九世紀英國恐怖故事的成千上萬名作者，外加《哈迪男孩》（*Hardy Boys*）與《南西·朱爾》（*Nancy Drew*）✝系列作品，他們不僅全都認同大眾對犯罪故事的興趣永遠不滅，也依靠這股興趣而存。再說，夜間新聞除了快速評論當天在地的犯罪事件，還能有什麼其他看頭？過去數十年間的所有改變，只不過是新型態的媒體可以提供我們更快、更容易接觸到犯罪紀實的管道，而且近乎即時、擴及全球。我們不需要離開家裡舒服的沙發，就可以透過串流服務，隨時點播紀錄片與播客節目，而且選擇的內容不僅限於當地的犯罪案件，還可以看到印度、澳洲、愛爾蘭、以色列的各種犯罪報導。

★ 譯按：歌詞只有四句：麗琪·伯頓拿斧頭，大砍媽媽四十下，轉過神，第四十一下砍爸爸。這首童謠源於遭控用斧頭殺害父親與繼母的麗琪·伯頓，她在一八九二年受審後無罪釋放。

✝ 譯按：一九七七至七九年間播出的美國電視影集，改編自同名系列小說。

所以對犯罪紀實的執迷並不是什麼新鮮事，社會關注惡名昭彰的罪犯也不是新聞。差別只在於這樣的胃口在現代更容易獲得滿足。儘管平均而言，我們接觸到真實犯罪報導的機會是前所未有的高，但要說完全無法避免也不對，畢竟根據太平洋內容（Pacific Content）這家播客服務公司的說法，二〇二二年位居排行榜前茅的節目中，只有百分之十七是犯罪紀實類節目；同一年，愛迪生研究（Edison Research）這家調研公司也表示，在最受歡迎的播客類型裡，犯罪紀實僅列第四。換言之，唯有當你自己選擇耽溺在真實犯罪的泡泡裡，才會感覺像被它們給包圍。

至於犯罪紀實對心理與情緒健康的影響，相關警訊似乎也缺乏實證。我們需要更多研究來判斷究竟會造成什麼影響。有趣的是，包括本書部分內容的各種現有資料顯示，犯罪紀實其實對社會有益。各位讀者手中的這本選集就是一個好證據，證明若沒有這類作品存在，像我這樣的犯罪紀實支持者會感到茫然無措，在講述遭到漠視的犯罪受害者以及刑事司法體制的受害者時，也要面對無米之炊的困境。

一九九九年我還是法學院學生時，我弟的死黨阿德南．賽義德（Adnan Syed）因涉嫌殺害同學李海敏（Hae Min Lee）而遭判刑。阿德南被捕時才十七歲，而且自從警察把他從床上拖下來、上銬帶走的那天起，他始終堅稱自己無辜。我一直相信他的清白，還傻傻等了十五年的時間，期待上訴法院可以還給阿德南該有的公道。最後我轉向真實犯罪報導。播客節目《連環殺手》（*Serial*）讓阿德南的案子受到他迫切需要的關注、知名度、資金與支持，並成了國際新聞，但這些情況並沒有讓他沉冤昭雪。於是我把這個案子寫成書，製作了一個HBO的系列影片，並推出我自己的播客節目《未公開的事》（*Undisclosed*），律師蘇珊・辛普森（Susan Simpson）與柯林・米勒（Colin Miller）都是節目的座上賓，他們先檢視了阿德南的案子，接著又繼續調查報導其他二十四起冤案。

因為我們的努力，包括阿德南在內的那些冤案被告，目前有半數都回到自己家中，這就是犯罪紀實帶來的改變。我們的調查與報導揭露了新證據，包含從未被約談過的證人與從未納入考量的相關線索。藉由《未公開的事》以及其他類似節目，我們得以教育億萬觀眾刑事司法制度的實際運作方式。過去十年，美國人對於警察暴力、檢察官的不當行為、垃圾科學、結構性的種族歧視、虛偽自白、現金保釋對貧困者的影響，以及監獄私有化等現狀的理解，達到了有史以來之最，而幾乎所有這些教育都得力於犯罪紀實報導。

也因為這個原因，才會有這本選集。書中收錄多篇真實發生的案件，耐人尋味又令人憤慨，引人入勝卻也教育性十足。一開始，我們透過每個人都應該知道的案例，來看看這個國家面臨什麼問題，或者應該思考什麼問題：對於受暴非裔女童和婦女的冷漠無情、全美數千名原民女子失蹤與遭到殺害、因警方疏失而讓一宗私刑非裔青年的案件懸宕多年、超過九成的女性受刑人遭遇身體虐待與性虐待，以及針對亞裔美國人的仇恨犯罪殺人案件持續增加。

這些故事通常都不為人知，直到最近才開始浮出檯面，畢竟過去數百年來，犯罪紀實始終聚焦於成功執法與維持治安、體制的榮譽與值得敬重，以及贏得大眾讚揚的執法人員。即便今日我們都知道這個國家種族歧視的歷史真相，各州也明令禁止種族不公，但是長久以來被埋藏在美國優越論假象之下的這些案件，依然要費盡全力才能讓世人知道。我們很少聽過這些被害人的經歷，**現身說法**更是難上加難，因為，一如接下來內容所呈現的，是**說故事的人**決定了要說什麼樣的故事。

誰掌握了犯罪故事中核心人物的面貌、名字與生活？誰是受害者、加害者或英雄？什麼樣的權威可以做為刑事正義的可靠來源？正義又是由誰分配？這些都是本書要提出來的問題，由一條共同的線串在一起：數十年來，公眾的認知是由不可靠的敘事者所形塑的。我們以前聽過的故事，是值得頌揚、充滿責任感、靠直覺辦案的警探，以及受害者要為自己的遭遇負些責任。現在則是私刑主義興起，輕信的網路群體一頭熱要解開謎團、伸張正義，但是他們賴以行動的訊息，輕則值得懷疑，重則是有心人士為了操弄而精心設計的謊言。我們要思考網頁訊息背後的意涵，質疑或至少多想一下訊息來源，了解我們自己的認知與成見是如何受到不可盡信的敘述者影響，同時對於掌握媒體話語權的人保持警覺。

最後，本書也會帶我們看到今日正在改變的司法現狀，以及那些努力找回自己的力量並尋求救贖的人。從讓性侵受害者與施暴者面對面的方案，到給予死囚最後一次機會重拾人性的廣播電台，這些故事讓我們看到的不只是最初的報導。定罪之後，甚至暴力事件過後的歲歲年年，都發生了什麼事？真實犯罪故事中的人物如何處理他們的創傷？這本書會改變大家對於正義、救贖、個人力量，甚至寬恕的想法。

對於犯罪紀實的部分批評或許確有其理；但反過來說，真實犯罪報導已經成為最強有力的宣傳工具，讓我們看到那些可能有機會改變人心、思想與體制的故事。正是透過這樣的媒介，我們得以挑戰國家對於犯罪的公共敘事所造成的深遠影響。我們當中有許多人經歷嚴厲掃蕩犯罪的年代，有更多人對三振出局★的作法點頭讚許，也有很多人是盯著電視收看惡貫滿盈的罪犯下場。收穫人心的犯罪紀實故事，在對抗國家權力的鬥爭中發揮重要功能，它是一種抵抗和賦權的工具，也是一種將邊緣與陰暗角落的觀點納入公共敘事的方法。身為冤獄平反與刑事司法改革的支持者，我發現不論是教育自己或他人有關系統性不公平，或是挑戰難以撼動的錯誤認

★譯按：美國一九五二年開始實施累犯處罰法（habitual offender laws），針對第二次或第三次犯下重罪的慣犯從重量刑，一九九三年華盛頓州通過三振法（three-strikes laws），次年加州跟進，針對第三次犯下重罪的慣犯處以無期徒刑。美國二十八州都有類似的三振法。

知，犯罪紀實都是最有效的工具。

這本書就是一個證據，證明犯罪紀實是有用處的，藉由提供一扇窗窺視我們從未聽過的、來自我們從未關心過的社會角落的故事，在或大或小的層面上傳遞正義的概念。薩拉·魏恩曼是編輯首選，她對於犯罪寫作與思考經驗豐富，能夠以嚮導的角色把所有事件串在一起，讓我們可以把點連成面，也可以做得更好。

編者序

薩拉・魏恩曼 Sarah Weinman

多年來我見過最撼動人心的真實犯罪作品，被塞在紐約市立博物館一個不容易找到的角落。這可不是我在二〇二二年春天新當代藝術博物館為藝術家費絲・林戈德（Faith Ringgold）★舉辦的回顧展中，預期會看到的。費絲・林戈德是一位令人敬佩的教育者與社會運動者，以備受讚譽的「故事被」聞名，她的創作讓人發自內心重思非裔美國人歷史的主要問題。

林戈德的「故事被」當然值得大家進入博物館觀賞。然而不論當時或後來，我的思緒焦點卻不斷回到那個串連博物館三、四樓的梯間角落——林戈德創作的塑像《亞特蘭大兒童》（*Atlanta Children*）和《尖叫的女子》（*The Screaming Woman*）被悄悄移到這個角落。

置於右邊的《亞特蘭大兒童》，結構如一張棋盤，但立在其中的不是常見的棋

★譯按：費絲・林戈德是出生於紐約哈林區的非裔美籍畫家、作者、複合媒材雕塑家與表演藝術家，最著名的是結合了敘事、繪畫與絎縫術（quilting）的藝術作品。

子。每一個小雕像都刻畫著一個焦慮、痛苦或已死亡的黑人小孩。左邊是一尊穿著綠色洋裝的女性塑像（《尖叫的女子》），洋裝右側的翻領處點綴了一顆鈕釦，手裡拿著一張林戈德設計的海報「拯救我們在亞特蘭大的孩子」（Save Our Children in Atlanta），海報上列出二十八名男女童與年輕男子的名字。「謹此紀念所有在生命破曉之際就遭到惡意殘害的人，」他在海報上這樣寫道。「讓仇恨和冷漠的罪惡無法存活於美國。杜絕兒童殘殺！」

正如同一九八一年這兩樣作品問世後看過的每一位觀眾，我在二〇二二年與這些文字和影像產生共鳴。林戈德這個系列的創作源於亞特蘭大兒童謀殺案★，是美國人記憶中最令人驚疑的連環殺人案之一，它不同於一般真實犯罪的故事，卻成為一個深具啟發性的重要文本，而其主題與軌跡也啟發了本書。

———

黑人男孩與女孩相繼失蹤後，被發現遭殺害的地點就在亞特蘭大市及其周邊地帶。一九七九至八一年間，死亡人數持續攀升，撲朔迷離的案情卻令人沮喪地陷入膠著，受害孩子的父母要求伸張正義，因為眼前所見顯然毫無正義。後來奈森尼爾·卡特（Nathaniel Cater）與吉米·瑞·派恩（Jimmy Ray Payne）兩名二十多歲

★譯按：一九七九年七月至一九八一年五月間，喬治亞州亞特蘭大市有超過二十八名黑人遭到殺害，受害者大多是兒童。調查人員最後認定因其他殺人案遭逮捕與判刑的韋恩·威廉斯（Wayne Williams）是凶手，但並無直接證據，威廉斯也未因該連環命案受審，結案過程引發極大爭議。二〇一九年亞特蘭大市長宣布重新檢視此案證據。

的成年人遇害，而二十三歲的韋恩・威廉斯（Wayne Williams）因此遭到逮捕，相關單位以值得商榷的間接證據入罪。儘管警方立即將威廉斯列為兒童謀殺案的主嫌，殺人暴行也的確在一九八二年威廉斯因卡特與派恩之死而被判刑後停止，但威廉斯從頭到尾都沒有正式因為連環殺人案而遭到起訴。之後的數十年間，更多問題益發受人矚目：亞特蘭大警方為什麼沒有更嚴肅、更早地處理這些殺人案？系統性的不平等，從不對稱的經濟地位到根本無家可歸，甚至最重要的種族歧視，如何影響這起案件的調查走向與錯誤？

四十多年後，經過無數書籍、播客、紀錄片與改編電視影集的探討後，亞特蘭大兒童謀殺案依然是刑事案件中的一組密碼。始終無法提出令人心服口服的說法，凸顯了刑事司法制度如何辜負那些遭到殺害的受害者與他們的家屬。然而這樣的失敗並非源於大家始終一無所知的案情或真相，而是源於已知且顯而易見，卻始終遭到集體否認的一切。

難怪備受讚揚的作家詹姆斯・鮑德溫（James Baldwin）覺得有必要先在《花花公子》雜誌上撰文，隨後又在他去世兩年前的一九八五年出版《未見之事的確據》（*The Evidence of Things Not Seen*）一書，呼籲大家探討亞特蘭大兒童謀殺案；此書距離將他推向民權運動哲人王名氣顛峰的《下一次將是烈火》（*The Fire Next*

Time, 1963），已過了二十年。鮑德溫的作品本應為混亂局勢帶來秩序，而他也被不公平地期待可以減輕白人的罪惡感，提供可資慰藉的希望。

然而到了一九八〇年代初期，美國人對他的態度卻轉為憎厭。不論是小說或非小說，讀者認為他後來的作品令人掃興，因為說實話已經不再流行、不再合乎胃口，也不再是通往理想主義的一個管道。就像作家希爾頓．艾爾斯（Hilton Als）在一九九八年所寫的，「鮑德溫過份嚴謹的思考過程與他巴洛克式的語句，突然之間似乎變得無可救藥地落伍、自我膨脹與自我奉承。」反對進步的聲浪高漲，極度保守的雷根派共和黨政治風氣盛行。只不過鮑德溫依然堅持一貫的表達方式，依然大聲批評本質上的不平等。倒是較年輕的世代認為童妮．摩里森（Toni Morrison）、愛麗斯．沃克（Alice Walker）與托妮．凱德．班巴拉（Toni Cade Bambara）★的作品與他們更有連結。大家汲汲營營尋找不同的認同，反而沒有看見：鮑德溫依舊擁有烈火之心，以及他依舊與終點距離遙遠。

大眾對於鮑德溫的態度改變，或許也可以解釋為什麼一開始讀者對於《未見之事的確據》的批評，竟是一面倒的感到困惑。鮑德溫不想訴諸典型的犯罪紀實敘事，甚或傳統的敘事手法。他對於亞特蘭大警方與市政府相關機構的猛烈抨擊，是一首不斷重複的曲調，可惜大多數人只想把音樂關掉。他的報導值得深思：儘管他

★譯按：童妮．摩里森是美國小說家，一九九三年獲頒諾貝爾文學獎，成為史上第一位女性黑人諾貝爾文學獎得主；愛麗斯．沃克在一九八二年因《紫色姊妹花》（*The Color Purple*）成為第一位普立茲獎小說類的黑人女性得主；托妮．凱德．班巴拉是非裔美籍作家、紀錄片製作人、社會運動者。

的確走訪犯罪現場，也見證受害者遺下的摯愛，但對於這些受害孩童的父母，在他們承受了巨大痛苦和飽受折磨之後，鮑德溫最終的結論是，他實在無法再強加自己的期望於他們。

當時令大眾感到困惑的事，在今日這個規範與共識現實逐漸鬆綁的社會，看來更說得通了。隨著時間經過，《未見之事的確據》的聲望合理地上揚，它被認為是其他相關作品的先驅，讓我們知道犯罪如何與社會結構交織在一起、法律制度的建立如何辜負數百萬計的邊緣人，以及社會上層的集體聲音又是如何取代有關犯罪者的傳統敘事。

一如鮑德溫在該書前言所說，亞特蘭大兒童謀殺案最終創造出一種持續的恐懼，而且因為那樣的情緒實在太過巨大，「恐懼不能被記住，於是把它抹去。」那不是對於死亡的恐懼，而是「對於被摧毀的恐懼」。這種可以察覺的恐懼感，瀰漫在鮑德溫與「身為白人國家中的黑人孩童」的每一次互動。

問題不在於未見之事的證據，而是我們的社會依然拒絕看見的事。當正義女神自願蒙上雙眼時，代價的危害有多大，而這樣的傷害又有多麼難以挽回？費絲．林戈德與詹姆斯．鮑德溫對此了然於心，犯罪始終是更多痛苦的催化劑，任何追求正義的努力都無法減輕這樣的痛苦。

過去幾年我們不斷見證撼天動地的改變，整個世界持續動盪：新冠疫情蔓延；抗議種族歧視，以及接踵而至的激烈反彈；右翼極端主義與白人至上的病兆；氣候變遷造成的氣溫急遽變化；生殖權與非二元性別者的權利被抹殺；以及二〇二一年一月六日美國國會山莊暴動所凸顯的現實扭曲。

大多數這些重大事件都令人驚心，卻不驚訝。在所有願意費心關注時事的人眼中，這些都是證據。然而，否定現實卻是比正視現實更有效的春藥。舉例來說，將大規模槍殺案的行凶者塑造成一個精神異常的孤狼，遠比指出凶手不過是一個根源於偏執與陰謀論、更強大也更應被譴責的意識型態轉輪裡的一根小螺絲釘，要簡單得多。

真實犯罪無法與社會脫鉤，因為犯罪永遠都是社會病灶的反射與結果。從二〇一四年影集《連環殺手》第一季開始，大眾對於犯罪紀實的集體興趣不斷上升，然而它也變得更廣大、更令人擔憂，增長速度讓人無法不加以正視。

本書原文書名 Evidence of Things Seen 是為了要致敬二十世紀後半葉的先知鮑德溫。全書分成三部分：第一部〈我們應該深思的問題〉檢視過去幾年間發生的事件，以及促使它們發生的原因。普立茲獎得主威斯利・勞瑞（Wesley Lowery）描繪一九八〇年代的私刑，莎曼莎・史凱勒（Samantha Schuyler）記錄「黑人的命也是命」運動的參與者托因・沙勞（Toyin Salau）短暫的一生與慘遭殺害，藉此探究過去與當前的種族歧視。

加拿大作家布蘭迪・莫林（Brandi Morin）深入追蹤原住民女性與女孩失蹤及遭殺害的困境，尤其針對美國加州地區，但同樣狀況普遍存在於北美各區。賈斯婷・馮德盧恩（Justine van der Leun）則是調查了那些因不堪家暴而殺害施虐配偶的人，他們長期被視為犯罪者而非受害者的狀況令人感到挫敗。白領犯罪與聯邦政府立場堅定拒絕懲罰那些參與犯罪的人，透過麥可・哈比斯（Michael Hobbes）的文字，讓我們得以看到完整的論述。鄭梅（May Jeong）對二〇二一年按摩館槍殺案，以及這起案件對美國亞洲社群的影響，乃至更廣泛的排外與仇外心理所做的強有力報導，使得亞特蘭大再次迎來慘痛的注目焦點。

第二部〈我們講述的真實犯罪〉檢視了犯罪紀實類作品，以及那些推波助瀾者。阿曼達・納克斯（Amanda Knox）以令人難忘的寫作方式，展現了她自己的敘述與觀點。戴安娜・摩斯柯維茲（Diana Moskovitz）與勞拉・貝佐倫（Lara Bazelon）描繪邁阿密警線記者與作家艾德娜・布坎南（Edna Buchanan）以及巴爾的摩記者兼電視節目主持人大衛・賽門（David Simon）的作品，所帶來的影響、問題與傷害。尤葉維茲（RF Jurjevics）詳實分析犯罪紀實與消費群眾之間的依存關係愈來愈緊密，以及業餘者的加入讓情況變得險象環生。

第三部〈正義的碎片〉針對嚴重撕裂的法律制度與犯罪紀實作品本身，提出了前進的路徑。愛蜜麗亞・頌貝克（Amelia Schonbek）懷著無比的同理心，檢視一件修復式司法（restorative justice）的案例。凱莉・布萊金格（Keri Blakinger）是仍活躍於前線的優秀刑事司法記者，她帶我們深入一個專供受刑人收聽的廣播電台，看它如何讓死刑犯找到慰藉與平靜。蘇菲・海格尼（Sophie Haigney）寫給親眼目睹自己父親死於槍枝暴力的受害者遺族的信，不但令人感動，也顛覆了眾人的預期。瑪麗卡・拉奧（Mallika Rao）在一樁令人無法理解的謀殺案中，找到了更重要的意義，甚至希望。

書中十四起犯罪故事，還有拉比雅・查德瑞鞭辟入裡的前言，都反映出犯罪紀實已經從提供答案轉向提出更多問題。這些故事證明了我們的生活中存在令人不安的事實，我們必須持續面對與處理它們，才能讓犯罪紀實走得更遠，達到更高的道德標準與目標。我們的責任在於善用我們所見的證據，利用它們來做更多更多的事。

第一部

我們應該深思的問題

一、殘暴的私刑、冷漠的警力，等待了三十四年的正義

作者：威斯利·勞瑞

薇奧拉．柯金斯．桃西（Viola Coggins-Dorsey）在她生命的最後幾週，預見了未來。

這位七十六歲的老太太因糖尿病導致腎衰竭，纏綿病榻多年。二〇一六年二月，已經病入膏肓的她無法進食，被送進埃默里大學附屬醫院。有天晚上，當她女兒泰莉莎準備播放她最喜愛的歌曲，一首鄉村風福音歌《清新涼水》（*Cooling Water*），桃西突然說出一句令人震驚的話。

「他們知道誰殺了提姆，」她說。

「妳說什麼，媽媽？」泰莉莎回應，她覺得一定是自己聽錯了。

「他們知道誰殺了提姆，」老太太堅持地又說了一遍。「我是看不到了，但他們一定會抓到殺了提姆的人。」

二十三歲的提摩西．柯金斯（Timothy Coggins）在一九八三年十月遇害，他在桃西八個孩子中排行老四。三十多年來，這起案件不僅讓整個柯金斯家族陷入愁雲慘霧，就連位於亞特蘭大市南方車程四十五分鐘的農業郡斯伯汀（Spalding）也籠罩著陰影。提摩西遭到支解的屍體在向陽區（Sunny Side）一棵當地人稱為「上吊樹」的大橡樹下被發現，凶手在他身上捅了數十刀，又在他的腹部留下一個如南北戰爭旗幟標緻的X符號。向陽區是斯伯汀郡的貧窮白人區。這起命案的調查毫無進展，短短兩週後，當地治安署★實質上已經放棄調查。柯金斯一家人早就不對破案抱持任何期待，到了這個時候，大家更是鮮少談及此事。泰莉莎認為重病的母親應該只是把心裡的話說出來。

泰莉莎比提姆小兩歲，是兄弟姊妹中與提姆最親的。是提姆教會她騎腳踏車，還帶她認識從雜貨店走回家的路。泰莉莎十八歲生產時，第一個衝進屋子裡恭喜她的人也是提姆。她的哥哥外向風趣，泰莉莎這麼告訴我。他喜歡熱鬧，總是時不時跟新朋友、老朋友在外頭玩到深夜。他哥哥的笑容沒有人抵擋得了，他對所有人都親切友善。

提姆失蹤的那天晚上，泰莉莎曾和他一起待在酒吧裡，那是一棟磚造的房子，位於一條安靜的鄉間小路轉角，外牆漆著黑、棕兩色，搭配一塊相當吸睛的紅色招牌。在當時的斯伯汀郡，週五夜晚的最佳去處，就是位在最大城鎮格里芬（Griffin）黑人區的這家酒吧，不但有各類酒品齊全的吧台，還供應烤肉。酒吧裡摩肩接踵，除了艾瑞莎・弗蘭克林（Aretha Franklin）與馬文・蓋（Marvin Gaye）的歌持續放送，一九八三年的秋天還有麥可・傑克森的歌聲。酒吧的舞池凸顯了提姆的個人魅力，總是能夠看到他獨領風騷。近幾週，光顧酒吧的人常常看到他和一名年輕的白人女性搖臀擺舞，在清一色黑人的場合中尤其顯眼。

★譯按：美國警力主要分為聯邦警察、州警察及地方警察，其中郡級的地方警力為治安署（Sheriffs Department），除了維持地方治安，還需負起法庭保衛和押運犯人的責任，部分州因為郡級機構人力不足，治安官還要負責收稅工作。

即使在一九八〇年代，斯伯汀的三K黨★地區支部依然定期舉辦集會遊行，當地居民對於跨種族交往也不表贊同。在亞特蘭大市，黑人男子與白人女子交往也許沒什麼問題，但是在斯伯汀，改變的步調卻緩慢許多。至少有一位家族好友曾警告提姆，這麼做是在玩火。

那天晚上，泰莉莎費力穿過人群去洗手間時，曾不經意聽到有人說酒吧外有白人要找提姆。過了一會兒，她看到哥哥的最後身影，是他跟著一個白人走出酒吧。

沒有人發現提姆自從那晚之後就失蹤了，因為連著好幾天不見他人影是稀鬆平常的事。他認識鎮上每一個人，所以眾人合理假設就是他又跑到某人家裡去睡沙發了。兩天後，治安署警察出現在柯金斯家附近，他們拿著幾張可怕的照片，逢人就問有沒有人認識照片中的死者。泰莉莎堅持說她不認識，她不想承認自己其實第一眼就知道的事實：是提姆。

治安署草草針對這起謀殺案做了一些調查，並向柯金斯家人保證一定會辦到底。但是沒有多久，月復一月拖成年復一年，三十載歲月轉眼而逝。

「我覺得他們一直都知道凶手是誰，只不過因為是白人殺了黑人，所以他們不在乎。他們從來沒有真的想要破案，」泰莉莎對我這麼說。案發後，柯金斯一家人很快就開始收到威脅：有人在他們繼父每天早上駕駛的校車上，留下一件沾血的T

★譯按：the Ku Klux Klan，美國歷史與當前奉行白人至上極右派仇恨團體的名稱，也是美國歷史最悠久、規模最大的極右派恐怖仇恨神祕組織。

恤；一塊磚頭砸穿了他們家客廳的窗戶，磚頭上附了一張警告：下一個死的就是你；接著是一條身首分家的狗被丟到他們家的門廊上。「我們從一開始就知道，他之所以被殺，是因為他是黑人。」

不論是案件本身，或者是柯金斯一家接到的威脅，都沒有破案。柯金斯家也沒有人期待有破案的一天。然而，就在柯金斯．桃西做出臨終預言約一年後的二〇一七年，地區檢察官辦公室來電。

治安署現在知道殺害提姆的凶手是誰了，電話另一端的聲音這麼對柯金斯的家人說。案件已經重啟調查。經過這麼久之後，調查人員誓言會讓正義得以伸張。

在喬治亞州的鄉間，配備三百五十名調查人員的喬治亞調查局接手重大案件。這個機構每半年就會定期將州內的懸案轉派給新的調查人員，即使數十年前的舊案也一樣。這麼做是希望不同的人可以從不同的角度找到一些線索——這也是為什麼在二〇一六年，早已蒙上厚重灰塵的提摩西．柯金斯案，會被擺在入行第二年的勤奮調查局特別探員傑瑞德．柯曼（Jared Coleman）的辦公桌上。

這起檔案厚度相對單薄的案件，在第一時間就讓柯曼很震驚，原因不是資料內容，而是缺失的檔案。警方的訊問已鎖定兩個人：法蘭基・蓋伯哈特（Frankie Gebhardt）與比爾・摩爾（Bill Moore Sr.）這對白人連襟，他們住在柯金斯屍體被發現不遠處的拖車公園中。儘管警方偵訊了蓋伯哈特，卻未對兩個人進行仔細的調查。蓋伯哈特的不在場證明明顯存在漏洞，但警方並未繼續追究；除此之外，柯曼表示摩爾似乎從未接受偵訊。

再者，一九八三年發現柯金斯屍體的一群松鼠獵人中，當年才十歲而目前正在服刑的克里斯多夫・范恩（Christopher Vaughn），曾寫信給那時候的調查人員，表示過去數十年間，蓋伯哈特多次向他承認自己殺了人，還把凶器丟棄在他拖車後方的水井裡。根據范恩的陳述，蓋伯哈特第一次承認殺人是在凶殺案發生不久後的一次聚會中。不過隨著范恩年齡漸長，在後來多次的場合中，蓋伯哈特也會主動提及那次的殺人事件。令柯曼氣憤的是，這些線索並沒有促使警方展開後續的調查。

「這起案件從一九八三年後，就沒有人真正費過心，」柯曼對於主嫌所在的拖車公園與柯金斯屍體被發現的偏僻位置竟然如此接近尤感震驚。當柯曼終於偵訊摩爾時，他發現對方言詞閃爍：這個人聲稱自己從未聽過這起多年來一直都是全鎮話題的可怕凶案。「我看得出來他根本沒說實話，」科曼如此說道。

柯曼聯繫了近來才被選為當地治安官的達若・迪克斯（Darrell Dix）。對方是一個迫切想要強化治安署與當地黑人居民關係的硬漢，說話態度堅定、身材壯碩。迪克斯當選治安官後沒多久，就從一些文件中發現在柯金斯遭到殺害時，署裡好幾名警察都是當地三K黨的活躍成員，這件事令他相當憂心，心理也開始質疑柯金斯遭到殺害之所以無法破案，是否不僅是警方辦案無力，而是刻意的共謀。迪克斯指派一位警員與柯曼合作，鼓勵他們一勞永逸找出殺害柯金斯的真凶。

他們重訪隱身玉米田間的犯罪現場，那是一個開放領域，高聳的輸電線在土地上投下一道陰影。他們比對現場狀況與手上拿到的犯罪現場蒐證照片。凶手當時捅了柯金斯數十刀，然後把人拖到緊鄰輸電線的一輛卡車後面。凶手明顯懷著敵意：柯金斯曾遭受折磨，然後被丟棄在現場自生自滅。

「柯金斯先生的死，」柯曼後來告訴我，「非常明顯是一場私刑處決。」

根據「平等司法倡議小組」（Equal Justice Initiative）的估計，在美國內戰與二次大戰間的數十年，有成千上萬名美國黑人遭到私刑殺害，遇害人數以密西西比州最多，喬治亞其次。這些殘暴的法外殺戮，通常是邪惡卻公開的戲碼，在美國各地上演，不過以南部州為最。這些地方的白人公民對於現在已經解放的黑人鄰里，普遍存在著恐懼又憎惡的感覺。隨著美國奴隸制度的潰敗，南方白人決定以無差別待遇的恐怖當作武器，維持白人至上的社會體系。平等司法倡議小組的研究發現，刺激南方州出現私刑罪行的原因，有四分之一來自於白人對黑人男子與白人女性性接觸的憎惡。

「南方的異族通婚法……允許白人男子可以自由勾引各種膚色的女子，但是當有色男性屈服於白人女性的吸引力並進一步發展時，面對的卻是唯一死刑，」記者艾達・威爾斯（Ida B. Wells）在她一八九二年的《南方的恐懼》（*Southern Horrors*）一書中這麼寫道。「白人男性對觸犯這條規定的美籍非裔男性處以私刑，不是因為他敗德，而是因為他屈服於白人女性的笑容。」

這些私刑大戲終究還是逐漸絕了跡，然而白人的私刑暴力卻並未完全銷聲匿跡，犯行者也依舊可以逍遙法外。世代南方白人的可恥罪行所寫下的訊息是：白人男性可以為所欲為取走黑人男性的生命，尤其是那些追求白人女性的黑人。

當柯曼仔細檢視柯金斯死亡的資料時，他看見一個大家都熟悉的故事。

法蘭基・蓋伯哈特已經於二〇一七年四月遭到收押，關在斯伯汀郡的看守所裡，罪名是與柯金斯案毫無關係的性侵。調查人員訊問他有關三十四年前的那起私刑案。

「那件事我什麼都不知道，」這名五十九歲的受刑人堅持地說。

蓋伯哈特說他不記得曾經聽說過這起謀殺案，跟這起案件當然更是風馬牛不相及。他也不記得曾向任何人誇口說自己幹下那起殺人案。不過話說回來，在酒精裡泡了二十三個年頭，他的確有很多事都想不起來。當調查員問起有關凶器被丟進井裡的傳聞時，他嘲諷地說：「那你們就去找啊，把我那口井裡的東西全挖出來啊。」審訊接近尾聲時，柯曼拿出照片給他看，蓋伯哈特直接爆發。「我從沒看過那張照片，」他大吼大叫。「我從來沒看過那個黑鬼。」

蓋伯哈特一輩子都住在拖車公園或附近區域。六年級就輟學的他，以輪班的伐木工作養活自己。一到週末，他會做東舉辦以啤酒、毒品、迷幻蘑菇為主題的狂野酒色聚會，而且在爛醉如泥的情況下，至少曾有一次在某輛拖車廚房的地上宰殺過一頭牛的紀錄。多年來，他始終與連襟比爾．摩爾如影隨形。摩爾與蓋伯哈特一樣，暴力男的惡名遠播。大家都知道他們是當地法院的「常客」。

「就只是一個在有點粗野的環境中長大的普通人，」蓋伯哈特的律師拉金．李（Larkin Lee）這麼解釋，他承認他的委託人「對於酗酒與打鬥都不陌生」，而且有種族歧視的「傾向」。不過律師說蓋伯哈特一直否認與柯金斯命案有任何關連。「我想這麼多年來應該很多人都聽過這件事。我不確定法蘭基有沒有提過，」

李這麼告訴我。「這就是那種謠言滿天飛的案子，三十年過去了，人們都發誓就是從他口裡說出來的。」

但是隨著柯曼對這個案子愈來愈深入，他遇到好幾個人都說蓋伯哈特的確曾經吹噓他犯下那起罪行。這些人大致上都說，蓋伯哈特發現柯金斯跟他的「馬子」睡在一起，一個叫做「米琪」的白人女子；除此之外，柯金斯之前還在毒品交易中敲了他一筆。（柯曼後來確認「米琪」本名是露絲．伊莉莎白．蓋〔Ruth Elizabeth Gay〕，她在柯金斯遇害後就搬離了喬治亞州，再也沒有回來過，而且在二〇一〇年就去世了。）於是蓋伯哈特和摩爾就把柯金斯從酒吧載到上吊樹那裡，刺傷他之後，又把他拖到兩人的拖車後方，讓他在那兒等死。

蓋伯哈特的自白反反覆覆。多年前曾是蓋伯哈特與摩爾友人的一位受刑人表示，那兩個傢伙曾炫耀說他們如何拖拽柯金斯。另一名拖車公園的長期住戶在聽到調查員上門的原因後，開口第一句話就是：「法蘭基．蓋伯哈特殺了那個男孩。」蓋伯哈特的前女友告訴柯曼，他會一面打她、一面威脅地說：「如果妳繼續這樣，下場就會跟那個臭水溝裡的黑鬼一樣。」一名男子的母親曾經與蓋伯哈特交往過，他說他記得蓋伯哈特與摩爾都承認他們犯下那起謀殺案，而且摩爾喝醉時還會感嘆，「殺黑人不需要理由」的舊時光一去不返。三十多年來，到處都是人證，卻沒有人花心思把證據找出來。

甚至在蓋伯哈特知道調查人員已經鎖定他時，他依然對別人侃侃而談自己犯下的罪行。警方一度執行搜索令，在他的拖車裡搜出六十把小刀。事後不久，一名受刑人出面向調查員提供證詞。他告訴警方蓋伯哈特承認他捅了柯金斯，還自豪地說調查人員剛查獲他的六十把小刀，不過早在多年前，他就已經把所有的證據都處理乾淨了。相關單位很快發出蓋伯哈特與摩爾的逮捕令，但他們的家人與朋友則堅稱兩人是受到過度積極的治安署所迫害。「我們對於提摩西・柯金斯的案子一無所知，」摩爾四十一歲的女兒布蘭廸・阿博克朗比（Brandy Abercrombie）堅稱，她也是蓋伯哈特的外甥女。「我這輩子從來沒有聽過這個（案子）。」

提摩西・柯金斯遭殺害一案，延宕了數十年後，終於有了起訴的對象。然而，儘管有了嫌犯，隨著審判愈來愈接近，調查人員依然沒有找到關鍵證據。

——

柯曼在檢察官辦公室裡的第一場會議中，冷靜地向與會眾人解釋自己是如何誤打誤撞地發現一起他相信他們可以偵破的案件。他承認目前碰到了一些問題。犯罪現場的跡證幾乎都不存在了：土壤樣本、輪胎胎痕、從死者身上採集的DNA、可能用來重擊柯金斯的木棒、丟棄在犯罪現場附近的威士忌空瓶、從被害人毛衣與牛仔褲上採集的毛髮樣本，所有這些物證全都在這起案子被冷凍的多年間丟失。

缺乏證據這件事，讓三十四歲的檢察官瑪麗・布洛德（Marie Broder）感到心煩意亂；機智敏銳的布洛德是附近艾爾柯維巡迴法院（Alcovy Judicial Circuit）法官蕾拉・宗恩（Layla Zon）的門生。從檢察官轉任法官的宗恩曾經傳授過她如何積極主動又立場堅定，但又不至於強硬到遭致檢察官同儕、法官，或者最重要的陪審團的漠視與排擠。

布洛德集中火力尋找可以一刀斃命的證據：殺害柯金斯的凶刀。調查人員知道如果凶器依然存在，很可能就在蓋伯哈特的井底。難題在於這口井距離拖車太近，不可能在不毀損屋子的情況下挖井。

「我們一定要下去那口井，」有天晚上布洛德在電話中對柯曼這麼說。

「我會想辦法，」柯曼保證。

很快他們聯絡了亞特蘭大一家真空過濾系統公司，可以在不損害拖車屋的情況下，把水灌入井中，然後吸起所有殘骸碎片。沒多久他們就吸出了多年來堆積在井底的污垢和垃圾。

當他們清空吸塵槽裡雜七雜八的東西時，發現了一堆證物：一雙像是柯金斯家人描述他失蹤那天晚上可能穿的愛迪達球鞋、一件像是因為多次捅刺而被扯破的白色T恤，以及最關鍵的，一把陳舊的破刀。

警方與檢方有了證據。該準備訴訟了。

蓋伯哈特的辯護由拉金・李操盤，在檢察官眼中，李是這個司法巡迴區中最有經驗的辯護律師；而律師認為，這場辯護應該不難。沒錯，蓋伯哈特的確說過一些種族歧視的話，但是與那些提出對他不利證詞的重罪犯、受刑人與吸毒犯相比，蓋伯哈特的可信度沒有比較差。這場辯護只需要有一名陪審團成員認定所有證人都在說謊，並且把蓋伯哈特有罪的合理懷疑聽進耳裡，他就能功成身退了（摩爾則決定放棄訴訟）。

「什麼都無法保證，」泰莉莎・柯金斯這麼說。「身為一名住在種族歧視城鎮裡的黑人女性，我們永遠不知道會發生什麼事。」

布洛德心情忐忑地準備開場陳述。她在為期一週的訴訟期間，掉了快五公斤。每當她有所懷疑時，就會回頭看看坐在旁聽席的柯金斯一家人，讓她重新喚回決心。布洛德太過投入案件，以致忘記要三思而行。她沒有調整措詞和語氣，用激昂的言詞來描繪這樁惡行。

「這個案子值得激動與憤怒。我想要陪審團對提姆．柯金斯的遭遇同感憤慨，」布洛德後來這麼告訴我。「我要他們感到不安與驚駭。」

檢察官傳喚了十多位證人：詳細說明柯金斯屍體上各個傷口的法醫、證實柯金斯曾與一名棕髮碧眼的白人女子交往的親友，以及七名拖車公園的住戶和不同監獄的受刑人，他們作證說蓋伯哈特曾經在他們面前承認自己是這起殺人案的凶手。

「他說起這件事的時候還帶著笑意，」在拖車公園長大的受刑人查理．史圖吉爾（Charlie Sturgil）作證時說道。兩隻手臂上刺滿白人至上圖騰的派崔克．道格拉斯（Patrick Douglas）曾是監獄理髮師，也是雅利安兄弟會（Aryan Brotherhood）的成員，他在法庭上表示，蓋伯哈特曾經跟他打交道，聲稱自己是三K黨成員，還坦承殺了柯金斯。「看起來他在做那件事情時很興奮，」道格拉斯證稱。

辯護律師只傳喚了兩名證人，都是曾經調查過這起案件的前喬治亞州調查局探員，希望他們的證詞有助證明，相較於多年前相關人員辦案時的狀況，現在檢察官手上的證據不會更有力。蓋伯哈特則拒絕為自己辯護。

「這是一個子虛烏有的故事。我們合理懷疑這些都是編出來的。」拉金．李在結辯時這麼主張。數十年來，調查人員一直沒有好好調查過柯金斯遭到殺害的始末，也沒有妥善保存證據，而現在，根據律師的論述，檢調擺出一整排受刑人的陣仗，利用這些證人試圖讓他的委託人遭受不公平的定罪。「這就是讓那些人把脫下的囚衣藏在門後，換上一般服裝上法庭的結果；囚衣才是他們每天穿的衣服。」

「全都是胡扯，」律師繼續說道。「所有證人加起來就是一派胡扯。你們全部的監獄證人加起來，不過就是一堆垃圾。你們從井裡找到的東西，也全是垃圾。」

最後是蓋伯哈特自己說過的大話，他從殺人後沒幾天一直說到審判前幾週的大話，成了定罪關鍵。「我們計算了蓋伯哈特先生這些年以各種方式承認殺人的次數，高達十七次，」首席陪審員後來這麼表示。接近判決的最後階段，布洛德坐立不安，而當法官宣讀判決時，她忍不住掩面：五項罪名全部成立。柯金斯的家人都淚流滿面。蓋伯哈特則是呆愣地盯著法官。

「可以為他們伸張正義，我真的很感激，」柯曼說，他已經正式轉調到喬治亞調查局的組織犯罪專責小組。「柯金斯先生並沒有被人遺忘。」

「這件案子永遠改變了我，」已正式被授命為地區檢察官的布洛德說。「我從來沒有碰過單純因為某個人的膚色就行惡的事情。我們真的什麼都不知道，我們必須承認這個事實並說：這種事以前發生過，現在還是會發生。要對抗這種邪惡，絕對不能逃避。你必須正面迎擊。」

法官判蓋伯哈特終身監禁：「先生，希望這是你刺死的最後一名受害者，」他坐在法官席上這麼說。（蓋伯哈特遭判刑後，摩爾同意以認罪殺人交換二十年的刑期。）當法庭眾人都離開後，柯金斯家人發現他們和情緒激動的阿博克朗比（比爾．摩爾的女兒）只有幾呎的距離。兩家人在審判過程中曾有過交談，柯金斯家人為她感到難過；案發時她不過是個小女孩，她當然一直無法相信自己的父親與舅舅會犯下這樣的殺人罪行。

「很抱歉讓你們的家人遭遇這種事情，」阿博克朗比啜泣地說，泰莉莎．柯金斯則是替她拭去眼淚。

「因為我們經歷的一切，因為我們成長的方式，所以我們黑人有自己的一套方式，而寬恕是我們學會的第一件事，」泰莉莎想起她母親的臨終預言時，笑著對我說。「經歷過奴隸到現在的所有這些之後，我們依然是有能力寬恕的人。」

二〇二〇年七月首次發表於《紳士季刊》

二、短暫的生命與庇護餘蔭

作者：莎曼莎・史凱勒

二〇二〇年六月十四日，薄暮正緩緩褪成黑夜，她的朋友們接到了消息：警方已證實前一天晚上發現的兩具屍體其中之一的身分。是住在塔拉赫西市（Tallahassee）的十九歲學生歐魯瓦托因．沙勞（Oluwatoyin Salau）。托因過去因為參加喬治．佛洛伊德（George Floyd）★的示威遊行，認識了社運團體；那次活動是塔拉赫西市各地的年輕人湧上街頭，要求伸張正義。由於示威者之間有共同的創傷和願景，所以大家很快就變得熟悉起來。直到有天晚上托因從一場示威活動中悄悄離開並失聯，然後沒多久，她在推特上針對一起性侵事件，貼出一連串令人費解且擔憂的推文。她的朋友知道她在三月曾遭到性侵，後來那個男人依然持續騷擾她。所以托因的失蹤可能不堪設想。

經過一個星期的搜尋，警方的消息猶如一場惡夢。就在圈子裡的人透過各種管道把消息散發出去時，佛羅里達州農工大學的二十二歲學生艾胥黎．羅蘭（Ashley Laurent）也發了消息給那些幾乎每天都在IG與推特上詢問托因下落最新狀況的人。抖著手、反著胃的艾胥黎按下送出鍵：「要告訴各位這個消息，我感到非常難過，托因已離開了我們。」

在歐魯瓦托因．沙勞離世後的幾天裡，艾胥黎看著自己好友的名字成為主題標籤。令塔拉赫西市示威者大感意外的是，托因的失蹤——距離她貼出自己遭性侵的

★譯按：二〇二〇年五月二十五日，非裔美籍的喬治．佛洛伊德在明尼蘇達州因涉嫌以假鈔買菸遭警方不當壓制，造成缺氧死亡，為「黑人的命也是命」（Black Lives Matter）口號的導火事件。

相關細節僅僅數小時——以及她的死亡，在網路上掀起了雷鳴般的怒吼。世界各地都有人畫她的畫像、規畫為她守夜的活動。美國參議員伊莉莎白・華倫（Elizabeth Warren）、副總統賀錦麗（Kamala Harris）以及其他人都公開表達哀悼。「我非常憤怒。心都碎了。妳應該受到保護，」歌手阿里・倫諾克斯（Ari Lennox）曾在IG上貼出這樣的話。佛羅里達州電影學校畢業的貝瑞・詹肯斯（Barry Jenkins）指出，塔拉赫西市是佛羅里達州的首都，而就算在這裡，托因也沒有能夠得到保護。「我就是她，她就是我，」知名演員蓋柏莉・尤恩（Gabrielle Union）如此寫道。「我可以活著談論在十九歲被強暴後如何繼續活下去。她卻做不到了。」就連托因最喜歡的藝人柯蘭妮（Kehlani）也在她發布的一篇哀悼長文中這麼說。

在**為托因討公道**的主題標籤下，黑人女性同胞們指出這件事反映了一個更大議題：黑人婦女與女童遭遇性暴力的狀況多得不成比例，而這個重要、明顯又令人難以接受的現實，大眾卻往往冷漠以待。「黑人女性背負著生存重擔與難解的暴力創傷，」佛魯・阿金庫歐圖（Folu Akinkuotu）在推特上這樣寫。「那樣的痛苦與煎熬是我們難以理解的。」

畫像和詩作等各式各樣的回饋讓托因的朋友們眼花撩亂，就像一串悲傷的布告欄。就在成千上萬人不斷轉發托因的照片與影片，廣泛分享她的經歷，讓托因成為推特上一個熱門話題的同時，她的朋友們知道他們正見證托因成為一個象徵。但是對他們而言，托因遭到殺害永遠不會只是象徵性的。他們熟悉她的笑聲、她哼唱的音樂，也知道她如何一時興起就改變髮型的作風。他們親眼看到她的生命未被賦予應有的價值，即便有大批的人協力尋找她，但是相較於白人女性的失蹤，急迫性完全無法相提並論。托因的失蹤讓這些年輕的黑人女性感到焦慮不安：為了不讓朋友變成一個統計數字，她們強力要求大眾與警方關注這件事。如果不是這群朋友，托因的名字很可能已經和美國失蹤的其他六萬四千名或者更多的黑人女性和女童一樣，無人問津；若再加上有明確證據的差異數，失蹤人數只會繼續攀升，這就是主播關・艾佛（Gwen Ifill）曾戲稱的「失蹤白人女性綜合症」（Missing white woman syndrome）★。

值得注意的是，在警方下令搜尋七十四歲的白人女性暨長期社區義工維多利亞・西姆斯（Victoria Sims）之前，大家一直都找不到托因。西姆斯的家人報案幾個小時後，一大群警察帶著搜索犬，在取得追蹤西姆斯電話的令狀後，就展開了搜尋行動。幾個小時內，警方就找到了西姆斯的屍體。而這也是為什麼托因在失蹤了一個多星期後，搜索犬碰巧在西姆斯陳屍地點附近，發現了已經完全覆蓋在落葉之下的托因屍體。

★譯按：指主流媒體對於白人女性失蹤或陷入危險的案件，往往會出現大量報導與關注，但對於有色人種女性的報導卻明白顯示出媒體與大眾缺乏興趣。

這群年輕的社會運動參與者從最後一天看到托因開始，就很清楚不能依靠警方或地方官員。組織搜尋行動、要求問責的人，是那群湧上街頭抗議喬治．佛洛伊德被殺的年輕社運份子，是這些年輕人讓世界注意到了托因的案件。他們還證明了警方即使沒有做出具懲罰性的行為，卻能夠執行另一種型態的暴力：降低優先程度、不重視這類案件，以及根本不相信黑人女性面對的威脅。是他們讓托因的死有了意義。那些有能力取得更多資源的人，嚴重漠視了托因一再的求救；他們未能用他們的力量保護托因的安全。托因離世前幾週，還持續在為一個更美好的世界而奮戰，那個世界不會像這個世界一樣辜負她。

「社群比警方更能夠保護人民，」協助主導搜尋托因的二十三歲佛羅里達州農工大學學生丹娜亞．漢菲爾（Danaya Hemphill），在離托因陳屍地點不遠的一棟房子裡和我見面，跟我說了這番話。在低沉的蟬鳴聲中，漢菲爾和我同坐在一張沙發上，每次談及托因時，她的聲音都因為堅定而激昂。「是誰為托因出頭？是社群，不是警察。」

一如塔拉赫西市其他的社會運動參與者，丹娜亞與艾胥黎在五月底認識托因，

當時喬治·佛洛伊德事件的抗議活動正在美國各地爆發，把從未相識的陌生人聚集在一起。她們在市區抗議的第一天就認識了托因，那是她失蹤的一週前。

塔拉赫西是一座小城市。在抗議活動之前，城裡的組織圈非常緊密，但喬治·佛洛伊德的抗議活動讓這個圈子突然增加了成百上千的新人。短短三個月期間，塔拉赫西就發生了三起警察開槍的案件，一件發生在三月，兩件在五月。抗議的那一週，抗議者之間的關係更加緊密，套用他們的話，他們建立起會改變自己一生的連結與友誼。「塔拉赫西市自己都感覺到了，」畢業於佛羅里達州立大學的二十三歲奧格塔薇亞·湯瑪斯（Octavia Thomas）這麼告訴我，她同時是行動八五〇（Movement 850）這個學生社會運動團體的發起人。「它就發生在我們的後院。」

這些年輕人一起組織活動、互相保釋出獄。他們上街遊行，聚在一起談論自己未來想要什麼。托因成了這個團體的一份子，特別是和那些站在前線的年輕黑人女性。「她就像是心靈相知的姊妹，這樣的感情非常深刻，」丹娜亞這麼告訴我。「感覺就像是背後有人撐著。在抗議的時候，我們都是一起來、一起走……不讓他們發生任何事情。」

五月二十九日是塔拉赫西市以喬治·佛洛伊德為名進行抗議的第一天，上千人聚集在議會大樓前，準備遊行到塔拉赫西市的警察總局。被朋友包圍的艾胥黎掃視人群，注意到托因坐在議會大樓的階梯上，靠著一根柱子在哭泣，她手裡拿著一個牌子，上頭用黑墨水寫著湯尼・馬克戴德（Tony McDade）。兩天前，跨性別黑人男子馬克戴德在他的公寓大樓遭到塔拉赫西市警察擊斃。他在死前的幾個小時，還以臉書直播的方式，錄下他遭到一群男人攻擊與毆打的過程，他認為這群人是因為他的外表與性別認同才找他麻煩。

艾胥黎奮力擠開人群，坐在托因身邊，自我介紹後，溫柔地詢問發生了什麼事。「沒有人提到湯尼・馬克戴德的名字，」托因說。艾胥黎一面聽著托因的解釋，一面拍撫著她的後背，向她保證他們會提及馬克戴德。托因說她不知道要舉辦大型示威，她就住在附近，一個人帶著牌子到議會大樓前抗議。艾胥黎和另外一名抗議活動組織者，佛羅里達州農工大學學生艾許蕾・霍爾（Ashleigh Hall），鼓勵托因和她們共同參與遊行。

托因與她們談論身為黑人的一切，談論上帝，也談論壓迫。她的情緒愈來愈激動。當話題轉到警察時，眾人開始輪流對著當地新聞台的攝影機高談闊論。艾胥黎輕輕推了推托因。「妳現在有發聲的機會了，」她這麼對托因說。托因有些遲疑，她是個害羞的人。艾胥黎告訴我，當時她對托因說，「去吧……妳不是想要他們知道湯尼・馬克戴德的遭遇嗎？妳應該採取行動。」

艾胥黎抓著托因的手肘，把她帶到人群中央。她拍了拍電視台記者的肩膀。「我的好姊妹有話要說，」她對那位記者這麼說。於是托因就這麼發言了。托因提到了美國的非洲移民，就像她自己的家族，在她出生前就從奈及利亞移民過來，人們需要更了解非裔美國人的歷史。之後她提起湯尼・馬克戴德。「在這裡，我們都是兄弟姊妹，我對他的痛苦感同身受，但是這樣的痛苦是不對的，」她說。「這是不對的。他們冷血地槍殺了他。」丹娜亞那時候並不知道湯尼・馬克戴德是個跨性別的男子。（因為訊息落差以及有家當地電台一開始弄錯了馬克戴德的性別。）托因堅持說出馬克戴德姓名的這件事，讓丹娜亞也感到訝異。她欽佩這種為同伴而戰的勇氣。從那時候開始，丹娜亞就認定她們一定會成為朋友。

同樣是佛羅里達州農工大學學生與行動八五〇發起者的傑林・蓋騰（Jaelyn Guyton）告訴我，托因那天發表的言論，改變了之後的抗議活動。「托因讓我們把焦點放在湯尼・馬克戴德，」他這麼對我說。「酷兒的生活常常被歷史抹滅。做這件事對她來說意義重大。」艾許蕾・霍爾說他們之前根本沒有計畫要提到馬克戴德的名字，但托因堅持要提，並解釋了跨性別者所面臨的暴力。「他同樣有資格得到正義，」霍爾記得托因當時這麼說。「她點燃了那把火。」在其他抗議者眼裡，儘管托因看起來很內向，但只要拿到麥克風，她就會活了起來。「她真的很耀眼，」

迪萊拉．皮耶（Delilah Pierre）這麼說。皮耶是塔拉赫西市社區行動委員會的發起人。這個委員會是當地一個草根性社會運動團體，曾發起多次喬治．佛洛伊德案的抗議遊行。「她的熱情是真的，你永遠可以分辨得出來。我知道托因真的在乎，也充滿熱情。」那週稍晚的一場抗議活動中，二十二歲的錢瑟勒．克朗普（Chancellor Crump）提到，托因注意到他對於公開發言感到緊張，於是走到他身邊。他說自己差一點就要放棄，決定什麼都不說了，但是她鼓勵他勇敢發言。克朗普是塔拉赫西市社區大學的學生，也是代表喬治．佛洛伊德與布倫娜．泰勒（Breonna Taylor）★家人提出訴訟的律師班．克朗普（Ben Crump）的養子。她告訴我：「你有發言的權力，只要說出你的感覺。」於是他照做了。他的呼籲和發言都上了當地的報紙。

初識後幾天，當艾胥黎正和一群示威者說話時，她再次看到托因。「我興奮地說，『天啊，那是我的朋友！快來這兒！』」然後她把麥克風遞給了托因。稍後在這場抗議活動中，托因拿起麥克風直接開講，吸引群眾雷動的鼓舞，影片上傳後也獲得近千萬人次的觀看。

在這段影片中，議會大樓階梯上的抗議群眾在托因後面竄動，他們在炎熱高溫下為自己搧風，不時鼓掌或點頭同意托因的發言。「湯尼．馬克戴德是個跨性別黑人男性，」托因對著鏡頭說。「了解嗎？我們做這些事都是為了他。我們做這些事

★譯按：二〇二〇年三月十三日警方以調查販毒交易案的名義強行闖入，布倫娜．泰勒遭到警方槍擊身亡，年僅二十六歲。開槍的白人警察事後並未遭到起訴，在當地引發嚴重抗議。

是為了那些被槍殺的兄弟姊妹。我們做這些事是為了每一個黑人。因為在一天終了時，我無法脫下我身上這層他媽的皮膚。我無法遮掩這身狗屁皮囊。不論我喜不喜歡，別人看到的我，都是這副模樣。」

托因往後退一步，指著自己因為汗水而發亮的臉龐，以及一頭隨著她對著鏡頭說出的每一個字都在跳動的辮子。「看看我的頭髮。看看**我的皮膚**。我脫不掉這身皮膚。你們猜如何？我準備帶著這身他媽的皮膚進棺材。」她提高音量說出這段話時，群眾爆出一波歡呼與掌聲。「你們拿不走我他媽的黑人身分。我的黑人身分可不是讓你們拿來消遣的東西。」

歡呼聲響亮，托因皺眉直視著攝影機，對身邊的吵雜聲無動於衷。抗議者發聲支持她。有些人更深刻理解讓她語帶顫動的痛苦與憤怒。但是當時沒有人真正知道她正在經歷的事情。

經過將近一週的抗議行動，六月四日星期四，艾胥黎在午睡中被電話吵醒。是托因打來的。她非常沮喪。她告訴艾胥黎，三月時曾性侵她的男人又試圖在她家對她施暴。那個男人已經離開，但他的朋友還在她家。

艾胥黎立刻清醒過來，她聽出托因聲音中的恐懼。她擬了一個計畫：掛斷電話後，她會聯絡社會運動網路的其他女性，由她們去把托因接出來。這是艾胥黎第一次聽說托因遭到性侵，以及其他受創的過往。她知道的不多，但她不需要知道太多，她在電話中就可以感覺到托因的痛苦，這就足夠讓她採取行動。「妳不能待在那個屋子裡，」艾胥黎對托因說。

艾胥黎把托因接出來之後，帶她到新生衛理公會（New Life United Methodist）。艾胥黎原本打算利用下午時間在那裡為抗議者做些三明治。托因打電話給一位律師，但拒絕寫正式的陳述書。她哭著從房裡走出來，「她好像在說『我不是受害者』，」艾胥黎回憶當時的情況。「她說如果她對那個人提出控訴，他就會被警察殺死，他會變成一個主題標籤。我聽到都快氣死了。」

考量到警方針對黑人採取不符比例的暴力，托因的反應其實有其道理。根據《城市健康期刊》（*Journal of Urban Health*）二〇一九年的一份研究，黑人女性經常認為她們對於「過度執法」的恐懼，是導致她們遭到侵犯後選擇不去報案的原因之一。整體來說，遭到性侵害的黑人女性，報案率僅百分之二十三；這個低得令人憂心的數字，部分歸咎於一個本質上就帶有性別歧視的刑事司法系統。性侵害倖存者指出，她們擔心二次受創、覺得自責、害怕遭到報復、缺乏確切的「證據」或傷害，都是她們選擇不報案的原因，而這一連串的原因只會讓黑人女性的處境益加惡化。「這個考量的過程就足以代表，美國黑人在歷史性的歧視與持續的警察暴力下，是如何學會面對警察力量，」這項研究這麼說。「然而，參與研究的白人，卻沒有任何一個人討論過這樣的問題。」

黑人女性承受的不平等是一種疊加的架構。除了在性別歧視的體系中求生存，警方歷來對於黑人的歧視性暴力（這一點正是這些年輕女子聚集在一起進行抗議活動的原因），以及這個國家不成比例的大規模監禁歷史，是支撐監獄工業的兩大支柱，讓黑人社群籠罩在恐懼之下。對於托因和其他黑人女性而言，沒有其他求助管道，她們前無進途，後無退路，而這樣的困境也反映出她們得在一個不重視黑人生命的世界裡設法解決創傷與性暴力。

於是艾胥黎轉而打電話給教堂牧師拉翠莎・史葛黎芬（Latricia Scriven），請她在電話上勸勸托因。史葛黎芬牧師與托因從未見過面。一開始兩人用 FaceTime 視訊通話時，只是隱約談到經歷過的痛苦，但是不久托因就開始敘述她三月遭遇的傷害。接著又解釋當天稍早發生的情況。史葛黎芬記得當時托因強調說自己不是受害者。「我一直都在爭取我想要爭取的東西，已經好久好久，」托因這麼對她說。「他們都是我的兄弟姊妹，和我一樣都是耶穌的子民，所以我知道我必須要原諒他們。」

史葛黎芬安靜傾聽，然後告訴她，就算她原諒對方，不代表她所經歷的事情是可以接受的，更不代表不會有其他後果。兩人後來一起祈禱。

艾胥黎與另一名佛羅里達州農工大學學生與社會運動參與者塔瑪拉（Tamra）一起陪托因回她家，幫她收拾些東西。丹娜亞也開始發送訊息給大家，希望在托因找到一個穩定的住處前，替她安排好可以寄宿的地方。她們也為托因募集到一些衣物、盥洗用品與餐食。「我看到一個身處困境的年輕女孩，身邊圍繞著願意伸出援手的朋友，」史葛黎芬這麼對我說。「這群學生成為她的後援，她們自問：『如果我們不幫忙，她會發生什麼事？』這就是芳鄰的意義。」

她們打電話給塔拉赫西市警局，要求指派一位警員協助護送托因。警員在她們到了托因家的時候抵達。警員跟著三個女孩子一起進屋，看著她們收拾衣物，把收拾好的東西用床單包裹起來。為了避免發生誤解，艾胥黎記錄下與警員互動的一切經過，托因領著他們進入屋子，一邊哽咽地說：「噢，上帝，全能的上帝啊。」她的朋友們拿了一幅托因畫的畫、她為了進美容學校而練習用的人體模型，還有一雙乾淨的白色球鞋。艾胥黎還提醒托因別忘了拿保養乳液。

根據艾胥黎的敘述，當她們打電話給警察，要求護送並通報性侵時，警局的人問托因是否是「受害人或受傷」。托因拒絕任何一種歸類，她一再說她不認為自己是受害者。至於那場性侵，從技術層面來說也不是暴力事件，因為她並沒有受傷。因為這樣的說法，當她們要求陪同的警員採取行動時，對方只是聳聳肩。托因說施虐者曾待在這間屋子裡，而且還騷擾過她，難道塔拉赫西市警局連調查都不調查？「證據不足，」她們回憶當時那位警員說的話。施虐者已經離開托因家，他們也不知道他的去處。「我們不太能做什麼。」（後來我詢問此事時，塔拉赫西市警局公關新聞處的人告訴我，因為此案大陪審團正在進行調查，所以他們不能發表任何意見。）

在丹娜亞與艾胥黎的眼裡，警方明顯冷漠的態度顯示，她們的擔心和焦慮在那些她們認為應該保護她們的人眼中，有多麼一文不值。她們感到受挫的是，她們明明知道這些事對托因造成的傷害有多大。就算她做對了所有的事情，包括尋求協助、通知警方，警方能做的也不多。傷害托因的人依然可以輕鬆脫身。「如果我這個黑人因為一公克的大麻要被拖去警察局，他們可能會大陣仗地開六輛警車來逮人，」丹娜亞這麼說。但在一個女人說自己遭到騷擾時，所謂的緊急處置在哪裡？

那天晚上，托因在丹娜亞的住處過夜。她洗了澡，換上丹娜亞的衣服。因為沒有襪子，托因每天赤腳穿著球鞋參加抗議，雙腳都磨出水泡。丹娜亞把自己之前擔任獸醫助理時穿的白色鱷魚鞋（Crocs）給托因穿。兩個女孩坐在丹娜亞的床上，聊著經歷過的相同創傷。托因提到自己被趕出小時候住的家，整個高中時期都必須借宿不同朋友家。丹娜亞則告訴托因她父兄的身亡。她們聊異性與戀愛，也聊到托因出生前不久她父母才從故鄉奈及利亞移民到美國。令托因驚訝的是，丹娜亞說她都是用約魯巴（Yoruba）★語的詞彙替飼養的貓狗命名。不久兩人就入睡了；托因睡在左側。

隔天是星期五，丹娜亞、艾胥黎與托因早上開車去郡法院，拿了所有她們看到與性暴力相關的文件，包括一份限制令的聲請表格。之後三人回到艾胥黎的公寓，替托因做了護髮。丹娜亞還幫托因做頭皮護理。這一天就如同抗議活動前的任何一次聚會：大家懷著期待的心情，感受著群體的氣氛與激動，三個年輕女孩在臥室與廚房間進進出出，隨著對話擺動身軀，間或穿插著歡笑。艾胥黎的母親透過視訊和女兒的新朋友打招呼，三個女孩全擠到畫面裡齊聲問候。

之後她們開車到湯尼·馬克戴德生前居住與遭到射殺的公寓去參加抗議示威。在短暫沉默的片刻，托因低聲對丹娜亞說她需要呼吸一點新鮮的空氣，然後離開了現場。「這就是我聽到她說的最後幾句話，」丹娜亞這麼說。

★譯按：西非主要民族之一，主要分布在奈及利亞西南部。

托因已經一整天都沒有消息了，就在她在推文上說出自己被侵害的那一天。「今天早上五點三十分，我在佛羅里達州塔拉赫西市的瑞奇景路與公園路交叉口，遭到一名黑人男子騷擾，」她在推特上這麼寫。一名男子讓她搭便車去新生衛理公會堂拿她的東西後，把她帶回了他家。然後在她洗澡時，他顯露出本性。他說要幫她按摩，托因描述說，當他這麼做時，她全身僵硬。那個男人一絲不掛。等到他睡著後，托因離開那裡並報警，這一點後來得到塔拉赫西市警局的證實。她在推文上描述那個男人、他的車子和他的房子。「我不會保持沉默了，」她這麼寫。「我穿著那個男人的衣服，身上全都是他的DNA。」

一位擔心她的朋友在看到推文後，趕緊傳簡訊給她，問她人在哪裡。托因告訴對方她在圖書館。這位朋友要她提供地址，讓人去接她並把她帶到安全的地方。「我所有朋友都有各自的創傷，」托因回覆，「我不想讓任何人傷心。」

丹娜亞與艾胥黎從週五晚上就很擔心。示威活動後，艾胥黎和一位朋友花了兩個小時尋找托因。週六早上八點，丹娜亞開車到警察局報案，說托因失蹤了。警察告訴她不能報案，因為她不是托因的家人。根據幾位塔拉赫西的社會運動參與者的說詞，那天一些人開始分批尋找托因，他們詢問當地的店家，仔細搜尋托因最後出現的區域。「我們從一開始就出去找她，」丹娜亞說。同樣曾參與最初搜尋的錢瑟勒．克朗普表示，推特上的線索把所有人都嚇壞了。大家把這些線索的截圖貼在各自的社群平台上，或是發送到聊天群組裡。「整件事像野火一樣蔓延，」克朗普這麼說。

眾人私下搜尋幾天後，警方於六月十日發布了官方失蹤人口傳單。那一天，隨著托因的名字在網路上流傳，塔拉赫西市社區行動委員會的協調者第一次組織了正式的搜尋隊。正式的搜尋行動維持了一整個星期，晚上在城裡參與搜尋的人力超過五十人。「這是一個非常緊密的社區，」湯瑪斯說，「要認出某個人不需要花太多時間。」對於那些每天都在街上抗議的人更是如此，很多示威者與他們之前從未見過的人變成了朋友。「我們彼此認識的時間雖然很短，卻願意讓關係變得更緊密。大家都是知己，」蓋騰對我這麼說。「我們真的互相了解。」

湯瑪斯提到參與托因搜尋的社會運動團體讓她備感意外。「一件為期兩週的事件，我們因此認識了超過百人。」塔拉赫西市社區行動委員會成立了一個大眾募資平台「資助我」（GoFundMe），籌募資金讓托因可以用來尋找安全的新住處。「我們發出一些貼文，告訴托因說這些錢是給妳安定生活用的，」行動委員會的發起人迪萊拉．皮耶說。「萬一她正在線上，就會看到我們不會讓她回到原來的處境裡。」

在搜尋行動的空檔，這群人依然參與示威抗議。他們也為示威期間遭到逮捕的人，組織了支援行動。「我們不僅要在前線抗爭，也要在幕後確保行動可以持續，」丹娜亞說。同時間，警方與領導托因搜尋行動的人幾乎完全沒有互動，即使是丹娜亞、艾胥黎與塔瑪拉這幾個最後與托因在一起的女孩，也沒有從警方那邊得到任何消息。艾胥黎說一週內她總共只與一位警探談過三十分鐘的話。「然後他就再也沒有跟我聯絡了。」丹娜亞也說她曾與一位警探談過，但後來對方也是不再回覆她的任何聯繫。確實，在警方眼裡，社區或民間團體的某些決定，更像是在幫倒忙。

宣布托因失蹤的消息在推特上快速散播開來，塔拉赫西市社區行動委員會的人把他們的電話號碼給了那些對於與警察接觸會感到不安的人，並表示會把他們提供的消息轉給警方。而這件事，根據塔拉赫西市警方於六月十六日發表的一份官方文件，純屬「錯誤資訊」。行動委員會曾經試圖把他們收集到的資訊提供給警方，包括一份自稱是劫持托因的人傳來的簡訊，但是他們說警方從未根據這些資訊採取後續行動。「我們都覺得這樣的態度，就是在明白表示他們根本沒有把這件案子放在心上。」

托因屍體被指認後兩天，塔拉赫西市警局在他們的官網貼出一份公告，強調托因在六月六日與警方聯絡，表示自己遭到性侵，而他們在六月七日接到受害者「家屬」報案失蹤後，也立即開始搜尋行動。警方「加強動員」搜尋托因，主動聯繫提供遊民服務的「相關協會、受害者權利保護團體」以及其他組織。「廣發失蹤人口傳單，引起全國的注意。十多位塔拉赫西市警局調查人員組成的團隊，不眠不休為尋找托因而努力。」

參與搜尋托因的社運團體與當地社區成員難以相信警方的說法，他們依舊在等待警方針對他們提出的問題給答覆：塔拉赫西市警局為什麼等了三天才申請授權，提取托因手機內的相關資料？警方為什麼不在第一時間察看公車站的監視錄影帶？這份影片後來成為警方用來逮捕殺害托因的凶手阿倫・格里（Aaron Glee）的證據。還有，為什麼當社運團體成員在鄰近區域挨家挨戶詢問托因下落時，卻發現警方根本沒有詢問過大多數他們探詢的對象？「已經過去大約一個星期了，大家依然在尋找托因的下落，真的讓我很感動……警方根本就沒有出力，」迪萊拉・皮耶這麼說。「就算他們真的出了力，他們也真的沒有盡力。」

確實，丹娜亞在六月十二日主動傳訊給那一週完全沒有聯絡的警探。對方曾問她托因在抗議活動中離開時穿什麼樣的衣服。「她穿著藍色的衣服嗎？」他一面詢問，一面發了一張照片給丹娜亞。「不是。那是她在我們第二天抗議時穿的衣服，」丹娜亞回答。「我們已經抗議兩週了。」「了解，」警探接話。「妳有她那天穿著的照片嗎？」丹娜亞指出托因在推文中就有寫到，她穿著性侵者的衣服。到了週日，警探不再回應。

夜復一夜，眾人在佛羅里達州農工大學的非裔衛理公會主教座堂聚集後，展開當天的搜尋行動，但是都一無所獲。搜尋成員們開始感到失望。「我不是警察，」丹娜亞說，「但我知道當一個人失蹤後，每過一天，找到人的機率就會大幅下降。」

——

六月十三日星期六，一位家庭友人在順路去探訪維多利亞・西姆斯這位長期擔任社區義工的七十四歲白人老太太時，發現她家的門半開著。這位友人報了警。根據資料顯示，西姆斯的親友告訴警方，他們最後一次與西姆斯聯絡是在兩天前，同時警方注意到當天的報紙還躺在門前，而前一天的報紙已經在她家中。西姆斯的手機和車子都不見了。家人對警方說，西姆斯有時候會讓一個住在蒙德路上的男子阿倫搭便車。

警方追蹤西姆斯的手機，發現手機在她的車子裡，而車子則停在蒙德路上。車子停靠的地方距離阿倫・格里的住處不到五十呎。根據法院的文件資料，警方從上鎖的前門「破門」而入後，發現了西姆斯的屍體。他們注意到屋內有香菸的味道，「就像不久前才有人在這裡抽菸。」警方派出搜索犬，想知道格里是否藏身在附近。

沒想到搜索犬卻在屋後的一塊林地上，發現了已覆滿落葉的托因屍體。

然而在週日，也就是托因屍體被發現的第二天，她的朋友依然穿梭在大街小巷中尋找她的下落。大家依然覺得應該抱持希望。週日一大早，位在北塔拉赫西市住宅區的冰淇淋店老闆聯絡奧格塔薇亞，說他確定自己曾在那週稍早見過托因。等艾胥黎和丹娜亞開車趕過去時，對方把監視錄影帶播給她們看。兩人喜出望外。她們也想要弄清楚托因當天可能穿什麼衣服，因為她們不確定她從性侵犯那裡拿到的是什麼衣服，而且對於所有尋找托因的人來說，衣著特徵很重要。丹娜亞看到影片中那人的雙腳，眼睛一亮。「那是我的鞋子。」是那雙白色的鱷魚鞋。

丹娜亞把影片截圖發到臉書上，說影片顯示出托因的穿著，包括那雙鱷魚鞋，並請人把這則資訊轉達給塔拉赫西市警方。「接到警方電話時，我剛按下傳送鍵，」丹娜亞說。

對於這群給了托因新希望的團體而言，警方傳來的消息令人震驚。然而，更糟的是托因被發現的過程，讓人覺得毫無正義可言。「警方根本就是**意外**發現托因。他們要找的其實是維多利亞．西姆斯，願她安息，」艾胥黎這麼說。「你知道當別人是意外發現你朋友的下落時，有多麼令人沮喪嗎？」

六月二十七日，托因喪禮過後才幾個小時，塔拉赫西市就開始下雨。一場雨敲打著屋頂，也讓遠方的雷鳴在雨水垂滴的樹枝間低聲迴盪。對城裡大多數的地方來說，這場雨是個解脫，讓潮濕的空氣變得清新。可是對托因的朋友而言，這場雨卻拖延了他們的計畫。等雨勢漸緩，他們開車到兩週前發現托因屍體的地方。

蒙德路是一條位於住宅區的昏暗窄巷，濃綠灌木生長茂密。與佛羅里達的許多街道一樣，覆著苔蘚的大樹在這兒形成了一個樹篷，遮擋了天空。在昏暗中，很難看清楚任何東西。但在一條長長泥路的路口處，一排蠟燭發出了有如圓頂般的溫暖光弧，燭光在樹木和灌木叢間的各種標示上閃躍。路的盡頭是阿倫・格里的房子，他在六月二十日承認殺害托因。

「你看過那些失蹤的年輕黑人女孩嗎？」丹娜亞在托因的喪禮那天這麼對我說。「我跟你說，這個世界真的很有問題，可是他們就只是把這些問題當作灰塵，掃到地毯底下蓋起來。這些問題不是灰塵。這種情況不是遊戲、不是玩笑，這是生命遭到扼殺，這一切都是真實發生的事情。他們就是完全不把我們當一回事。」

我訪談過的幾個人都告訴我，他們痛苦地認知到，警察似乎不需要太多證據就可以在街上槍殺某人，或取得隨時破門而入的搜索令，但是要想讓警察願意處理性侵案件，證據不論多少都不嫌夠。若有人在示威遊行中點燃鞭炮，警方會全副武裝出動，但是當一個黑人女孩失蹤時，大家卻求助無門。托因和維多利亞・西姆斯遭到殺害的案件依然在調查審理中。塔拉赫西市警方在六月十六日的聲明中，要求大眾「提供任何可能有助於沙勞最初遭到的暴力對待，以及沙勞與西姆斯雙屍命案的資訊。」但是即使在破案之後，我訪談的這些人表示，警方依然持續敷衍的態度，他們在新聞稿上使用的照片，是托因五月二十九日第一次參加示威的截圖。那張照片中的托因正在對著鏡頭講話，臉部表情扭曲，與托因照片並排的則是西姆司的肖像照。「她在網路上有那麼多照片，」艾胥黎說，「但他們偏偏選擇了**這一張**。」

丹娜亞、艾胥黎與其他曾努力讓托因生活安定的人都累了。他們說自己晚上難以入眠。「我必須開著燈才能入睡。」艾胥黎說。丹娜亞搬出托因曾經借住的那間公寓。另一位在推特上認識托因的朋友說她常常想起托因。「這種事也可能發生在我身上。我很可能有相同的遭遇，」她這麼對我說。「我是一個生活在美國的年輕黑人女子。身為黑人女性，我們什麼時候才能安全？」迪萊拉・皮耶說她需要時間才能克服托因的死訊所造成的那種震驚和麻木。她記得有次看著一群參與搜尋托因行動的成員，在群組聊天室中哀悼托因的離世，她感覺自己像是身處在一個很遙遠的地方。「很多人都把這件事掛在心上，」她這麼告訴我。「雖然我們認識托因的時間不長，但我們都看到了她的潛力。」

六月十六日，警方宣布托因遇害的第二天，超過百人走上塔拉赫西市的街頭，示威人群旁是音樂聲震耳的護航車隊。他們一路走到了發現托因屍體的地點。大家在路上鋪滿許願蠟燭與鮮花，把氣球綁在樹上，至少有六部警車跟著抗議隊伍，一路上警示燈閃爍不止。托因遇害的第三天，聚集在議會大樓階梯上的人增加了上百人，大家把手上的蠟燭高舉過頭，表達對托因的敬意。（當某些示威者點燃鞭炮時，警方威脅地拿著束線扣帶逼近。）全美各地的社會運動參與者為托因組織了守夜活動，包括普洛威頓斯（Providence）、休士頓、紐約市、芝加哥、華盛頓特區、坦帕、波士頓、邁阿密、亞特蘭大。

與此同時，托因的遭遇也開始改變塔拉赫西市。「由於這起案件涉及性侵，大眾的討論度上升。即使在大學，關於性侵的討論也大幅增加，這是過去從來沒有發生過的情況，」湯瑪斯這麼對我說。「我們要如何讓改變發生在所有層面？不僅是警方，還有所有的男男女女，我們要如何改變他們對於性侵相關事件的態度？」對丹娜亞而言，托因雖然已經離世，但是還有許多他們可以伸出援手的生命。她說這會是托因想要看到的。「她想要幫助別人，」丹娜亞這麼對我說。「在這個世界上的某個地方，年輕的男孩（他們也會遭遇性侵）或女孩害怕說出他們的經歷、害怕指出加害者，也害怕說出自己被害的原因與地點，因為他們太過恐懼了。」

拉翠莎・史葛黎芬牧師說她曾經親眼見證。在議會大樓的階梯上，為托因守夜活動發表致詞之後，一個年輕女孩走向她，問她是否可以私下談談。這名女子告訴史葛黎芬牧師，她可能身處在一個虐待的環境中，而這場活動給了她向外求援的勇氣。「這就是托因遺留下來的東西，它持續在發生效果。」

二〇二〇年八月首次發表於「耶洗別」（Jezebel）網站

三、她們別無選擇，不得不這麼做

作者：賈斯婷・馮德盧恩

坦妮莎・威廉斯（Tanisha Williams）與凱文・阿莫斯（Kevin Amos）在二〇〇二年十二月二十九日相識。這天是阿莫斯在世的最後一天。

十九歲的凱文與父母同住，不過有時候也會去紅瓦公寓大樓探訪女友以及兩人尚在襁褓中的女兒。這間公寓大樓位於密西根州中部的薩吉諾市（Saginaw），二十歲的坦妮莎與她三十二歲的室友派崔克・馬丁（Patrick Martin）則分租大樓地下室的一間兩房公寓。那是一個乾冷的冬天，地上覆著一層薄雪。那天晚上，凱文順道過來喝點東西。派崔克把坦妮莎介紹給他認識。坦妮莎倒了兩杯加冰塊的威士忌。派崔克已經喝了一整天的酒。派崔克的三個孩子在一間臥室裡看電視。過了一會兒，坦妮莎走向廚房。她聽到派崔克提高音量，於是又走回客廳，結果看到凱文嘴裡不斷湧出鮮血，而派崔克的手受傷，「指關節上的肉少了一塊，」坦妮莎後來作證時這麼說。凱文戴的牙套撕裂派崔克的皮膚。

凱文朝門口衝過去，但派崔克命令坦妮莎擋住他的去路。她聽命行事。派崔克身高近一百九十公分，體重近一百公斤，武器從不離身，相較於坦妮莎一百七十公分高、僅四十五公斤的體型，要碩壯許多。派崔克把凱文拖到一張雙人沙發上，一面無意識地揮動著手槍，一面把凱文身上的衣服扒個精光，不斷踹踢他的頭部與下體。在某個時間點（所有涉案者都不記得事情發生的確實順序），派崔克的表兄特倫斯・謝普德（Terrance Shepard）來了。數月之後，根據庭審紀錄，派崔克向一位女友承認，他攻擊凱文的原因是凱文對他「擺臭臉」，用不對的眼神看著他。

派崔克擔心凱文會失禁。垃圾袋與膠帶都已經準備妥當。坦妮莎想過要逃跑，可是她光著腳，這個公寓大樓又位處遙遠，現場還有兩個表親關係的大男人。「我開始尖叫、大吼，」她這麼告訴我。派崔克抓住她的衣領，把她架離地面，一巴掌搧在她臉上，讓她直接撞上牆，接著又攥著她的襯衫，用手掐住她的脖子。牆面出現裂縫，她的喉嚨被鎖住。「乖乖聽話，不然就讓妳永遠躺平，」派崔克這麼說，拿手槍對準她的臉。然後他鬆開緊握坦妮莎喉嚨的手。

坦妮莎跪在地上。她遵照派崔克的指令，開始用膠帶纏住凱文的頭。

「妳在這麼做的時候，有什麼感覺？」密西根州檢察長辦公室的一位檢察官在審判的那幾年間曾這麼問她。

「很可怕。」

「妳為什麼那麼做？」

「因為我別無選擇，不得不這麼做。」

坦妮莎於一九八二年出生在薩吉諾市。薩吉諾曾經是欣欣向榮的汽車引擎工業重鎮。二十世紀後期因為產業式微導致城市衰敗，犯罪率增加、空屋率嚴重。坦妮莎與四個手足住在斯巴達區一間二十五坪大的屋子。她還記得在家裡等媽媽回來時，家中能吃的東西只有爆米花。坦妮莎還在蹣跚學步的年齡，母親的男友把她的雙腳浸到一桶滾燙的熱水中，還好她母親及時在那個男人把坦妮莎完全浸入水中前，把孩子搶救下來。她的雙腳因此剝了一層皮，至今依然感覺遲鈍、疤痕累累。

坦妮莎大概六歲時，母親被診斷出罹患癌症。為了在冗長治療期間讓男友成為孩子們的監護人，她母親就與對方結婚。根據坦妮莎的說法，那個男人有毒癮。坦妮莎經常在鄰近地區打雜、回收空瓶好換錢買薯片和熱狗給弟弟們吃，也常常一個人走在黑漆漆的路上為家裡所有人張羅吃的。到了晚上，她繼父會進到她房間，給她冰淇淋吃，對於當時總是處在「超級飢餓」狀態的坦妮莎來說，冰淇淋實在太誘人了，而她要付出的代價則是性。坦妮莎的母親後來發現了這種虐待情況。「妳竟然睡我的丈夫，」坦妮莎記得母親當時這麼說，「我不想再看到妳了。」那年坦妮莎只有十歲。

坦妮莎十三歲時，全家移居喬治亞州。十四歲時，坦妮莎懷孕，對方是一名二十六歲的男人。她墮胎後，回到薩吉諾與她幾乎一無所知的親生父親同住。

雪倫・山德斯（Sharon Sanders）當時是坦妮莎父親的合法配偶，而直到現在坦妮莎與山德斯依然視彼此為家人。（坦妮莎的父親在二〇一四年因性虐待數名年輕女性親友而入監服刑，他和山德斯後來離婚。）「坦妮莎是個受了傷、憤怒又精神不穩定的年輕女孩，」山德斯對我說。

十七歲時，坦妮莎生下她的第一個孩子。她告訴我她當時「沒有能力當一個媽媽」。她把孩子留給山德斯照顧，輟學到處鬼混，與那些過著「放蕩生活」的成年人住在一起。那個時候，她唯一的工作經驗就是在一家速食店打工；她記得自己一個小時連五塊美元都賺不到。後來坦妮莎發現口交可以賺到兩百美金，她的客戶大多是毒販，這些人為了面子和地位出手大方。當時以及現在，坦妮莎都是身材纖細，一頭短髮、高顴骨，配上熱情洋溢的個性；她穿著緊身又閃亮的洋裝，呼朋引伴並在派對上提供性服務。她發現這個工作輕鬆簡單。「大家都會幫我轉介服務。」

十九歲時，坦妮莎墜入情網，再次懷孕，也結束了性服務的工作。但是她男友對她施暴，而且背著她偷腥。她把第二個女兒留給男友，自己睡在廢棄的汽車裡，到旅館洗澡，販賣小量的毒品賺錢。她用一句話總結那段日子：「只是為了活著。」

二〇〇二年六月，坦妮莎滿二十歲。大約那個時候，她的一位繼表親介紹她認識派崔克・馬丁。馬丁有五個孩子，才和妻子分手不久。坦妮莎與派崔克很快就決定同居，但兩人的關係更多是基於務實需求，而非浪漫：坦妮莎需要一個家，而派崔克則需要一個同居伴侶。他們平攤費用，維持各自的獨立，各做各的事。「這是一個完美的安排，」坦妮莎記得當時曾這麼想。

但是坦妮莎很快就發現派崔克打算讓她出去賣淫，她沒有同意。於是派崔克開始對她「拳打腳踢」，有次他摑得太大力，讓她眼冒「金星」。他打她、掐她，還霸占她的錢，命令她做飯、清理家務、照顧他的孩子。他還沒收了她的槍，根據坦妮莎後來對一位警探的供詞，因為「誰都不可以……有槍，除了他自己」。

「我其實可以回去繼續睡在車子裡，可是我有自尊心，」坦妮莎這麼對我說。「我可以應付這樣的情況，我也藏了一些錢。我會有辦法的。」

然後，聖誕節剛過，凱文．阿莫斯路過，進門喝了一杯威士忌。

今年二月，裝著我之前寄出的問卷調查的一個回函信封，送到了我的信箱，那是我第一次聽說坦妮莎這個人。「我將進行一個專案計畫，」我把問卷寄給坦妮莎與其他五百四十八位正在密西根州休倫女子監獄（Women's Huron Valley Correctional Facility）服刑的受刑人的同時，也附上了一封說明。「我的目的是寫一

篇論文，探討女性因為謀殺罪名而入監服刑的原因與經過……檢附十六道問題……關於妳的故事，請告訴我妳認為我應該知道的所有事。」

坦妮莎後來告訴我，她費力搬了一台共用打字機到她的床位，然後開始在紙上打字。「我之所以把膠帶纏在被害者的頭上，只因為有把槍抵在我頭上，強迫我去做……每做一步，我都以為我會死。」

在過去的二十一個月裡，我寄了信件、問卷給數千名女性受刑人，信裡還附上一個填字遊戲，以表達我最起碼的謝意。每週我都會收到不同的回信。我也向其他州寄出了很多問卷。為了這篇論文，我針對六百零八份問卷調查回覆進行分析、歸類與統計：這些回覆來自五千零九十八份我所寄出的問卷，收件者都在全美二十二個州的四十五所州立女子監獄中服刑，罪名全都是蓄意或過失殺人。

我的論文計畫起於二〇一八年，就在我開始調查妮可・阿迪曼多（Nicole Addimando）案之後。阿迪曼多是一位住在紐約上州的年輕媽媽，她殺了施暴的伴侶，聲稱是出於正當防衛。在報導該案的過程中，我接觸到數十件案子，涉案女子都堅稱她們只是在保護自己或心愛的人，但州政府相關單位卻認為她們是冷血殺手，要求嚴厲的監禁懲罰。這類故事數量龐大，卻都淪為軼事傳聞。種族與社經環境往往扮演重要角色，與美國以性別為基礎的定罪歷史吻合。這類案件最早的紀錄之一發生在一八五五年，當時一名十九歲的密蘇里州奴隸西里雅殺了從她十四歲開始就不斷強暴她的主人。後來一位奴隸主代表西里雅的訴訟，一個全部由白人男性組成的陪審團定了她的罪，讓她把肚子裡的死胎生出來後，執行了吊刑。

我找到了為數有限、全是由單一監獄或單一州所做的研究，它們一致顯示，在某些女性監禁場所，高達百分之九十四的受刑人在入獄前曾遭受身體暴力或性暴力。但是我無法找到系統化的數據來支持專家告訴我的狀況，或我在報導時所目睹的情形：女子監獄裡不僅到處都是受虐與遭到侵犯的倖存者，還有很多人是因為想要活下去的行動而入獄。

現今入獄服刑的成年與未成年女性人數約有二十三萬，比一九八〇年增加了七百多倍。相較於超過兩百萬男性受刑人的大規模監禁，女子監獄的受刑人口是小巫見大巫。對大多數的監禁者來說，刑事司法體系剝去受刑人的背景與環境，只留下定罪紀錄。

在一個由男性為男性設計的體制下，女性必須在性別二元的環境中謹言慎行——犯罪者是暴力份子、受害者是溫順羔羊；犯罪者殺人、受害者喪命。女性受害者應該符合無辜的典範：嬌小、異性戀、身家清白的白人女性。因此儘管坦妮莎不斷受到迫害，但她就是不符合受害者的形象。然而，就算她完全符合典範描述的女性受害者也不好過，因為她倖存下來。「律師說受虐的女人只有斷了氣，才有資格名正言順提出正當防衛的理由，」為受虐婦女提供辯護的資訊交換中心聯合創辦人蘇．奧斯托夫（Sue Osthoff）這麼對我說。一個女人若為了生存而訴諸暴力，就不是受害者。女人倖存的事實，本身就已是一種證明當事人有罪的理由。

二〇一九年一月，我造訪瑞秋．懷特．多緬（Rachel White-Domain）。她是伊利諾伊州的律師，專門協助已定罪入獄的家暴倖存者。我問她是否有因正當防衛而入獄的女性受刑人數據。她沒有相關統計資料。「如果妳真的這麼有興趣，可以直接問那些人，」她這麼說。她的這個意見，就是我這份論文得以成形的種子。

我諮詢了當時還是耶魯政治學助理教授的譚妮雅．桑切斯（Thania Sanchez）後，設計出十六道問卷題目，希望了解美國監獄裡的女性受刑人受虐與受創的背景，以及她們是如何走入監獄。（桑切斯目前任職於美國公民自由聯盟的資料與分析部門。）

我的調查問卷共兩頁，除了詢問人口統計的資訊，像是年齡、種族、刑期，也提出了質性研究問題。那些提到自己受虐經歷的人會受到質疑；在法庭或監獄裡，她們經常被指控以「受虐為藉口」逃避後果。為了降低不信任感，我並沒有問到家暴、性暴力或正當防衛這類會「促發心理反應」的問題。相反的，我的提問是有關回覆者與讓她們犯下殺人罪的對象之間的關係、殺人事件前的日子、她們認為自己被定罪的原因。

我聯繫了大多數州的懲教部門媒體公關單位，請他們提供因蓄意或過失殺人而入獄的女性受刑人名單。有些官員拒絕我的要求，但還是有許多單位提供名單：佛羅里達州提供了一千多人的名單，緬因州只給了十一個名字。我一拿到名單，就親自把她們的姓名填入問卷信函中。

就像所有努力收集數據的情況一樣，大多數收件者都沒有回覆。監獄受刑人有很多通訊障礙：郵件收發審查、害怕遭到獄卒與行政人員報復、對媒體的不信任、法律問題，以及計時、用餐時間和關禁閉等各種限制。除此之外，受刑人回信必須支付美元五毛五的郵資，可是他們的工作根本沒有薪資，就算某些州支付受刑人薪資，一小時的工資也不到四分美元。

影響近半數女性受刑人的精神疾病則是另外一種障礙：「每個檢察官都把因為殺人罪被判刑的女人描繪成狡猾、狠毒、喪失人性、邪惡的人，」關內塔・哈利斯（Kwaneta Harris）從德州寄來的問卷上這麼寫著。「我到現在都沒有遇過這些『怪物』，卻看到許多有精神問題的女人。沒有人給她們治療，也沒有人為她們診斷……妳真正需要訪談的那些人，卻精神受創嚴重到根本無法跟妳說話。」

儘管如此，仍有六百零四位順性別的女性、一位跨性別的女性與三位跨性別的男性回覆了我的問卷。他們希望自己的故事能傳出去：有些人希望匿名，有些人則希望保留姓名。其中許多人都想公開他們自己與他人的經歷。有一位被判處終身監禁的女性，十七年來都在州立監獄與聯邦監獄之間移轉，她複述一種共同的感覺：「我和來自不同國家、不同種族和不同文化的數千名女受刑人一起生活。在這麼多女人當中，我或許碰到了六個連我都認為她們是殺人犯的人。但我們當中的許多人都只是在保護自己，或者在錯誤的時間與錯誤的人在一起、替其他人頂罪，不然就是根本沒有犯下任何罪行。」

問卷回覆者的種族統計大體反映了大型女子監獄的受刑人人口狀況，多數是白人，但是有色人種的人數不成比例的多。我的回覆者當中，百分之五十三點七是白人、三十二點七是黑人、八點八拉丁裔、百分之三美國與阿拉斯加原住民、百分之一混種族，以及百分之零點八的亞裔。年齡介於十八至八十三歲，平均四十三歲，較女性受刑人口的平均年齡三十六歲高。另外，回覆者有近三成遭判無期徒刑，包括不可假釋的終身監禁。整體來說，平均監禁期為五十五年，包括無期徒刑（加權一百年）。

百分之七十二的回覆者都是由國家指派辯護律師，顯示她們可能都符合貧困的條件。根據二〇一五年監獄政策倡議（Prison Policy Initiative）的一份分析，女性受刑人在入獄前的平均年收入是一萬三千八百九十美元，是未遭監禁女性的年收入的百分之五十八、未遭監禁男性年收入的百分之三十四。「沒有錢請律師，對法律制度也一無所知，」有位回覆者這麼說。另一位女性受刑人在回覆時提到，她的案子是她律師接到的第一起殺人案。還有一位回覆者說法官在審案時睡著了，而她的律師說「沒關係」。

百分之六十的回覆者提到入獄前曾經遭到虐待，不論是身體傷害、性虐待、精神虐待，或以上皆有；許多都是孩童時期的經歷，只有百分之九表示沒有被虐經歷。（百分之三十一的回覆者未提供足夠資訊以判斷是否遭虐。）大多數回覆者都曾遭到虐待的事實，指出女性遭虐與監禁服刑之間存在一定的關連。再者，多數受虐都沒有通報。

「我沒有遇過從未經歷性虐待或身體虐待的人，」德州的關內塔在回覆中寫道。她後來告訴我，她小時候曾遭到綁架與輪暴，但犯案者從未被起訴。（她母親也證實這件事。）關內塔因殺害男友而入獄服刑，她跟我說她男友對她施暴。她的律師不希望她在審判時「指責」死者，而她也沒有反對。「讓自己不斷承受虐待行為的恥辱與羞愧，比被判殺人罪的恥辱與羞愧更強烈。」

身為女性，在大家認為她們傷害別人之前，她們早已傷痕累累。她們敘說的過去包括曾在槍口的威脅下遭到強暴；幫人看小孩後，在開車回家的路上遭到強暴；遭到父親、繼父、兄弟、祖父、堂表兄弟、叔伯、寄養家庭的親戚，有時甚至是姊妹與母親的強暴。「他們生養我就是為了性，」有個人這樣寫。「早在我有機會改變之前就被毀了。」寫自另一名受刑人。「我不知道該如何擺脫這條痛苦的道路，我在七到九歲時，持續遭到一名治安官的猥褻，我已經沒什麼好說的了。」

她們也提到長期忍受身體暴力：被迫跪在「玉米碎殼上，直到雙膝血跡斑斑」、被「鐵頭靴」踢、被「輪板手」砸頭。她們也描述讓人無法翻身的貧窮與動盪：曾使用「公廁多年，用戶外的水龍頭洗澡」；在十九歲時與嗑藥的母親住在一間「危樓」裡，那時候有人想強暴她，她在反抗時殺了人。

生活中有種種因素交織，而且很多都是我們無法控制的。我收到一封三十二歲的黑人女性用紫色蠟筆寫來的信，她在信中說：「法官……給我（原文如此）很多時間，我殺人的時候十一歲。」我在公開資料中查到她的經歷：她還是個孩子的時候，就經歷了強暴、遺棄、疏於照顧，以及在不同的寄養家庭遭到虐待，最後被診斷出精神疾病與發展遲緩。十二歲生日前，她用菜刀刺死一名陌生人。她在成年人監獄的一間獨立牢房裡被關了將近兩年，之後才被轉到收容精神疾患兒童的安置所。當她滿十八歲時，法官判處她十八到四十年的刑期。

童年時期遭遇的虐待與疏忽，在當事人成年後依然會持續產生影響。超過四十多年的研究與各種調查顯示：虐生虐，童年就淪為性受害者，成年後淪為性受害者的風險也會提高。遭受物化與背叛的孩子，都會出現信任問題，成年後很難處理人際關係。我的研究也發現，孩童時期受虐，成年後通報受虐事件的比例比一般人要高出兩倍多，近百分之七十五的受虐者會通報再次受虐；而孩童時未通報受虐者，長大後通報受虐的比例為百分之三十三。換言之，過去曾遭受虐待的人，未來再次成為受虐者的比例比一般人高出兩倍。

童年曾受虐的女性，通報親密伴侶暴力的比例高達百分之四十三，將近一般人口的兩倍。其中百分之四十一（在我的問卷回覆者中近百分之十八）因為殺害戀人伴侶而服刑。她們殺害的對象曾打傷她們的肋骨、後背、膝蓋、頭部，而這些男人正是被通報的對象（其中一個案例曾通報超過三百次）。這些男人會邊打邊說：「我打妳這個賤貨。」根據美國疾病管制與預防中心（the Centers for Disease Control and Prevention）的資料，約半數的殺人案被害女性，都是遭到現任或前任男性伴侶所殺害。

「那天早上他說，『我們兩個人今天有一個必須要死。』」一名遭到施暴數十年的女性在問卷中這麼寫。「我完全失去理智。」

她們發現要舉證自己曾經受虐很難，因為家暴與強暴都是私下的暴力，通常不會有證人。不過話說回來，就算手上握有證據，她們還是得面對另一個問題：有人死了，而死的人不是她們。

潔瑪．唐納修（Jema Donahue）從密蘇里州寫信過來，請我聯絡她的母親，她母親把女兒的法律文件拿給我看。根據這些文件顯示，一九九九年潔瑪十三歲的時候，遭到一名二十歲的男人強暴。追求正義的努力卻讓潔瑪的家人陷入絕望。根據潔瑪的說法，施暴者的母親身兼小鎮鎮長、警察與檢察官，拒絕進行調查與起訴。最後加害者認了與未成年人發生關係的法定強姦罪，但是潔瑪說對方施暴，而且她在遭到性侵之後也連著好幾天出現流血與身體疼痛。施暴者的朋友騷擾潔瑪的家人，潔瑪也在學校被霸凌而不得不轉校。後來潔瑪就淪入受虐的關係中。她丈夫在身體、性與心理上恐嚇了她整整八年，這段期間她也曾因為對方的攻擊而報案。二〇一七年，潔瑪的母親拿到保護令。兩週內，潔瑪的丈夫破門闖進他們家攻擊潔瑪。潔瑪開槍殺了她的丈夫。法官判她十年的監禁，還說「每個人都維持著婚姻」以及「有人死了」。

「本來死的人應該是我，」潔瑪在信中這麼寫。「我從來沒想過自己會活下來，而他卻成了『受害者』。」

————

在提供問卷回覆的女性受刑人當中，百分之三十的人提到她們都是為了保護自己或所愛的人不再受到身體或性暴力的虐待。若我的調查可以代表因殺人與過失殺人而被關的女性，結果顯示，保守估計，美國有超過四千四百名成年與未成年女性是為了想要活下去的行動而入獄服長刑期，還有很多相似情況的人服較短的刑期。儘管許多人主張自衛，但其他人也寫到有別以往的倖存方式。

「在很多案件中，女性並非無可歸責，」密西根女性正義與赦免計畫（Michigan Women's Justice & Clemency Project）主任卡洛・傑考布森（Carol Jacobsen）對我說。「她們扮演了一定的角色，但往往都是在可怕的脅迫下。她們通常沒有太多的選擇。」女性常常會因為男性的作為或涉入男性犯下的罪行而遭到定罪。百分之三十三的回覆者表示她們曾因為和男性伴侶一起犯案而入罪，百分之十三曾因為與施暴者一起犯案而被判刑，往往都和坦妮莎一樣，是在受到脅迫的情況下。

「我的確有罪，但罪不至五十年，」一名女性受刑人這麼寫道，她在施暴男友犯下搶案後，幫對方開車脫逃。「在脅迫之下開車的結果，是五十年的牢獄之災……他一直威脅我，如果我敢說出實情或離開他，他就會殺了我、搶走我孩子。」

母親的身分也會影響她們的決定。百分之六十四的回覆者說她們有孩子，百分之二十二沒有，百分之十四沒有回答這個問題。「有一件事……對大多數的女性受刑人都有影響：我們的孩子，」關內塔在問卷回覆中這樣寫道。「我們關心自己的孩子。牢獄與鐵絲網無法抹滅我們的母性。」

有些女性說她們之所以入獄服刑，是為了保護孩子。一名白人女性槍殺了一名男子而遭判四十年監禁，她說那個男的對她女兒拳打腳踢，甚至強暴了她還在蹣跚學步的孫子。一名正在亞特蘭大監獄服無期徒刑的黑人女性，入獄原因是槍殺了一個她親眼目睹猥褻她五歲孫子的男人。

有些女性則是因為沒有保護好孩子而遭判刑。二〇一〇年，二十五歲的童年性虐待倖存受害者柯琳．貝克（Corrine Baker）撲在她四歲兒子的身上，承接她男友的攻擊力道。事後柯琳和她兒子雙雙被送醫，但孩子沒有熬過來。柯琳接受一家當地電視台的專訪，影片中的她雙眼烏青、滿臉傷痕。而因為她沒有保護好孩子，要服刑十三至三十年。

瑪麗．萊斯（Mary Rice）從佛羅里達州寄來的問卷回覆中寫道，她被迫陪著一個男人在好幾個州進行殺戮，在這段期間裡她挨餓、被下藥和遭到強暴。她從未試圖逃跑，因為綁架她的人知道她母親和三個孩子的住處。最後，她朝著對方的腦袋開槍，警察逮捕了臉上與身上都是傷的瑪麗。瑪麗遭到起訴。州助理檢察官對陪審團說：「她就是想要跟壞男人在一起，而她也得償所願。」瑪麗遭判無期徒刑外加三十年的刑期。瑪麗說：「我只能認命，州政府需要找人擔罪，而我就是那個替死鬼。」

瑪麗有出庭受審，但約有半數的回覆者都直接認罪，原因往往是她們都是邊緣弱勢，不然就是不相信她們的律師。我收到一份原住民受刑人寄來的回覆，面對一個「從身體、精神、言語與心理各層面施暴」、每天強暴她，還威脅如果她膽敢離開就要抓走她孩子的男人，儘管她的行動是出於正當防衛，但她還是認了罪。我致電給她的公設辯護律師。對方告訴我她的案子機會渺茫，但補充說在法庭上，女人經常扮演受害者的角色。「因罪證不足而獲釋的女人實在他媽的太多了，」他這麼說。

「我看過太多人認罪，」專門協助遭定罪的家暴倖存者的律師懷特．多緬這樣告訴我。「一輩子都沒有人相信他們的人，包括女人、有色人種，或許還有性工作者，可能再加上吸毒者，他們認定陪審團也不會相信自己。而他們的認知完全正確。」根據我收集的數據資料，經過審判程序的人，得到的刑罰比沒有受審的人重約兩倍，遭判無期徒刑的機會也比未經審判的人高出近五倍。黑人女性，不論是受審或認罪，獲判的監禁時間比其他人多出約百分之十。

至於當時被關在薩吉諾郡監獄的坦妮莎，在二〇一〇年認了二級謀殺罪，這樣的決定很大部分是因為她想要為凱文的死做出一些彌補。「我對整個體制與它的運作情況一無所知，這在各方面都對我非常不利，」她這麼告訴我。「所有的法律都不會站在一個對法律毫無了解的人那一邊。」

二〇〇二年末，派崔克用毯子把凱文的屍體包起來塞進衣櫃裡。過沒幾天，他在兩名同夥的協助下，把屍體丟棄在鎮郊一條河的堤岸下。三個月後，二〇〇三年三月，兩名漁夫在春融期發現了凱文的屍體。相關單位在三月二十四日通知凱文的家人。警方沒有逮捕任何人。整個案子被冷處理。

殺人事件發生的兩週後，坦妮莎與派崔克搬去一個更偏僻的公寓。坦妮莎沒車也沒錢。白天派崔克出門，她就在家睡覺，腰帶中藏著一把短刀。「很快就會有人出事，而那個人很可能是我。」凱文死後的兩個月間，坦妮莎存了兩百塊美金，拿了四套衣服，逃到一家汽車旅館。

「我坐在醜陋的床上，我必須做出決定。」她已經二十歲了，沒有家，也沒有信任到可以談一談的人。她和一個毒販一起涉入命案，他不但威脅要殺她，也知道她家人的住處。坦妮莎判斷自己唯一的機會就是不斷搬遷躲藏，什麼都不要多說。「我把發生的事情全推到良心的最底層，」她回憶道。接下來兩年，她重操舊業，陷入性交易、嗑藥與販毒的惡性循環中。她一直在逃亡，也和會傷害她的不同男人牽扯不清。

「我不會作夢，」她說。「一切都是黑暗的。」

坦妮莎在二〇〇五年懷孕了，她決定洗心革面，有所改變。十一月，她的第三個女兒出生，坦妮莎為她取名安妮斯蒂。扶養安妮斯蒂長大的期間，她在鎮上看到一個長相與凱文相似到令她不安的男人。她經常想到凱文的母親。她也擔心自己女兒的安全，擔心有了固定住處後，她們母女會成為目標。她每次晚上回家時，都會先把女兒鎖在車裡，開擴音與姊姊通電話，同時拿著一把隨時可以扣下扳機的槍，把家裡全部檢查一遍。確定一切都安全後，她才會把安妮斯蒂抱進屋內。後來有兩人在審判時作證說，派崔克曾說要宰了坦妮莎，他擔心她會向警方洩漏消息，他幾次試圖說服坦妮莎與他見面，但都沒有成功。

坦妮莎為二〇〇九年許下新年願望：她要說出真相。那年二月，她致電一位聽人提過的律師史蒂芬・史奈德（Steven Snyder）。她告訴對方她想要和警方談一談，但需要豁免承諾。史奈德打電話給密西根州的警探麗莎・史派瑞（Lisa Speary），她負責這起二〇〇六年的懸案。二〇〇九年二月十七日，史奈德、坦妮莎與一位薩吉諾郡的檢察官簽署了一份協議，保障未來在刑事訴訟時，提供案情訊息者說過的話不會被用來當作對他不利的證據。簽訂協議後，訊息提供者一般會提出一項證據，讓相關單位決定有沒有價值，接下來大家才會協調出更好的交易內容。不過坦妮莎簽署的那一紙協議並沒有提供她任何免受起訴的保護。她接受了史派瑞兩個小時的偵訊，首次提起這起案件。

我把坦妮莎簽字的那份協議拿給密西根冤獄平反計畫（Michigan Innocence Clinic）的共同創辦人大衛・莫藍（David Moran）過目。他說這份文件「糟透了」。我問莫藍，未經完整討論就直接讓當事人提供警方完整供述，是否正常。「律師在讓當事人簽署協議並揭露一切之前，應該會想要先聽過當事人的說法，」他這麼說。（已經不在法界執業的史奈德並未回應我的訪談邀約。）

在接下來的幾個月，坦妮莎與史派瑞充分合作。她們在監獄裡見了至少五次面，坦妮莎接受兩次測謊，她還帶史派瑞前往犯罪現場。她對史派瑞說，派崔克當時「怒不可遏……我很害怕……他比我交往過的任何人都更危險……他可能根本就不知道自己很危險。」坦妮莎也告訴史派瑞，殺了人後，她「很不好過」。坦妮莎解釋她之所以出面自首，是想要給凱文家人一個交代，也是要給她自己一個交代。「我只是想向這家人道歉……也想為了拖這麼久才鼓足勇氣，告訴他們發生了什麼事，向他們說聲對不起。」雖然坦妮莎依然懼怕派崔克，但是說出來之後她得到了解脫。「我的生活開始有了喜悅，」她這麼告訴我。她認為史奈德和史派瑞都會保護她，那位檢察官也會肯定她的勇氣，為眾人伸張正義。

「妳為什麼會這樣想？」我問她。

「因為這裡是美國……我以為只要我誠實面對，根據美國價值，真相就能讓我重獲自由。」

史派瑞大舉訊問證人、收集證據。然後在二〇〇九年六月二十二日，派崔克打一一九報案，他四十四歲的護士女友黛博拉．庫克拉（Debra Kukla）在車庫裡昏迷不醒。警方趕到後，發現庫克拉已被毆打致死。

坦妮莎說史派瑞在庫克拉離世的幾天前還打過電話給她；她在電話中要求坦妮莎同意向派崔克揭露她已經與警方談過了。坦妮莎嚇壞了，當場拒絕。她認為反正警方都已經與派崔克談過，而且「他以為是庫克拉供出來的」。庫克拉死的那天，坦妮莎滿二十七歲。她回憶起那天早上史派瑞「緊張地」打電話來說，「他又殺人了。」她建議她找個安全的地方躲起來，因為警方並不知道派崔克當下的行蹤。（根據坦妮莎的說法，沒有任何一個領政府薪水的人想到要保護她的安全。）「我覺得如果我從來沒有簽下那份協議，庫克拉可能根本不會死，」坦妮莎這麼對我說。「每一年的生日，我都會想到她，也會想到是我活下來了。」已經退休的史派瑞則沒有回應我的訪談要求。

坦妮莎也相信自己的監禁與庫克拉是個白人的事實有關。「他們表現得就像是，『無論如何我們必須抓到他，』」坦妮莎這麼對我說。「我相信他們已經想好了行動計畫，而我只是過程中的一個傷亡者。」

檢察長辦公室無法提供我受理此案的確切日期，但是辦公室的公關祕書表示，大概是二〇〇九年九月，在凱文遭殺害近七年後，但距離庫克拉的死亡僅幾個月。二〇〇九年九月十一日，一位下班的員警逮捕了派崔克，員警說他親眼看到派崔克搶劫便利商店。二〇一〇年三月，坦妮莎在她工作的高爾夫球場遭到逮捕。她遭控一級謀殺，被關進了薩吉諾郡監獄。當時四歲的安妮斯蒂被送去親戚家。「她一直在找我，」坦妮莎這麼告訴我。「她會坐在學校的座位上給我寫信。」

法院指派了一位與郡簽約的律師威廉・懷特擔任坦妮莎的辯護律師。根據懷特後來寫給法官的信，他提供的法律服務費用「不得超過一千美元上限」。他收取了三十六點五個小時的費用，也就是說，除非同意額外的費用補貼，否則他每個小時索費二十七塊四美元，而且工作時數越多，按時計價的費率就越低。根據莫藍的說法，一件密西根冤獄平反計畫的殺人案，「相當於執行法律上的腦部手術。過程複雜，需要很大的本事才能把事情做對。」

二〇〇八年法律援助與辯護協會（National Legal Aid & Defender Association）針對密西根州貧窮者辯護系統所做的報告顯示，該郡所有公設辯護人的服務都不符合憲法規定。美國其他各州皆採取的固定費率制度，造成了「律師在能力範圍內替每位當事人辯護的道德責任，與盡可能在每件案子上用最少的時間將利益最大化的財務利益，之間會有所衝突，」報告這麼寫道。

從二〇一一年開始，立法層面的努力帶來了密西根州貧窮者辯護體系的改革，而薩吉諾也在二〇一九年啟用了第一間公設辯護人辦公室。負責這間新辦公室的前檢察官史帝夫．芬納（Steve Fenner）告訴我，用一千美元處理一件凶殺案簡直是「荒唐」，之前的制度也代表處理重大案件的律師「基本上都在虧錢」。但芬納不解坦妮莎為什麼會需要律師。「到底收了她什麼費用？我不懂。真的莫名其妙。因為她的配合而破了一件懸案，然後檢察長辦公室再回頭把矛頭指向她？我實在很無言。」

坦妮莎與她的律師懷特幾乎沒有互動。有一天懷特把坦妮莎的前繼母山德斯帶去參加一場法庭會議。山德斯告訴我，她之所以到場是因為她以為自己要參加的是一場公聽會，因此當懷特把她帶到一邊，要求她說服坦妮莎在派崔克與特倫斯的審訊中出庭作證時，她非常驚訝。

獄警把穿著橘色連身囚衣的坦妮莎帶進會議室。山德斯哭了起來。「我說，『這件事拖太久了，應該做個了結……讓我們都擺脫這件事吧……不管他們要什麼，妳都要給他們。』」山德斯從未與法律打過交道，坦妮莎有個女兒目前還是由她在照顧。山德斯說她以為自己在幫坦妮莎，根本不懂什麼是認罪。「我以為他們會放她回家……因為他們要的東西，她全都說了。」

經過山德斯兩個小時的規勸與九個月的牢獄生活，坦妮莎同意用出庭作證交換二級謀殺的認罪。她最初以為二級謀殺是二十年徒刑，而非二十年到四十年。「我認了罪，因為我受不了待在那兒聽我媽求我，」她對我這麼說。我請懷特就這件事情發言，但他沒有回應。

二〇一一年一月，坦妮莎為檢方出庭作證。為了達到檢察長的目的，坦妮莎得同時扮演兩個互相矛盾的角色：展現出足以讓陪審團相信她證詞的道德感與信任度，以及做為一個可悲又該受譴責與懲罰的幫凶。當時的檢察官道格·貝克說坦妮莎與其他人「狼狽為奸」。

坦妮莎以關鍵證人的身分接受兩天的訊問後，檢察官貝克以她的供詞為本，說了一長篇敘事。他在結辯時對坦妮莎又褒又貶。他告訴陪審團坦妮莎在二十歲遇到派崔克時，正過著「浪費生命的生活……她出賣肉體。她生了孩子卻從未跟他們生活在一起。」坦妮莎「不是一個會反省或思考的人」，但是她「還有一點良心」，站出來投案。坦妮莎當初確實是在脅迫下行動，但是「那不是殺人的理由……法律說不可以，你就不可以這麼做、你就必須反抗。你一定要反抗，你必須抓住機會。」

在密西根州以及美國其他許多州，受到脅迫並不能做為殺人的辯護理由，這一點源於英國的普通法，就像清教徒法學家馬修．海爾（Matthew Hale）在十七世紀一份極具影響力的論文中所述，即使「當一個人遭遇令人絕望的攻擊，面臨死亡的危險時……他應該慷慨就死，而非殺害無辜的人。」海爾也舉出其他歷時已久的論述與裁判。其中一項是他以巫術為由判決女子死刑，這也是後來美國塞勒姆巫審（Salem witch trials）★引用的判例。除此之外，海爾也聲明，簽署婚姻契約就代表「妻子依據合約把自己送給了丈夫，不得撤銷承諾」。性侵不存在於婚姻中，主要就是奠基於海爾的理論，這些內容在一九九一年前還存在於英國與威爾斯，而美國的北卡羅萊納州則是直到一九九三年才取消。其實刑事司法體系至今對於婚內強

★譯按：一六九二年二月至一六九三年五月間在當時仍是英國殖民地的美國麻塞諸塞州，發生一連串為遭到指控行使巫術者而召開的聽證會與審判。被告超過兩百人，三十人判定有罪，十九人遭到吊刑處死（十四名女性與五名男性）。

暴的案件依舊從寬處理。

「坦妮莎的唯一選擇，就是自己去死，」密西根女性正義與赦免計畫的傑考布森這樣告訴我。「不然就是去坐牢。就這樣。那個男人會不會把妳給宰了，一點都不重要……是妳自找的。」

「為了證明這套體制的運作，黑人女性可以被當成隨意處置的懲罰對象，」加州大學河濱分校助理教授以及協助性別暴力的倖存受刑人組織「倖存者與受刑者」（Survived & Punished）聯合創辦人艾莉莎．比耶里亞（Alisa Bierria）這麼對我說。「這套系統就是這樣運作的：它必須彰顯正義，大家才能效法。但是這套系統卻始終踩在黑人女性的背上，因為根本沒人關心這些同樣身為人類的黑人女性發生了什麼事。」

「經歷所有這些狗屁倒灶之後還活著的我，甚至無法相信這一切都是真的，」坦妮莎對我說。「我真的很想問，『天啊，到底怎麼了？究竟是怎麼回事？』我愛世界、我愛孩子……我受了這麼多折磨，但我從來沒有放棄。」至於有關當局，她說：「從以前和現在，他們根本不在乎我遭遇了什麼。甚至沒有人知道我以前過的是什麼日子……他們把我關在這裡，完全不知道那個男人在那天晚上對我做了什麼。」

十月，派崔克．馬丁從密西根州北部的金洛斯監獄（Kinross Correctional Facility）打電話給我。他因為持械搶劫與兩樁殺人案，正在那裡服無期徒刑。（陪審團宣判他殺害凱文．阿莫斯有罪後，他對殺害黛博拉．庫克拉一案直接認罪。）派崔克說他有躁鬱症，是「一個徹頭徹尾的酒鬼」，曾在二〇〇七與〇八年間住院治療。他描述「瘋狂」的那些年，他告訴我，二〇〇九年遭到逮捕後，「幾乎是一種解脫」。派崔克無法解釋為什麼他的精神疾病和酗酒問題會演變成致命的暴力，包括對女人施暴，但是他卻清楚表示坦妮莎與他表兄特倫斯確實是他殺害凱文．阿莫斯的幫手。「我強迫他們做的，」他這麼說。

如果坦妮莎不聽他的話，他會殺了她嗎？

「我隨身帶著槍跟一些有的沒的東西……連我媽都害怕。那時候坦妮莎嚇死了……我告訴他們，『如果你們不聽話，我會讓你們跟他一樣。』所以他們都很聽話，因為恐懼。他們一開始沒有參與這件事。」

八天後，我致電起訴坦妮莎的檢察官道格．貝克。他現在已經升任底特律市刑事執法與生活品質單位的負責人。我們談了很久，主要是關於為什麼他要起訴坦妮莎，讓她被判刑數十年，尤其考量到坦妮莎在實際犯罪中的角色，以及她協助警察破案。

貝克解釋證人若接受長期徒刑，把證人送上證人臺對檢察官有利。「像坦妮莎這樣的證人看起來很可信，因為她已經為自己的所作所為付出了代價，」貝克這麼說。「陪審團聽得進這樣的證詞。如果陪審團聽到的證詞，是來自於一個獲得……緩刑或之類的證人，那麼被告肯定會主張證人是為了緩刑或減刑，所以什麼都願意說、願意做。」這也代表掌握起訴裁量權的檢察官會採取最嚴厲的控訴，從而導致漫長的刑期。

貝克也表示，坦妮莎的刑期對凱文與他家人來說是一種正義。根據他的說法，坦妮莎「是實際奪走凱文生命的人。她確認對方無法吸到最後一口氣」。

在二〇一一年的審判中，法醫證實凱文的死因是窒息，因為他嘴上黏著膠帶，肺部有積水。法醫也作證在凱文的胃裡發現兩枚硬幣，嘴裡發現了一包粉末。由於死人無法吞嚥，所以兩枚硬幣放進他嘴裡的時候，他還活著。

對於粉末包與硬幣的事情，坦妮莎從二〇〇九年與史派瑞的第一次面談開始就否認知情。審判時，密西根州的一名祕密毒販線人作證說，他曾在凱文遭到攻擊的那天晚上，短暫逗留在案發公寓，看到被綁起來的凱文倒在地上。沒幾天，他就幫忙處理凱文的屍體。二〇〇三年八月，也就是凶殺案的八個月後，這名線人入獄，希望透過訊息交換的方式將刑期縮短兩個月。他告訴有關單位凱文遭到殺害的事情，而且為了證明自己的可信度，他還提供了「除了在場的人，不可能知道」的細節。這個細節就是派崔克「說他在凱文的嘴裡放了五毛錢，讓整件事看起來像一起毒品交易」。

當我訪談派崔克時，他完全不記得硬幣的事。儘管如此，仍有可能是派崔克把膠帶扯下來後，重新把膠帶黏了回去，是這個最後的動作結束了凱文的生命。（在密西根服無期徒刑的特倫斯・謝普德拒絕對這起案件發表意見。）

貝克在審判時告訴陪審團，坦妮莎得坐二十到四十年的牢。「至少二十年，也可能更長。」討論過坦妮莎的案子後，貝克在電話上說，「我覺得她可能會是一個好的假釋人選。」

法院在二〇一一年宣判坦妮莎的刑期，貝克在檢察長辦公室的信紙上，寫著她「遭到脅迫」參與凶殺案。

「我可以證明威廉斯女士全程配合辦案、證詞坦白，而且對於她參與本案的行為表示懺悔，」貝克在信中這樣寫道。「身為檢察官的證人，威廉斯女士在將其他被告繩之於法一事上，無疑提供了極其寶貴的協助……我們相信威廉斯女士具有矯治可能，以及在未來過著守法的生活。」

然而坦妮莎在二〇一〇年遭逮捕前，就已經過著穩定且有生產力的生活了。她沒有酗酒、扶養女兒，兼職三份正常的工作。「我是個驕傲的納稅公民，」她這麼對我說。「我已經走在正確的道路上。」

我把貝克在二〇一一年寫的那封信重新唸給他聽，並問他長期監禁坦妮莎的目的？

「她的判刑具嚇阻效果、懲罰效果，以及矯治的價值，」他這麼回答。

然而不論是坦妮莎或派崔克的監禁懲罰，似乎沒有在他們的圈子裡產生任何建設性的改變。性別暴力與精神疾病的循環持續著。凱文遭到殺害時，派崔克的兒子派崔克・亞倫・小馬丁（Patrick Allen Martin Jr.）十一歲，長大後，他年紀輕輕就被送去坐牢。「出獄回家後，他變了一個人，」小派崔克的妹妹後來作證時這麼說。他在一個專門為有精神問題的罪犯設置的監獄中服刑。

二〇一九年，二十七歲的小派崔克射殺坦妮莎二十六歲的外甥女蒙妮莎・西蒙斯・羅斯（MoeNeisha Simmons-Ross）。蒙妮莎有三個孩子，她被槍殺時，肚子裡還懷著與小派崔克的孩子，一屍兩命。蒙妮莎的哥哥告訴當地媒體，蒙妮莎的其他孩子「在案發現場目睹慘劇發生」。

「這套體系就是一個畸形的暴力製造工廠，」倖存者與受刑者組織的聯合創辦人比耶里亞這麼對我說。「而且全年無休。」

——

我的研究浮現了一個主題：一如坦妮莎的案例，女性受刑人在進入法律體系之前，往往都遭遇過國家體制的漠視與傷害，從兒童保護到學校、警方，無一例外。面臨絕境的家庭與個人無法獲得有品質或持續的服務，而且常常對於尋找外部支援心懷恐懼。「在黑人的世界裡，沒有人會去找警察，」坦妮莎這麼告訴我。「自己的爛攤子就是得自己收拾。還有犯罪，規矩就是什麼都不能說，永遠都不能說，我現在知道原因了。」

伊利諾州的黑人女性受刑人珊卓拉·布朗（Sandra Brown）寫出她從童年就開始的恐懼。她被毆打、斥責，在學校遭遇霸凌，但是當她反擊時，就被貼上「逞兇鬥狠」與「危險」的標籤，被學校退學。她在家也會被鞭打。她向一位信任的老師解釋了為什麼腿上會有傷痕之後，她說自己「為此付出極為慘痛的代價」。珊卓拉後來也成了家暴與強暴的受害人。身為一名年輕的小媽媽，珊卓拉後來因為殺害另一名女性而遭到逮捕，但她說自己是正當防衛。她被判二十二年的有期徒刑。「小時候與年輕時所承受的悲劇，某種程度上讓我們『認命接受』了現在這樣的奴隸狀態，」珊卓拉寄給我的問卷回覆中這樣寫。「我從小就是他人施暴的對象，法律實際上根本不存在。因為害怕喪命而反擊的那一次，反而讓我成了一個暴力犯。」

比耶里亞認為基於性別的犯罪其實是法律制度設計與運作的產物。「它不只是『讓人難過的故事，檢察官不在乎，抗辯也不夠』，」她說。「這些事情驅動我們的體制……你看到的作為，反映的是根深柢固、足以終結生命的暴力。」

有其他的選擇嗎？特別是對女人來說。

「我們必須建立替代方案，」比耶里亞說。全國各地有很多人致力於以社區為本的反暴力以及司法改革計畫、訓練與教育。「沒有神奇的答案可以把我們帶到我們想去的地方。只有我們自己……大家正在這麼做，所以我覺得有機會。」

回覆問卷的受刑人提供了各種不同的解決方案，包括早期介入、打破貧窮犯罪的輪迴、治療精神疾病與癮症、有效保護性侵與家暴受害者、改變警方與檢察官的辦案方式、讓犯罪者與受害者參與修復式正義的程序，以及設定刑期上限。有位女性建議開放大家參觀監獄：「讓大眾知道他們的監獄裡都關了些什麼人。」

至於坦妮莎，她希望大家都能知道她的經歷，為她自己也為別人發聲。我問她一開始為什麼會回覆我的問卷。「我很清楚自己所經歷過的一切，」她說。「這些都關乎女性的切身利益……我覺得可以幫上一點忙。」

坦妮莎知道自己過去的每個階段都失敗了，不論是身為受虐兒、青少年遊民、心理受創的年輕媽媽，抑或是被國家機器糟蹋與利用，把她的經歷與善意當成給凱文與他家人的一個交代。儘管如此，她依然樂觀，從未抱怨休倫女子監獄環境惡劣，以及一波波疫情造成的惡化。她會冥想、在早上做瑜珈、仔細研究法律資料，晚上則做著監獄消毒的工作。

我問坦妮莎如何維持樂觀的心態。「就是希望能幫點忙。我的心裡有一些東西支撐著我。」她用聖經的說法來比喻自己為了揭露司法問題的努力：就像一粒芥菜種。在聖經裡，芥菜種是最小的種子，但是播種之後會長成一棵大樹，枝椏上停滿小鳥。「只要我們有一顆芥菜種，就可以讓種子長成大樹。」

二〇二〇年十二月首次共同發表於《新共和》週刊與《上訴》週報

四、白領犯罪的黃金年代

作者：麥可・哈比斯

一、一場慢動作的洗劫

二〇一八至二〇年間，美國人生活的各個層面幾乎都顯露出無可否認的道德腐敗。諸如波音、富國銀行（Wells Fargo）這類企業巨頭，把績優股的信譽拿去交換白領階級的貪婪；菁英大學將入學名額賣給好萊塢出價最高的人；矽谷的獨角獸企業被踢爆長期詐騙（療診公司〔Theranos〕）★、專燒創投資金的各種手段（Uber、WeWork✝），還有那些擺明就像是漫畫裡的超級壞蛋（臉書）。美國社會每週都會挖出一起足以影響政局的內閣級政治醜聞。從加州大停電、華爾街的超肥貓獎金，到性侵犯金融富豪傑佛瑞．艾普斯坦（Jeffrey EpStein）的自傳，只消看看這些事情，就會覺得菁英們正在掠奪這個國家。

他們有利幹嘛不圖呢？刑事司法體制根本不想嚴肅處理富人犯罪這檔事，連做做樣子都懶。研究人員從一九九八年開始追蹤起訴白領犯罪的數據，到了二〇一九年一月，白領階級遭起訴的案件降至史上最低。在這些日漸減少的起訴案中，多數案件的被告都是層級較低的詐騙份子以及不成氣候的金融產品籌畫者。二〇一五年開始，司法部徵收的刑事罰金從三十六億美元遽降至大概一點一億美元。證券與交易委員會沒收呈報的非法所得金額，也大砍超過一半。二〇一八年一整年，光是

★譯按：二〇〇三年由當時年僅十九的史丹佛休學生伊麗莎白．霍姆斯（Elizabeth Holmes）創辦的生技公司，募集超過七億美金資金。宣稱透過一滴血可快速並正確地檢測多項疾病指標，後來證實為詐騙。

✝譯按：二〇一〇年創辦的工作空間共享公司，總募集資金超過兩百二十億美金。二〇一九年因為計畫上市而提出的公開募股資料揭露了虧損與各種荒謬操作，上市計畫終止。

毒品犯罪，就有將近一萬九千人遭到聯邦法院判刑，但是員工超過五十人的企業犯罪僅起訴了三十七人。

除了極少數的例外，美國檢察官唯一還會起訴的有錢人，就只有那些傷害菁英同儕的人。隨便舉個例子，製藥界的紈褲子弟馬丁．希克瑞里（Martin Shkreli）之所以遭到起訴，並不是因為他把愛滋用藥從每顆美金十三塊半暴漲到七百五十元；他會坐牢是因為他之前曾利用一個避險基金計畫詐騙了投資人。二〇一六年該公司遭遇一九七〇年以來最致命的礦災事件，但這位執行長蹲苦牢的時間連一年都不到，支付的罰金也不過是他前一年薪資加股息總額的百分之一點四。怎麼會這樣？因為經營一家漠視警告而造成工作者喪命的公司，就算是死亡人數高達二十九人，也只是**輕罪**。

建築業鉅子布魯斯．卡拉茲（Bruce Karatz）也有一起令人憤怒的案件，讓眾人知道司法體制在對待有錢被告時，是什麼德行。卡拉茲在二〇一〇年遭到判刑，因為他未在財報中揭露他偷偷「回溯」了股票選擇權的日期（想想《回到未來》第二集中拿到運動年鑑的畢福就知道是怎麼一回事了），因此讓他的收入暴漲超過六百萬美金。量刑聽審前，他的律師遞交了前洛杉磯市長李查．瑞爾頓（Richard Riordan）與億萬富翁慈善家艾利．布洛德（Eli Broad）的支持函。檢察官求刑六年半，法官裁定卡拉茲五年緩刑以及在他自家豪宅居家監禁八個月。兩年後，法官終止了剩餘的刑罰。卡拉茲後來還因為志願工作獲得《馬里布時報雜誌》（*the Malibu Times*）頒發的一項公民獎，而他的這些善舉全是為了在量刑聽審時有個好名聲。

當然，裙帶關係與鍍金時代★的貪婪，在美國根本不算什麼新鮮事，但是有錢人此刻正在享受的逍遙法外黃金時代，卻是史上前所未有。「即使與五年前相比，美國菁英也變得愈來愈厚顏無恥，」阿帕拉契州立大學教授馬修・羅賓遜（Matthew Robinson）說道，他著有多本關於「菁英偏差行為」的書。所謂的菁英偏差行為指的是，有錢人對社會造成的所有合法與非法傷害。

菁英偏差行為儼然已成為美國人生活中的暗物質，而這股隱形力量繞行的軌道，卻是由這個國家最具權勢的法律與政治系統所設定。生產止痛藥奧施康定（Oxycontin）的普度藥廠（Purdue Pharma）所有人薩克勒家族（Sackler），有四位家族成員聘僱美國前證券交易委員會主席師瑪麗・喬・懷特（Mary Jo White）擔任他們的私人辯護律師。傑佛瑞・艾普斯坦的晚宴名單包括哈佛教授、億萬慈善富翁，以及至少兩個國家的政治世家成員。二〇一七年，藥廠諾華（Novartis）花了大約年收益的百分之十四進行關說，要求政府編列預算支付川普前私人律師麥

★譯按：指美國重建時期（1865-1877）至進步時代（1890-1920）間一段經濟快速成長的年代。

可・科恩（Michael Cohen）所掌控的空殼公司。

老百姓必須為這類交際行為買單。以有錢人最熱中的逃稅來說，每年從美國經濟竊取的金額，是銀行搶案總額的一萬倍。根據二〇一七年的研究統計，美國最大型企業的詐欺行為從一九九六至二〇〇四年間，每年要讓美國人失血三千六百億美元，這個鉅額大約是街頭犯罪二十年的總合。企業與法規之間的亂倫關係愈來愈嚴重，我們在未來將會看到更多被原油浸泡的海岸線、哄抬物價的企業巨頭，以及馬多夫（Madoff）式的龐氏騙局。對毒害消費者、放任老闆騷擾員工的企業提起訴訟，將會面臨更多的困難。更多專屬於美國人的災難，譬如鴉片類藥物的氾濫危機與胰島素價格飆漲等問題，也會愈來愈普遍。

或許白領犯罪的一個最大迷思，是儘管人們努力找出原因，卻無法喚起我們的道德直覺，譬如化學公司毒化河川或保險公司高層剝削客戶的行為。不過事實上，調查顯示絕大多數的民眾都認為白領犯罪比街頭犯罪的傷害更大，而且有權勢的罪犯也比一般罪犯更可惡。

大眾的這些直覺都很正確：一個地位穩固又不受控的超級掠奪者階層正在肆虐美國社會，帶來浩劫。在這個過程中，他們摧毀了唯一能夠阻止他們的體制。

二、一場益發令人絕望的執法荒唐鬧劇

政府官員每年都會花上兩天的時間，在知名酒會、豪華自助式早餐宴席上，與他們整年在調查的避稅區的律師們親切來往。

境外運作警示（OffshoreAlert）會議每年除了春、秋兩季分別在美國邁阿密與英國倫敦舉行外，在「重要境外司法管轄區」也會年度性召開會議。名義上，與會者都是來討論「創造、維續與重獲財富」的相關議題。然而在沒那麼正式的層面上，稅務律師來此的目的在於了解聯邦政府下一個年度的打擊目標；而政府的調查人員來這兒，則是為了打探未來的工作機會。大家不妨設想一下，在一年一度的活動中，治安官告知毒販該把毒品藏在哪裡，才可以避免被搜出來，活動結束時還可以讓自己在領英（LinkedIn）平台上的履歷資料，收穫一堆人對自己專業技能的認可。

親身參與這個會議的感覺，甚至要比聽起來更超現實。從穿過充斥著古龍水香味的飯店大廳開始，我看到來自加勒比海地區的那些皮膚已曬成古銅色的律師們，才下飛機就和臉色慘白的美國國稅局人員打成一片。稅務人員的名片都來自金考（Kinko's）連鎖快印店，因為國稅局現在已經不再公費幫他們印製名片了。當

我聆聽聯邦調查局與美國證券交易委員會官員闡述他們的執法重點時，一邊的加密貨幣投資人與俄國金融家振筆疾書、拚命筆記。午餐時，我與一位參議院顧問、一位政府稽查人員與一位巴哈馬律師聊電視影集《權力遊戲》（*Game of Thrones*），隨後那位律師主動向我提出五千塊美金就可以幫我設立一家空殼公司。

金融派人士在白天全是一副冷冰冰的樣子；有位投資者的休閒褲上，似乎繡著通常代表名字縮寫的花押字圖案，他只透露姓，拒絕告訴我他的名字。不過一到傍晚的歡樂時光，他們就全放鬆了。一位境外稅務顧問吹噓說他可以把客戶的稅率從百分之四十九降至十五，還抱怨客戶不斷要他再降低。另一個人告訴我，他大多數的客戶之所以到處藏錢，不是為了躲避政府，而是為了閃避他們第二個或第三個老婆。「正宮把孩子養大，所以他們覺得她應該有權得到更多，」他這麼解釋。「他們想要擋在門外的，是那些他們娶進來當花瓶的老婆。」

傑克・艾伯森是一位政府調查員（這是一個虛構的名字，而且他也不願意讓我透露更多有關他的工作細節），參加境外運作警示會議許多年。當我問他官兵與強盜的衝突是否確實存在時，他說我想錯方向了。一如其他來此的調查員，他很清楚許多律師參加這些會議的目的，在於透過遊走在灰色地帶的方式或直接以違法手段，幫他們的客戶把錢藏起來。他甚至知道這些律師的各種作法。向稅務機關隱藏財富並非特別複雜的事情，而且在過去五十年間，作法幾乎沒有改變。設立一家空殼公司，買一點正在增值的資產，譬如愛荷華州的農地、倫敦的公寓、紐約的披薩店這類普通到根本不會引起注意的東西。

根據艾伯森的說法，不同於電影《神鬼交鋒》（*Catch Me If You Can*）的劇情，解決金融犯罪其實不是機警的調查員與狡猾的詐騙犯之間的貓捉老鼠遊戲。絕大多數的狀況都只是直接把資源應用到一連串繁瑣的工作上。「調查人員只要有足夠的時間與經濟支援，可以破解幾乎所有的境外帳戶，」艾伯森這麼說。「問題是他們一年只有寥寥可數的幾件案子要調查。」

過去四十年間，負責調查白領菁英犯罪的政府機溝——粗略來說，包括國稅局、美國證券交易委員會、職業安全衛生署、環保署與聯邦調查局——都見證了自己的執法單位簡直閒到成為尸位素餐的部門。二〇〇一到〇八年間負責偵查華爾街的聯邦調查局人員，已有三分之一以上的人辭職。國稅局的執法資金在過去十年間，減少了百分之二十三。最糟糕的是，每次爆出醜聞案，政府的無能真相被揭露時，國會就會介入向監管單位施加更大的壓力。

這種蓄意阻礙的最佳案例，莫過於消費品安全委員會（the Consumer Product Safety Commission）。該委員會設立於一九七二年，成立宗旨在於確保大家不會因為買回家的商品而遭到刺傷、毒害或燙傷。一九八〇年代，雷根總統大刀一揮，砍掉了這個機構的預算，並將這件事視為他討伐官僚浪費的政績之一。一九九〇年代，柯林頓指示這個機構提出更多的數據，做為他推動政府問責的努力。不論哪個政黨執政，每一任政府都塞了更多的工作給消費品安全委員會，但是讓他們維持運作的錢卻愈給愈少。到了二〇〇七年，這個機構的人員配置已經從原有的七百八十六人降至四百二十人。

同年美泰兒（Mattel）★因為鉛污染塗料而宣布回收超過一百萬件兒童玩具。儘管這家公司國際業務複雜，年收數十億美元，卻從來沒有對中國的分包商檢驗花過任何心思。而這個時候的消費品安全委員會檢查員編制已不到一百名，他們必須監督所有進口到美國的商品。接收很大部分鉛污染玩具入港的洛杉磯區各港口，只配置了一位兼職的檢查員。

國會對這件醜聞的反應，是把致禍問題變得更加嚴重。國會議員同意消費品安全委員會有多一倍的預算與人員，但也強制這個單位要負責數十項新的工作，包括建置公眾資料庫，追蹤美國每一項販售產品的安全隱憂。

消費品安全委員會為了這項新命令不但耗光了所有的新預算，還需要倒貼原有的資源。很快的，這個機構把幾乎全部的時間都用在處理如何降低兒童玩具的

★譯按：一九四五年成立的美國跨國玩具公司，知名產品包括芭比娃娃、火柴盒小汽車以及獅子王、蝙蝠俠等品牌授權玩具。

含鉛量，而忽略了數百萬種對孩童可能帶來更大風險的其他產品，譬如易燃毛毯與危險的桌鉅機。產品資料庫中滿是未經證實的抱怨與垃圾評論。與此同時，生產鉛污染玩具的美泰兒除了兩千三百萬美元的罰款，不需要面對任何其他後果；罰款金額不過占這家公司年度淨收入的十萬分之六。根據《為什麼不關進監獄？工業災難、企業犯罪與政府的不作為》（*Why Not Jail? Industrial Disasters, Corporate Malfeasance, and Government Inaction*）作者雷娜．史坦佐爾（Rena Steinzor）的說法，從守法納稅、金融監理到環境保護等領域，所有型態的菁英偏差行為，都會不斷重複相同的循環。二〇一〇年，美國國稅局在一連串的避稅天堂醜聞後，設立了一個專門調查超級有錢人的「富人小隊」（wealth squad），然而配置的調查人員只夠在最初兩年執行三十六件稽查案。

二十一世紀初從安隆（Enron）開始的一連串雪崩式企業破產浪潮之後，美國國會給了證券交易委員會足夠的資金新聘兩百名稽核人員。同時國會議員卻命令該機構針對每一家美國上市金融公司的報稅資料，每三年進行一次審查，所需人力遠超過新聘人員。接著在金融危機之後，同樣的事情又發生了：《陶德法蘭克法案》（Dodd-Frank Act）★要求美國證券交易委員會監督更多的公司，外加監管價值數萬億美元的新資產，但是同意增加的人力不到百分之十。

★譯按：美國於二〇一〇年頒布的法案，以重組監管機構和監管功能、強化消費者權益的、強化系統重要性機構的監管等方式，加強金融機構與機制的監管，避免系統性風險。

相同的模式讓美國的監管人員別無選擇只能跳進一場愈來愈令人絕望的白領犯罪執法鬧劇中。從表面來看，他們回報令人印象深刻的績效數字，避免進一步的預算刪減。然而，關起門後，他們卻已退到只調查那些他們知道有罪的對象，以及他們知道可以去哪裡找出證據的罪行。

這種改變最大的獲益者是美國菁英們。有錢人製造出了堆積如山的財務數據，百萬富翁有上百個銀行帳戶，億萬富豪的納稅資料可以長達八百頁。對於絕大部分收入都來自薪資所得的人（也就是幾乎所有的人），國稅局有一套自動系統可以比對個人提交的資料與雇主及銀行提交的資料。但是針對很多收入都來自於利息與投資的有錢人，國稅局沒有任何可以核對他們報稅資料的工具。想要知道一個有錢人是否逃稅，唯一的辦法就是坐下來與報稅人一項項核對。

「假設你收到線報說某位富豪在境外藏了一大堆錢，而且這些錢完全沒有繳稅，」有二十五年資歷的國稅局刑事偵查員亞瑟．范德山德（Arthur VanDesande）說，「接下來你想方設法把逃稅範圍縮小到他的二十個銀行帳戶。好了，現在你就得準備二十張傳票，找法官簽字後送到銀行。不過等你到了美國銀行，他們會說：『我們這個地點不接受傳票，你必須要去我們位於奧蘭多的授權代表處。』等你再跑到奧蘭多，會發現這些錢都與一個境外帳戶連結。所以你必須再寫信給大使館……」

由於國稅局資源有限，大部分這些跑腿工作都要偵查員親力親為。「你得自己把那些狗屁文件全部打出來、自己複印、自己寫好每一份宣誓陳述書。有時候你會覺得，『我是個有大學文憑的高階人員，為什麼打電話給銀行時，等轉接得等上四十五分鐘？』」

這類苦差事只有部分可以轉給較低階的人員處理。白領犯罪案件涉及梳理複雜的法條、消化數千頁文件內容、在國際司法管轄區間來回穿梭，以及從特勤局到郵政署一大堆不同政府部門的協調。這些工作需要集傑克・萊恩（Jack Ryan）★、私家偵探馬格南（Magnum P. I.）✝與萊斯利・諾普（Leslie Knope）§於一體的調查員才能勝任。儘管稽查有錢富豪是政府機關可以想見的最具成本效益的工作之一（有份獨立報導指出，二〇一四年這項工作的每個公務人力回收金額，估計達到每小時四千五百四十五美元），但美國國稅局在二〇一七年僅查了百分之三的百萬富翁報稅資料。

除了降低辦案量，針對白領犯罪的美國執法單位還開始優先處理他們可以批次起訴的案件。美國司法部在二〇一七年承接了八百八十九件身分盜用的案件（根據二〇一〇年的調查，這八百多起案件估計讓每名受害人損失三百七十一塊美金），

★譯按：暢銷作家湯姆・克蘭西（Tom Clancy）筆下多本小說主角，海軍陸戰隊出身，曾任投資經理人、任教於軍官學院，後來進入中情局，多次協助美國解除巨大危機。

✝譯按：美國影集男主角，海豹特種部隊退休後的私家偵探。

§譯按：美國影集女主角，家鄉小鎮公園管理處的中階主管，愛鄉又樂觀待人。

但違反反壟斷法的案子卻只有二十四件。根據《為了公民》（*ProPublica*）網路媒體報導，美國國稅局稽查的報稅者中，百分之四十三的年收入都不到五萬六千塊美元。美國證券交易委員會在二〇一九年會計年度強制執行的案件中，每六件就有一件是金融企業未於限期內報稅；相較於二〇〇四年，這個數字成長了六倍。

海倫・瑞奇蒙（並非真名）是白領犯罪檢察官辦公室的一位律師助理，她說他們追查的被告大多數「不是笨就是倒楣」。她曾經承辦過的洗錢案中，有名罪犯把偷來的東西詳列在匯款單上，另一件詐欺案的主謀在發送的電子郵件中，把詐騙規畫寫得像食譜一樣鉅細靡遺。她表示，罪犯只要老練一點，都會避開偵查線索。

另外一種投機策略，是讓案子走行政訴訟程序，避免鬧上民事法庭，這種作法可以把聽證會的時間，從好幾個月大幅減少為幾個小時。不過缺點在於行政訴訟案件大多祕密進行，最後也是罰款了事，不會有人被送進監牢，而被告也不會被強制要求提供證詞、交出犯罪證據或認罪。二〇〇七年，美國證券交易委員會在民事法庭遞交的和解協議案件高達六成，到了二〇一五年，比例下降至百分之十七，二〇一四與一五年，他們沒有提交任何一家華爾街公司的和解協議。

根據前美國職業安全衛生署負責人大衛・麥可斯（David Michaels）次長表示，設計這些策略的目的，在於達成美國每一個監管機構全力以赴但未曾言明的目標：**讓自己看起來比實際上更有權力**。而達成這個目標的最佳方式，就是把焦點放在以最低成本製造最大效果的案件。麥可斯說在美國職業安全衛生署，「我們會發布新聞稿公告一波波的隨機檢查，這樣雇主就會謹慎小心。我們絕對不會告訴他們，我們只計畫做少數的幾項檢查。」

同樣的，美國國稅局也明確指示轄下人員優先處理可能會成為新聞頭條的案件。（大家有沒有懷疑過，為什麼有那麼多名人逃稅都被逮到？）聯邦調查人員對諸如馬丁．希克瑞里、瑪莎．史都華（Martha Stewart）以及國王的音樂節的詐騙主犯比利．麥可法蘭（Billy McFarland）等這些媒體出氣筒都會窮追猛打，讓大眾以為刑事起訴是例行業務。事實並非如此。一份針對兩百一十六件一九九六至二〇〇四年據稱大規模企業詐騙案的研究，研究人員仔細分析每一起案子後，發現媒體所披露的案件數量，是美國證券交易委員會調查發現案件數的兩倍。

這種運作模式持續數十年之後，白領犯罪執法單位通報成功破案的手法，遠比他們真正成功破案的能力要強得多。在一份二〇一六年的研究中，喬治城大學法律中心教授厄絲卡．維力康加（Urska Velikonja）提到，儘管美國證券交易委員會報告二〇〇二至一四年間的起訴案件穩定成長，然而大多數的成長事實上都是統計數字的堆疊。舉例來說，當股市交易員遭控詐欺時，會喪失證券交易執照，而這件事在美國證券交易委員會登錄的制裁資料裡是兩件獨立案件。如果美國證券交易委員會在即將公布年度績效數據時，面臨業績下滑的威脅時，調查人員就會在九月一口氣提出數十件一擊必中的案子趕進度。套句維力康加的話，「他們根本就在進行屬於他們自己版本的會計詐欺。」（美國證券交易委員會對此拒絕發表評論。）

對於那些負責破解境外逃稅計畫、保護消費者不受含鉛塗料玩偶毒害的調查人員來說，這類明顯的作假行為嚴重打擊士氣。「我們扼殺了一代調查人員，」范德山德這麼說。「如果你連續二十年都在調查老雜貨鋪，就會失去處理伯尼．馬多夫的能力。」

范德山德花了好幾個月時間才找到足夠資料立案，但是司法部不說一句就置之不理。律師助理瑞奇蒙告訴我，她有一件案子已經在聯邦與州檢察官那裡互踢皮球好幾個月，因為他們無法解釋為什麼要對一件加起來只有區區六位數字的詐欺案採取昂貴的起訴行動。審查員路易斯．溫特（另一位不願透露真實姓名的公務人員）在美國證券交易委員會第一年的工作，包括對一名可疑的企業執行長進行調查，案件最後卻遭到交易委員會執法部門的否決。他雖然找到這名執行長許多違法的證據，但罪行都不……夠大，不足以讓委員會啟動追查。

「感覺是針對我來的，」溫特這麼說。「如果執法單位只會冷淡地說『嗯』，我幹嘛要花三個月查這個傢伙？」

三、向下偏差

大家曾經以為安隆案的相關起訴已是罩在白領犯罪黃金年代頭頂的雷峰塔，它是這個系統依照預期運作的輝煌榜樣。然而在安隆聲請當時企業最高額破產程序數週後，聯邦人員搜索安隆總部時，卻發現這是一場價值六百三十億美元的賭徒三張牌遊戲（three-card monte）★。安隆的高階主管利用極其錯綜複雜的未入帳空殼公司關係網，讓借貸看起來像是收益，而債務看起來則是毫無關連。安隆破產的前一年，這家公司的經營團隊偽造了百分之九十六的淨收入與百分之一〇五的現金流。

在二〇〇二至〇六年間，聯邦調查局的安隆專案小組控告的安隆詐騙王國設計者超過三十人。調查人員在負責安隆財務稽核的會計師事務所安達信（Arthur Andersen）辦公室內發現了一間「碎紙間」，因此判定這家事務所犯下妨礙司法罪。調查人員還發現四名美林（Merrill Lynch）的金融高階主管也涉案，他們藉由三艘奈及利亞大油輪的交易，協助安隆偽造財務收益。專案小組的調查人員以求處他妻子重罪為威脅，說服了安隆的財務長出面指證他的長官。他成功反水；調查人

★譯按：據說十五世紀流傳下來的詐騙手法，玩牌者先讓下注者看三張牌，指定目標牌，然後蓋牌隨機變換位置，再下注目標牌的位置。

員也以輕罪起訴他妻子。

最終，經過了五年的調查，安隆創辦人肯・雷（Ken Lay）與前執行長傑佛瑞・史金林（Jeffrey Skilling）遭判證券欺詐以及一連串其他罪刑較輕的罪名。不久之後，雷在他租賃的科羅拉多豪宅中過世，但史金林遭判刑二十四年。在當時，這是美國史上白領罪犯最長的刑期。檢察官稱之為一場勝利，史金林的律師們則說好戲才剛開始。

就在全國人民的注意力轉向其他新聞時，史金林的律師團也開始默默拆解他的判刑。律師團提出上訴，反對法庭與檢察官用來定罪的法規、休斯頓審判所在地，也反對由陪審團可能成員所填寫的調查問卷。二〇一三年，因為史金林判刑一案，在起訴與辯護攻防之間耗費「極其巨大的資源」，司法部同意在史金林不再提起上訴的前提下，為他減刑十年。史金林的實際服刑時間不及原始判決的一半，他在二〇一九年二月獲釋。

聯邦調查局的其他勝仗，也在高價律師相同的閃擊戰術下潰不成軍。最高法院在二〇〇五年改變了對安達信會計師事務所的判決。三位美林證券的金融高層說服上訴法庭他們只是試著「鞏固業務關係」而非為了個人利益行事，法院撤銷了對他們的原判決。安隆案最後只有十八個人入監服刑；相較之下，一九八〇年代與九〇年代因為儲貸危機入獄的人數超過五百人。十八個人當中還有十四個服刑不到四年。安隆空殼公司關係網的首腦安德魯．法斯托（Andrew Fastow）現在的維生之道，是對商學院的學生與詐騙案調查人員講授他過去的運作手法。

每一件高調的企業醜聞案，幾乎都有著相同的虎頭蛇尾結局。有錢人一直試著用錢買到更輕的刑期，而過去這二十年間，美國司法制度讓有錢人得償所願的意願愈來愈高。

「我們看到齊心協力展現向下偏差（deviance downward），」東密西根大學教授，也是《富人愈富、窮人下獄》（*The Rich Get Richer and the Poor Get Prison*）一書共同作者保羅．雷頓（Paul Leighton）這麼說。「我們把重罪變成輕罪、輕罪變成民事侵權，民事侵權變成行政不法事件。」

舉例來說，誠信服務詐欺（honest services fraud）就是郵件與電匯詐欺的一個子項，禁止公司行號為了生意而欺騙顧客，也禁止企業經營者任職後欺騙投資人。試想有位技師對你說，你那個運作正常的變速箱壞了，需要美金兩千塊才能修復。嚴格說起來，這位技師並無詐騙行為，他真的會幫你換一個變速箱，但是他利用了他的權威地位，騙你買了你其實並不需要的東西。

自一九〇九年開始，檢察官就以誠信服務詐欺條款，追捕那些吹捧自家公司股價的企業，以及那些把獲利豐厚的採購合約送給球友的政客。前白領犯罪偵查檢察官與現任地方法院法官傑德·瑞可夫（Jed Rakoff）曾把該法規稱為「我們的點四五柯爾特自動手槍，我們的銀棒獎（Louisville Slugger），我們的食物料理機。」

但是過去三十年間，最高法院已經把這項法規一點一點撕碎了。一九八七年，蘭奎斯特（William Hubbs Rehnquist）擔任首席大法官時期，裁定這條法規永遠不應該被用來保護所謂的「誠實服務的權利」，於是最高法院在二〇一〇年限縮了該法條應用在公家機關賄賂與收受回扣的範圍。從那時候開始，**除非有人付錢給技師**，讓他刻意騙你，否則撒謊的技師就沒有違法。

根據這樣的裁定，好幾個白領罪犯的刑期或判決都被撤銷，包括後來的傑佛瑞·史金林。二〇一三年，前聯邦檢察官克里斯·克里斯蒂（Chris Christie）的兩名前下屬，在明確的新定義之下，他們所精心策畫的「橋樑門」（Bridgegate）★陰謀，亦即他們藉由刻意安排的交通大堵塞亂象，報復一位民主黨市長的事件，已不再是違法的行為。如果最高法院同意這樣的上訴理由，法律的效力甚至會進一步遭到削弱。†

其他制裁白領犯罪的法條也面臨相同的緩慢絞扼。二〇〇六年有位地方法院法官重中企業為領導階層支付法律相關費用的權利，有效地賦予企業高層被告一個和

★譯按：政治醜聞案，克里斯蒂的幕僚與官員為了懲罰李堡市長（Mark Sokolich）未支持克里斯蒂競選州長，合謀於二〇一三年九月九日至十三日早上交通尖峰時間，刻意關閉連結李堡與曼哈頓的喬治華盛頓大橋三線道中的兩線道路，造成交通大堵塞。

†譯按：最高法院後來於二〇二〇年確實推翻了對克里斯蒂兩名下屬的原判。

他們企業雇主同樣深的口袋。從一九九六年起，最高法院以高額懲罰會剝奪企業正當程序的權利為由，一再阻擋原告接收被告的懲罰性賠償。二〇一六年，法院判決聯邦賄賂法只適用於政治人物以公謀私的行為，亦即那種除了會在企業人資訓練影片中看到的直接、明顯的收受回扣行為，其他地方幾乎看不到的事情。

「以前的刑法更符合我們的道德直覺，」研究企業責任的密西根大學教授威爾．湯瑪斯（Will Thomas）這樣說。「談刑法的時候，我們以為刑法依然是一種具有引導性的道德力量，然而現在刑法更多是一種行政程序。」

湯瑪斯表示當今的法官更願意去解決程序上的模糊歧義，反而不太在乎他們裁決的後果，譬如一件具安隆案規模的詐欺案最後竟無人受罰。舉例來說，二〇一七年有件對紐約金融家魏天冰（Benjamin Wey）不利的案件，在他成功辯稱當時收集對他不利證據的搜索票用詞過於廣泛且模糊之後，整起案件遭到駁回。

這些挑戰令人困惑之處在於問題往往都凸顯出刑事司法體系的弱點。美國法律是一個充滿矛盾的叢林，林子裡滿是具百年歷史的法規與獨斷的定義。舉例而言，至少有兩百一十五條個別的法規禁止欺騙政府調查官員的行為，但每一條法規都有各自的證據標準。**犯罪意圖**（*Mens rea*），對罪責成立至關重要的「犯罪心理」概念，根據不同的法規竟有超過一百種定義。

於是有錢的被告**當然**能夠藉由主張詐欺法條與內線交易法規內容有疑義而打贏官司。因為事實就是如此。不過其他的法條也一樣。（舉例來說，許多州的反幫派法所定義的「幫派」極不精準，以致大多數的學生兄弟會與姊妹都適用。）唯一的差別在於判處罪刑的訴訟過程中，這些白領被告有能力針對其中的每一個程序提出異議，而司法體系也樂於配合。

白領犯罪案件最引人注意的一個層面是「溺愛」，法官用近乎獸醫的關愛態度，防止被告得到嚴厲的懲罰。二〇一四年一位科羅拉多州的法官判定兩名因為販售污染的哈密瓜，進而造成李斯特菌症大爆發並奪走三十三條人命的農場主人無須入監服刑，因為這樣會影響他們養家活口的能力。當法官宣判五年緩刑的判決時，他解釋「我必須同時實現正義與慈悲」。

根據美國聯邦司法中心做的一項研究，（做出絕大多數白領犯罪案件判決的）聯邦法庭中，有五分之四的法官都是白人。二〇一〇年的一項調查則發現，這些聯邦法院的白人法官平均年齡近七十歲，每年的底薪是美金二十一萬。

就像部分索費高昂的律師可能會說這樣的人口組成結構與經濟現實，**不可能**對法官的判決沒有影響。研究人員在二〇一二年檢視佛羅里達的判決數據，發現諸如詐領聯邦醫療補助的醫生這類「高社會地位」的白領罪犯，入監服刑的可能性要比詐取人民社會福利金的罪犯低了百分之九十八點七。另外一份二〇一五年進行的研究則發現，詐欺案被告的收入愈高，法官展現的慈悲也愈多；詐騙他人四億美元以上的罪犯，遭判的刑責比聯邦政府指南所建議的最低標準少了一半。詐騙五千美元（含）以下的罪犯，判刑則比聯邦指南最低標準高。

「當我們退一步來看這件事，就會看到各種偏見在整套體制中累積，」夏威夷大學教授以及《法律中處處存在的隱性種族歧視》（*Implicit Racial Bias across the Law*）共同作者賈斯汀·雷文森（Justin Levinson）表示。根據量刑指南的規定，初犯以及有能力支付賠償金的罪犯，要給予較輕的懲罰。證據規則也使得沒收企業紀錄或電腦幾乎成為不可能的任務。陪審團選任制度更是排除了窮人、教育程度較低的人，以及少數民族。

除此之外，還有刑事責任的問題。針對許多罪行輕微的低階犯罪，檢察官必須證明被告**應該知道**有犯罪情事發生。如果租客在租賃的公寓外進行毒品交易，房東就可能被起訴。如果你把車子借給朋友，結果他開著車子犯下殺人罪，那麼你可能也會被控謀殺。但是針對高階犯罪案來說，刑事責任的標準則是設定得高到不可思議：檢察官必須證明被告知道他們的行為違法卻依然這麼做。這種完全聚焦於意圖的短視作法，表示白領罪犯的審判往往歸結為一個問題，那就是被告是不是那種可能會犯罪的人。

長期代表醫療保健與金融高階主管的律師約翰・勞若（John Lauro）表示，他總是向陪審團強調白領犯罪的複雜性——**財務資料的揭露是極其高技術性的工作！我的當事人怎麼可能知道股票後勢會變成這樣**？這位律師還會善用良民的立場。當他接到新客戶的委託時，他說他做的第一件事就是親訪對方的家庭，與他們的家人見面。

「我會去了解諸如他們的婚姻、孩子的狀況，以及是否曾協助輔導球隊練習，」他這麼說。「檢調單位總是想把他們非人化，因此他們稱呼我的當事人為『被告』，但只要法官不制止，我就會以名字稱呼我的客戶。」

翻轉這種情況的唯一作法，根據曼哈頓證券詐騙檢察官莎拉・拉金（由於她不願意正式發言，此處並非真名）的說法，就是讓每件罪行看起來盡可能單純。這些罪犯所犯的罪行就是詐欺、欺騙、竊取。她以速成課程的邏輯建構每件經手的案件，用好幾天的時間說明股票市場的運作，解釋 SEC（美國證券交易委員會）、CDO（擔保債權憑證）與 GAAP（通用會計準則）這些縮寫的意義。在說服陪審團相信被告在財務報表中作假前，她必須藉助沒有泡在浴缸裡的瑪格・羅比（Margot Robbie）★，先演出為期一週的《大賣空》（*the Big Short*）序曲，甚至教導陪審團

★譯按：澳洲女星，在《大賣空》電影中以本尊身分客串演出，她在片中躺在浴缸裡，用慵懶、淺顯的方式講述何為次貸。

什麼是財務報表。

「經過了這些教育課程後，」拉金說，「你依然得提出充分的理由，說明這個看起來屬於社會中上階層，而且家人都坐在法院後排的人，為什麼會被冠上罪犯的名號。這很不容易。」

除了證明白領被告的犯罪動機幾乎是一件不可能的任務，高標準的合理懷疑也製造出似非而是的悖論。一般而言，大多數美國人對於貪婪的高階管理人都有一種出於本能的厭惡。然而若是向美國民眾介紹一位銀行家或某個特定的罪行時，他們的正義之怒往往就會煙消雲散。杜克大學法學教授山姆．比爾（Sam Buell）告訴我：「坐上了陪審席後，他們就會說，『嗯，看起來這個傢伙只是在做好自己的工作，所以我不覺得他是個罪犯。』」

以布萊恩．史多克（Brian Stoker）案件為例。史多克是花旗集團員工，二〇一一年被控以萬無一失的投資名義推銷風險投資（有位交易員在內部溝通時，稱這類金融商品為「狗屎！」）。根據美國證券交易委員會的資料，花旗為此賺進一點六億美金，但投資者卻損失了七億。史多克的律師在結辯時向陪審團展示了源於《威利在哪裡？》（*Where's Waldo?*）書中的一張插圖。他的客戶是個無名之輩，這位律師這樣表示，他只是一個襲捲了整個金融界的高風險賭局文化中的一隻代罪羔羊。

大家都在做同樣的事情，為什麼獨獨把他拉出來當替死鬼呢？

陪審團最後宣判史多克無罪。然而就在放著判決的同一個信封中，陪審團還放了一張手寫的短箋。「這次的判決，」短箋上寫著，「不應該成為美國證券交易委員會不繼續針對金融界調查的理由。」換言之，大家要繼續努力把貪婪的銀行界人士關起來。只不過遺憾的是這次沒有關成。

就是這樣，這就是羅塞塔石碑（Rosetta Stone）★，可以解釋法官為什麼會如此毫無壓力地替企業高層的錯誤行徑開脫、國會為什麼從未針對遏制白領犯罪的法條進行強化、放任鴉片類藥物帶來危害風險的製藥公司高層為什麼被關的人數這麼少，還有因為造成金融崩壞而去坐牢的金融人士為什麼只有一個。美國法律根本沒有能力起訴那些利用合法權力進行邪惡犯罪行為的菁英。

「企業傷害一般人的方式與他們和一般人的正常互動方式完全相同，」艾伯森這麼說。銀行每天都在追討債務、法拍房舍，也每天提供購屋貸款。銀行如果誘使客戶貸下了負擔不起的抵押貸款，或者拍賣當初被騙簽下無法支付貸款的債務人資產，法院根本分辨不出其中的差異。

這也解釋了為什麼法律體制會對有錢人經營的組織與窮人經營的組織引用相反的邏輯。辯稱自己是因為瘸幫（Crips）或拉丁國王幫（Latin Kings）✝文化而犯罪

★ 譯按：一七九九年於羅塞塔郊外出土的石碑，為考古學家語言比照的極重要參考版本，並因此解讀出已失傳千年的埃及象形文字意義與結構。

✝ 譯按：瘸幫是一九六九年創立於南加州沿海地區一個以非裔美國人為主的街頭幫派，為美國規模最大也最暴力的幫派之一；拉丁國王幫是一九五四年由波多黎各移民雷蒙·山托斯（Ramon Santos）在芝加哥創立的幫派，是全球最大的加勒比海與拉丁美洲街頭幫派與監獄幫派之一。

的青少年幫派成員，會被處以更嚴厲的刑罰；為自己偷錢的行為很糟，為犯罪組織偷錢更糟。然而，另一方面，宣稱因為高盛集團或匯豐集團內部文化而犯罪的企業被告，被判處的卻是**較輕的刑罰**；如果一個人在做其他人都在做的事情，怎麼可能會因此付出代價？

於是，因為檢調失去了起訴高階犯罪與菁英罪犯的能力，許多美國的刑事司法機構乾脆不再嘗試。二〇一五年起，遭到司法部起訴的六百四十九件企業案件，僅八件遭法官判刑，其他的案件不是庭外和解，就是自行交涉協議緩起訴或不起訴。

一如美國白領犯罪執法機構的許多其他層面，這類協議代表了一種良善概念的扭曲。緩起訴協議是一九三〇年代的創新產物，首次用於少年罪犯。如果青少年遵循假釋規定，不再犯罪，就可以避免牢獄之苦。一九九〇年代初，檢察官開始把這個原則擴大應用到企業：如果你同意調查自己的犯罪行為，提交不利於員工的證據，並改變企業內部政策，我們就不會和你對簿公堂。

自那時起，緩起訴就成了美國有罪不罰的主要推動力。這樣的協議不需要企業明確承認有罪，也不會給予累犯更嚴厲的懲罰。儘管法院常常指派獨立監督者確保企業遵守他們的緩刑條件，但監督者的報告卻不會公諸於世。從一九九九年開始，只有屈指可數的三家假釋企業因為違法協議內容而遭到起訴。

「刑法的用意不在於威懾，而是教化，」哥倫比亞大學法學院企業治理中心主任約翰・卡菲（John Coffee）如是說。「你要讓大眾知道有一件犯罪發生，而其衝擊是多麼恐怖。但是我們現在正在失去這樣的宣傳管道。」

四、你早就應該清楚會有什麼樣的後果

對跨國連鎖超商來說，自助結帳服務的設置理所當然。這種機器不但省時省力，還可以縮短結帳排隊的人潮。然而這種機器卻有一項致命缺點：允許顧客自行掃描採購的商品，增加行竊的比例。

研究人員發現自助結帳服務增加了大家合理否認的能力。如果保全看到你偷偷把一包涼糖塞進包包裡，你除了承認偷竊，別無其他解釋。然而如果保全抓到你拿的是一包價格十塊美金的什錦乾果，但輸入機器的資訊卻是一包兩塊美元的小扁豆時，你可以稱之為失誤——**唉呀，不好意思，我一定是輸錯代號了！**犯案者，特別是中產階級的白領犯案者，很清楚自己如果被抓，從店經理到小額索償的法院法官，所有人都很可能以無罪推定的態度對待他們。自助結帳服務提供了偷竊以及脫罪的現成藉口，讓顧客成了順手牽羊的小偷。

幾乎所有犯罪學研究都指出，相較於罪犯本身的道德感，環境與激勵因子對於犯罪率的影響其實更大。這也是為什麼槍擊案件會在炎熱的日子突然飆升、駕駛在寬闊的大街更容易超速的原因。人既非善也非惡，人只會為了追逐獎勵而行善或為惡。

大家應該看得出來我要說什麼。自一九八〇年代以降，華爾街、國會與法院一直在系統化地鼓勵美國菁英犯下更多、規模更大的貪污罪行。「企業文化讓人扭曲，」專門研究企業犯罪的愛荷華大學教授米海里斯・狄亞曼提斯（Mihailis Diamantis）這麼說。「大家都身處在助長違法行為且很容易就傾向違法的機制中。」從二〇〇九年起，大企業員工通報自己承受做出違反道德行為的壓力的數量倍增。在一份二〇一五年的研究中，美國大型企業的稽核人員中有一半以上曾被要求篡改公司內部的審計報告。根據安永會計師事務所（Ernst & Young）二〇一六年的全球詐騙調查報告（Global Fraud Survey），百分之三十二的美國經理人表示，為了達成財務目標而做出不道德的行為，並不會讓他們感到不安。

一如站在自助結帳服務機前的那些顧客，美國企業奉為經典的文獻都在鼓勵白領罪犯不要正視自己犯罪的事實。曼哈頓檢察官拉金說她以前起訴殺人犯時，只要達成認罪協議，對方就會立刻知無不言——這是我拿刀戳死他的原因、這是我藏凶刀的地方。然而，交手的對象一旦變成菁英罪犯後，對方總是徹底拒絕承擔責任。「他們把自己的過錯最小化，藉口層出不窮，」拉金這麼說。「他們對自己的聰明才智有無比的自信。他們不斷說自己做的事情並沒有錯。」

美國參議院前專職律師傑克．布魯姆（Jack Blum）稱這類有罪不罰的情況為「美國當前最迫切的問題」。隨著俄國與烏克蘭政府的治理能力在二〇〇〇年代期間不斷惡化，寡頭政客在賄賂、遊說以及權力系統（私人保全、媒體附庸等等）所花費的金額也不斷增加。同樣的事情正在美國發生：根據二〇一六年的一份分析，政治遊說與監管操控已經迎頭趕過了研發，成為企業獲利成長的最主要原因。在一個管理者失去利爪，而經營者又難以撼動的國家，劣幣驅除良幣的問題只會愈來愈嚴重。

那麼我們該如何阻止這一切呢？恢復過去起訴白領罪犯的光榮時代、加重那些經營投機者的刑期，最後再把所有陷我們於財務危機的金融家全抓起來，這些顯然是誘人的作法。聽到馬丁．希克瑞里在他的量刑聽審上痛哭失聲，真是讓人感覺爽透了。這個遲來的結果，是美國應得的宣洩之口。

然而數十年來，懲罰一直是政府的手段。從儲貸危機之後，每一起企業醜聞都會掀起一波起訴風潮，也會帶來一次加重白領犯罪懲罰的奮力衝刺。最常見的證券欺詐罪，最高刑罰已是二十年的監禁與五百萬美金的罰款。伯尼・馬多夫遭判一百五十年監禁，結果被關了十年多。大家也許會覺得很高興，然而幾乎沒有跡象顯示，判處造成市場崩盤的銀行家無期徒刑，可以防止下一次市場崩盤的發生。

犯罪學家都同意，增加懲罰的可能性原比增加懲罰的嚴重程度更有效。研究人員在一項化學工廠廢水排放的研究中注意到，在高額罰款但執法情況反復無常的狀況下，事實上反而會讓工廠經理人排放**更多**有毒化學物質。嚴苛的懲罰或許會讓這些廠商忿忿不平，因為大家都這麼做，卻只有他們被抓出來接受懲罰；然而因為再次被逮的可能性很低，所以這種情況反而鼓勵他們加大違法力道，設法趕上競爭對手。執法單位若是只把一百萬個企業罪犯中的一個抓起來關進監牢，很可能會讓其他那九十九萬九千九百九十九名企業罪犯覺得自己更有資格而且更加勢不可擋地去做現在正在做的事情。

但是菁英也和其他所有人一樣，在經歷立即且必然發生的後果後，會改變自己的行為。有三個獨立的研究都發現，富人的稅務資料遭到稽核後，他們在隔年就比較不會逃稅。二〇〇八年挪威針對國內最富有的住民提出了「租稅特赦」政策。如果報稅者提報他們海外財產，並支付逃漏的收入稅賦，政府就不會起訴他們。結果在接下來的四年間，提報的特赦稅收目標對象的淨價值增加了百分之六十，而政府稅收也增加了百分之三十。

「許多研究發現，如果持續追蹤企業存續期間的所有運作，那麼大多數的企業都會從事這種或那種的違法事情，而且幾乎全部都會再犯，」馬里蘭大學教授與《了解白領犯罪：機會視角》（*Understanding White-Collar Crime: An Opportunity Perspective*）共同作者莎莉・辛普森（Sally Simpson）這麼說。「嚇阻這些企業的方式，就是讓他們知道有人在監督他們。」

二〇一六年有份評論在審視了數十份企業犯罪與威嚇行為相關的研究報告後指出，研究人員發現懲罰企業或高階管理人的策略，幾乎都沒有嚇阻效用，即使有，效果也不大。唯一持續有效的作法，就是把所有的策略結合在一起——政府部門的警告、監督表現不佳的企業、愈來愈嚴厲的累犯懲罰，以及，沒錯，最高階的手段，就是針對拒絕改過的企業提出刑事訴訟。

這樣的作法並不是什麼前所未見或未經測試的概念。在面對其他型態的犯罪時，執法單位都能毫無障礙地在每一個階段完美打擊犯罪者。美國是發明了三振法與「破窗」整頓★的國家。只要與街頭幫派、毒品販售有關的案件，刑事司法體系總是可以輕而易舉地把複雜的刑事責任問題，簡化成短短的一句話：**你早就應該清楚會有什麼樣的後果**。

★譯按：一九八二年由社會學家詹姆斯・威爾森（James Q. Wilson）與犯罪學家喬治・凱令（George L. Kelling）所發表的理論，意指在犯罪學中，明顯的犯罪徵兆、反社會行為與社會動亂都會創造出一個助長更多與更嚴重犯罪與社會脫序行為的環境。

「法律不過是我們不再容忍不道德行為的一種說法，」羅賓遜如是說。「什麼是犯罪、什麼不是犯罪，決定權都握在我們自己的手中。我們一直都是這麼做。」問題就在於，我們從來沒有對菁英的不道德行為這麼做。

二〇二〇年二月首次發表於網媒Huffpost的《焦點雜誌》（*Highline*）

五、隱藏在加州如畫景色下的失蹤原住民女性

作者：布蘭迪．莫林

二〇一八年九月七日，有人在加州北邊小鎮夏斯塔湖的一塊林地，發現了遭到槍殺的二十六歲安琪拉・麥克康納（Angela McConnell）與三十一歲麥可・賓漢（Michael Bingham）。警方並沒有告知麥克康納的母親譚米・卡本特（Tammy Carpenter）她女兒遭到殺害的消息，而是胡帕谷（Hoopa Valley）的部落人民從賓漢家屬那裡獲得消息。

當卡本特驅車趕到警局，想要確認自己女兒是否真的遇害時，接待她的警員問她是否知道她女兒吸毒且過著不穩定的生活。

「我心想，『**這到底是怎麼一回事？**』」卡本特說。「我告訴那名警員，『你應該做好你的工作，把殺害我女兒的人找出來！』」

但是三年多過去了，麥克康納與賓漢遇害的案子依然沒有進展。警方告訴卡本特，他們沒有足夠的證據繼續往下調查，而卡本特則表示案發現場根本沒有被妥善維護。

「就像所有那些失蹤或遭到殺害的原住民女性，我女兒完全不重要，」卡本特說。「他們根本不會破案，因為我女兒不過就是另一個印第安人罷了。」

安琪拉・麥克康納是全美數千，乃至上萬名失蹤或遭到殺害的原住民婦女與女童其中之一。多年來，主管機關始終漠視這個危機，現在原住民家庭與社區成員要求政府針對這些由於數百年來的壓迫所導致的罪行，還給他們公道。

聯邦國家犯罪資訊中心（the National Information Crime Center）存有超過五百筆失蹤原民女性案件的相關文件。專家認為真正的失蹤人數很可能更高。百分之八十四的原住民女性在一生中都會遭遇到暴力，而居住在保留區的女性遭到殺害的比例，比全國平均值高出十倍。

「這就是種族歧視，」以加州為基地的主權團體協會（Sovereign Bodies Institute）創辦人與執行長安妮塔·魯切西（Annita Lucchesi）這麼說。主權團體協會是一個研究、關注與處理原住民女性遭遇暴力問題的組織。「主管機關根本不會保護她們。」

原住民遭遇的暴力問題由來已久，可以追溯到美國殖民化的早期，施暴範圍更是擴及奴役、土地占領、強迫孩童離開家人，以及多起大屠殺。根據主權團體協會的報告，在加州，「歷史學家估計在發現黃金（一八四九年）後的兩年間，可能有多達三分之二的加州印第安人遭到殺害。」

美國原住民家庭依然持續對抗這種「血腥傳統」（套用這份報告的詞彙）。原住民的女兒、姊妹與母親都很容易受到傷害，而且掠奪者對於這樣的情況知之甚詳。警方也很清楚犯案者很可能不會遭到起訴或判刑，所以不太可能勞心費力調查原民女子失蹤的案件。媒體同樣不會像報導白人女性失蹤案那樣報導原住民婦女或女童的失蹤，自然也不會引發大眾相同程度的憂心。

「很多時候原住民女性失蹤的地方都是非常偏僻的鄉下，」魯切西這麼說。「完全就是缺乏服務、缺乏透明性，也缺乏機會的地方。」

這樣的情況在加州尤其明顯。加州是全美擁有最多美國原住民人口的一州，有超過七十五萬原住民，分屬將近兩百個不同的部落。當中有許多人住在洛杉磯與舊金山外圍龍蛇混雜的區域。不過住在這些城區的原民女性所面對的危險，似乎遠比住在北加州高聳紅木森林與崎嶇海岸線的鄉間要低得多。住在鄉間的原住民女性，從一九〇〇年開始，至少有一百零七人遇害，是擁有三倍原住民人口的加州灣區受害數字的兩倍。

三十二歲的胡帕谷部落子弟阿諾·戴維斯（Arnold Davis）雖然已經不記得他的母親，卻一直很想念她。「他們告訴我她是個外向的人，像隻自由的小鳥，」他這麼說。「每個人都說她很美麗。」

被大家稱為「奇克」（Chic）的安卓莉亞·潔麗·懷特（Andrea Jerri White），一九九一年七月三十一日在洪堡郡（Humboldt County）附近的藍湖鎮（Blue Lake）

失蹤，那年戴維斯才兩歲大。

「在我長大的那棟房子裡，沒有人會提起這件事……我想應該是這件事讓我外婆非常傷心，她不知道該怎麼對我們這些孩子說，」戴維斯坐在位於尤里卡（Eureka）的主權團體協會辦公室裡訴說，雙手交疊放在一張紅木長桌上。

擁有胡帕族與尤羅卡族（Yurok）各一半血統的懷特，最後被人看到的地點是在加州二九九號公路的一個匝道附近。根據警方紀錄，她參加尤里卡的一場法院聽證後，搭便車回胡帕谷的家。當時二十二歲的懷特因為幾週前的一場車禍，被控酒後或嗑藥後駕車，州政府當下就強行將在車內的四個孩子安置在他們的外婆家。「她很努力想要把我們接回家，所以才會搭便車去法院，」戴維斯說。

直到上小學後要動手做母親節的勞作作品，失去母親這件事才真正打擊到戴維斯。「你得知道母親的名字，然後用她名字的每一個字母，寫些描述母親的話。那時我才發現，我甚至不知道她的名字。」

戴維斯認為警方可能要對他母親的失蹤負責，但是苦無任何證據。就在懷特失蹤不久前，她告訴她的姑姑唐娜．懷特自己曾遭到當地警察強暴。「她說她喝了酒，而那些警察以酒醉為名攔下她，」唐娜這麼說。「可是他們沒有進行下一步的執法動作，而是強暴了她。最後他們還是把她關進監牢。」

唐娜把外甥女帶去尤里卡的一個強暴危機中心，接著姨甥兩人又去了地方檢察官辦公室。只不過結果證明這一切都超出了懷特的承受範圍：「地方檢察官正在跟她說話，然後她就突然封閉起來，不想再談任何事。」

警方對於她的失蹤沒有掌握任何線索，現在這起案件已經變成一樁懸案。洪堡郡治安官威廉·韓索（William Honsal）說本案很可能涉及謀殺。

——

距離尤里卡北邊九哩的阿克塔區（Arcata）鄉間，二十九歲的魯切西正慌亂地想找插座給手機充電。她試著協調各方努力，幫助失蹤或遭遇殺機而劫後餘生的原民婦女與女童，她的電話幾乎沒有一刻離開過耳邊。

「我每天都在買雜貨、支付房租，或幫助其他人逃離施虐者，」魯切西說道。「我們預算裡有一項被命名為祖母的帳目，因為我們遇到許許多多正在扶養孫子的祖母或外祖母，而這樣的情況都是因為孩子的母親不是失蹤就是遭到殺害，但這些長輩根本沒有錢養孩子，遑論給予孩子協助或有力氣做別的事。」

魯切西的個性與學歷背景都讓她成為這個工作的不二人選。她本人就是家暴與性虐待倖存者，在大學時接納了身為夏安族（Cheyenne）的傳統，現在正在攻讀原住民地圖學與地理學博士學位。當她意識到當局沒有原民婦女與女童的暴力遭遇與死亡資料時，便創建了她自己的資料庫。主權團體協會的資料庫自此成為失蹤或遭到殺害的北美原民女性最全面的資料中心，而且逐漸廣為人知。

「這並不是一個等待解開的謎團。我們已經知道正在發生什麼樣的事情、我們知道如何解決這個問題、我們知道問題的原因，我們也有可以解決問題的意志力，」她這麼說。「我們需要那些有能力的女性為社區做出最有利的事情。」

羅尼與莉迪亞・霍斯特勒（Ronnie and Lydia Hostler）已經四年沒有見過他們的外孫女卡迪佳・布里頓（Khadijah Britton）。這名二十三歲的前高中棒球校隊隊員，是圓谷印地安部落（Round Valley Indian Tribes）維拉奇族（Wailaki）族民。二〇一八年二月七日，她在槍口威脅下從科維洛（Covelo）被綁走。

布里頓的家人與朋友在科維洛與附近社區各處張貼失蹤人口的海報，除此之外，他們支持一個積極的網路社群活動，希望能夠獲知她的下落，也舉著與她有關的布條參加過數不清的遊行示威。

這些都是令人身心俱疲的事情。但是七十八歲的羅尼與七十三歲的莉迪亞說他們永遠都不會放棄尋找卡迪佳。

「我們必須這麼做，不僅僅是為了我們的孫女，也是不想看到這麼多其他家庭經歷我們所遭遇的事情，」羅尼這麼說。

北加州失蹤或遭到殺害的原民婦女與女童案中，包括布里頓的案件在內，幾乎有一半都是出於家庭或親密伴侶的暴力。布里頓失蹤之前，曾向法院聲請她前男友奈吉・法里斯（Negie Fallis）的限制令。

「他對她暴力相向，」羅尼說。「她捲入了一些不好的事情。我希望她可以脫身，可是沒有成功。」

布里頓取消限制令後沒幾天，法里斯在科維洛郊區的一場聚會中堵她。根據目擊證人的說詞，法里斯揮動一把小型的德林加手槍，強迫布里頓與他和另外一名女子坐上一輛黑色的賓士轎車離開。

三天後，布里頓的繼母向警局通報人口失蹤。一開始警方並沒有往謀殺的方向思考。而已經因多項無關這起失蹤案而遭到逮捕的法里斯，現在是警方主要的「嫌疑人」。

羅尼・霍斯特勒認為警方應該更早採取行動，但是科維洛的資源有限。部落與聯邦警力的司法轄區都有限，因為加州所有的部落都受第二八〇號公共法（Public Law 280）管轄，而非部落或聯邦執法條款；該法要求由加州州政府起訴發生在保留區內的大多數犯罪案件。

犯罪率很高。科維洛座落於由洪堡郡、門多西諾郡（Mendocino）與三一郡（Trinity）三個郡區所組成的翡翠三角地帶，是美國境內大麻製造商的主要活動區。儘管大麻在加州是合法物品，但包括販毒集團在內的犯罪組織在此依然活躍。「我認為這種情況助長了此處的暴力事件，」圓谷部落警局局長老卡洛斯・拉巴諾（Carlos Rabano Sr.）這麼說。

當布里頓的家人持續等待答案時，主管單位也採取了一些行動。

法里斯仍在牢中。一條匿名舉報專線設立了，若致電者提供的線索讓布里頓案的犯嫌被定罪，可領取八萬五千美元的賞金，外加聯邦調查局加碼的一萬美元獎金。同時布里頓的家人、朋友與警方也在科維洛方圓幾哩搜索她的蹤跡，但是毫無所獲。

法里斯「是頭號嫌疑人，不過現階段，我們需要那些願意開口的知情者。我們遇過許多次這樣的情況，在訊問過證人後，嫌疑人會兩次、三次更改他們的說法。這種情況對於要起訴此類案件的地方檢察官造成不少阻礙。」門多西諾郡治安官麥特・坎道爾（Matt Kendall）這麼說。

坎道爾說執法單位與印地安社群的關係已經決裂。他雖然不是原住民，卻是在科維洛長大的人，而科維洛又有部分地區位於圓谷印度安人保留區。轄下的警員問他美國原住民為什麼不相信警方，坎道爾給出這樣的答案：「如果北韓明天來這裡攻擊我們，殺了我們百分之八十的人，並告訴你得離開這裡，以後只准說北韓話，你會怎麼對你的小孩說這些傢伙？」

——

艾琵・阿比南提（Abby Abinanti）是科維洛北方兩百哩克拉馬斯（Klamath）尤羅卡族部落法庭的首席法官。她直言不諱地說起這種缺乏信任的關係。「尤羅卡語中的警察，直譯就是『偷小孩的人』。我們有史以來第一次與警方接觸，就是他們來我們這兒，把我們的孩子偷去當契約奴工或送去寄宿學校。所以我們這邊對於警察有一種天生的抗拒。」

七十四歲的阿比南提是第一位獲准加入加州律師公會的美國原住民，她在二十五年前回到家鄉尤羅卡族領地之前，曾在舊金山高等法院做了二十年的臨時法官。她說她的正義觀點根植於尤羅卡族文化，融合了社區、文化、公平與責任的概念，而非奠基於貶抑與懲罰。

「我認識他們。我認識他們的家人，我知道他們經歷的痛苦。」

在部落法庭裡，阿比南提與一個四十七人的團隊合作，共同建立起各種方法，幫助來到法庭的尤羅卡族與其他人解決紛爭、讓家人與孩子重聚，也幫助在自己領地犯了罪的人洗心革面。失蹤或遭到殺害的原民婦女與女童是她的工作重點。

「案件數量清楚顯示這是一個危機，但大家對原民女性視而不見，這個問題一直沒有獲得解決。對我來說，這是我們的責任，」阿比南提這麼說。主權團體協會針對這個危機所提出的報告，她也是撰寫人之一。「這些都是我們的同胞。她們需要回家。」

與阿比南提一起工作的尤羅卡族布萊絲·喬治（Blythe George）也協助撰寫主權團體協會的報告，她對於主流社會漠視失蹤或遭殺害的原民女性的情況，表達了憤怒。「這不是新聞，這個問題就跟我們一直在處理的所有事情一樣，有久遠的歷史了。」但是，她繼續說，「很長一段時間，這個問題一直沒有重要到讓我們去進行充分的了解。可是有時候正義缺席的情況，實在嚴重到令人無法再自欺欺人，也因此我們不禁質疑，如果今天失蹤與遭到殺害的是白人女性，事情會不會不一樣？」

知道有其他人關心失蹤或遭到殺害的原民女性案件，對受害者家屬來說具有不

可思議的力量。

三十年前，克里斯汀娜．拉斯特拉（Christina Lastra）收到消息，母親艾莉西亞．勞拉（Alicia Lara）的屍體在她車子的副駕駛座上被人發現，拉斯特拉的世界瞬間粉碎。

「最後一次看到我母親時，她正彎腰整理她的露營用具，她看起來美極了。她的頭髮盤成一個高髻，」拉斯特拉一面抹去臉上的淚，一面回憶母親的樣子。「我說，『媽，我要去上班了。』她說，『知道了，米海。』米海是『我的女兒』的意思。」母女兩人擁抱並互道「我愛你」，然後故事就結束了。

警方聲稱勞拉的死是意外。然而一年後當地的驗屍官卻告訴拉斯特拉，解剖報告顯示，身為塔拉烏馬拉族人（Tarahumara）的勞拉是遭人殺害。

一位匿名證人告訴拉斯特拉，有人曾經看到她母親流著血坐在她自己車子的副駕駛座上。這些訊息讓拉斯特拉相信母親離世兩個月後也跟著過世的駕駛，一名非法種植大麻的白人，應該是她繼父的幫凶。

拉斯特拉相信她母親的死之所以被歸為意外，是因為當局並不認為她的案件有任何值得繼續調查的價值。「大家對待我們（原住民）的態度，就像是我們根本無關緊要一樣，實在令人遺憾。」

拉斯特拉在數年前認識了魯切西，在了解主權團體協會的工作後，知道有一個組織關心像她母親一樣失蹤與遭到殺害的原住民女性，她感到如釋重負。「我覺得有人看到、承認並尊重我的母親，」她說。「也是從那天起，母親遭到殺害所留下的傷口，開始慢慢癒合。」

立法機關已經開始著手處理這個危機。在加州，第一位經選舉程序進入加州州議會的美國原住民議員詹姆斯・羅摩斯（James Ramos）發起立法，釐清各執法單位與部落政府之間的司法管轄區、改善部落領地的公共安全，並且針對加州美國原住民，特別是婦女與兒童失蹤與遭殺害的案件，研究通報與辨識過程中存在的問題。他的法案在二〇二一年通過。

一旦完成研究調查，「我們就可以強化法律內容，」來自塞蘭諾與卡威拉族（Serrano and Cahuilla）的羅摩斯這麼說。「我們的角色是繼續提高加州以及全國大眾對印地安社會正在發生什麼事的認識。」

在全國的層級，內政部長德布・哈蘭德（Deb Haaland）於印地安司法服務事務局設立了一個新的失蹤與殺害案件小組（Missing and Murdered Unit），這個小組將會協助讓「聯邦政府盡全力調查這些案件」。除此之外，為了追查那些多年的懸案，一個針對失蹤與遭殺害的美國原住民與阿拉斯加原住民所成立的正義女神行動（Operation Lady Justice）專案小組也在二〇一九年成立。

「印地安社會的殺人與失蹤人口案件往往都沒有破案，也無人理會，只是任由受害家庭與社區承受沉重的打擊，」哈蘭德在宣布新組織成立的聲明稿中這麼說。「新的失蹤與殺害案件小組會提供資源與領導統御的協助，優先處理這些案件，並協調資源，追究責任、維繫我們社區的安全，給受害者家屬一個交代。」

改變無法一蹴可及。其他議題，諸如許多脆弱原民孩童都處於寄養狀態、原住民社區的強化，也都需要處理與解決。「我們需要讓那些待在家園的同胞有更好的環境，這樣他們才能夠待在家園裡。」

阿比南提說大家都經歷了太多的磨難。「到處都是哭聲，孩子為他們永遠無法再回家的母親哭泣，而在他們的有生之年，哭泣都不會停止。」

阿比南提最終希望能為所有印地安社會樹立一個標準，讓大家知道如何找出遭到殺害與失蹤的原民女性，以及如何起訴犯罪者。

「我想要有私家偵探，我想要有人審視那些懸案，我想要看到有人遭到偵訊，我想要DNA檢測，我想要搜救犬，」她說。「我需要現在就把這些事情搞定。」

另一方面，譚米・卡本特自女兒遭殺害後就一直深陷哀傷。她每天都要費盡力氣才能起床。

「身為母親，繼續往前走真的好難。我永遠沒有機會規畫女兒的婚禮或成為她孩子的外婆了，」她這麼說。

儘管心疼，她依然下定決心為麥克康納與所有受害原民女性尋求公道。

「我現在就代表我女兒。我必須說出來……她不應該就這樣離開這個世界。」

二〇二二年三月首次發表於《國家地理雜誌》

六、連環槍擊事件的受害人與倖存者

作者：鄭梅

一、馬可斯·里昂

二〇二一年三月十六日下午，馬可斯·里昂（Marcus Lyon）與女友把兩人的兒子送到幼兒園後，在離亞特蘭大郊區西克西斯（Sixes）不遠的地方吃了一頓遲來的午餐。西克西斯這個地名源於血淚之路（Trail of Tears）★途中的一個集合點。兩人前往的海鮮餐廳就位於賴瑞·麥當勞紀念高速公路（Larry McDonald Memorial Highway）的南邊，公路路名是為了紀念一位擔任過約翰·博齊協會（John Birch Society）主席的喬治亞州政治人物，該協會在冷戰時期曾將民權運動視為共產黨的陰謀。

三十一歲的里昂從去年十一月起開始擔任聯邦快遞的遞送員，但他的下背與肩膀在過去一個月疼痛不止。他的日薪一百三十塊美元，完成一百一十份遞送後，每一次遞送可以額外再拿到一塊美金的津貼，只不過沒有員工福利。里昂的動作比同僚快，有次甚至在一個小時內完成二十五份郵件，但是工作負荷讓他筋疲力盡，而且四歲大的兒子最近老是爬上他們的床。

大概下午四點過後，當日休假的里昂把女友送到她工作的酒吧後，開車循著日常的遞送路線走，一如往常來到位於阿克沃斯（Acworth）的楊氏亞洲按摩

★譯按：：一八三〇至五〇年代，美國政府以武力強迫居住在美國東南部的文明五部落（Five Civilized Tribes）約六萬人遷居至新劃定的密西西比河以西印度安領地事件。過程中，印第安人飽受凍傷、疾病、飢餓等問題折磨，死亡人數達數千，甚至上萬，這段路被稱為血淚之路。

中心（Young's Asian Massage）。時間不到五點，他決定進去。四十四歲的馮道友（Daoyou Feng）和里昂打過招呼後，問他要「一個還是兩個女孩」。里昂說一個就可以了，並支付了一百二十美元現鈔給她。她帶他穿過長廊，來到左邊一個房間。里昂脫了衣服，拿條毛巾蓋在身上，臉朝下趴在按摩椅上。

馮進房間後，開始按摩里昂的頸部。幾分鐘後，他們聽到一聲槍響。接著又傳來第二聲槍響。里昂跳下來，全身赤裸地趴在按摩椅下。馮打開房門，結果第三聲槍響擊中她的頭部。

里昂躲在按摩椅下，直到槍聲停止、門口掛的鈴鐺也安靜後，才伸手抓起自己的褲子和鞋子。他衝出按摩中心，坐進自己的車子裡，拿出兩週前才在一家當鋪買來的九厘米手槍，再度衝回按摩中心。三名按摩中心的女員工站在那裡哭泣。她們拜託里昂打電話報警，接著跑了出去。

里昂看到另一名頭部正滴著血的顧客伊爾西亞斯．艾爾南德斯．奧提斯（Elcias Hernandez-Ortiz）走出來。奧提斯那天下午循往例來按摩，順道到商業街匯錢給他在瓜地馬拉的家人。家裡有五個人的生活要靠他支應。槍擊發生時，他正等著按摩。

當槍手打開他的房門時，奧提斯跪在地上，雙手高舉，哀求對方放過自己。

「請不要開槍。我什麼都沒做。請不要開槍，請不要開槍⋯⋯」一顆子彈從他的鼻子與左眼間射入。因為他抬頭向上看，所以子彈穿過他的鼻腔、沿著喉嚨而下，停在他的腹部，而非貫穿他的腦袋。等槍手離開後，奧提斯躲進按摩中心的洗手間，在那兒等待救援。

里昂打了九一一，向接線員描述他看到的事情。馮死了，遭到槍殺身亡的還有三十三歲的鬆餅店服務員迪萊娜·約恩（Delaina Yaun）。她與丈夫馬里歐·岡薩雷斯（Mario González）一起來按摩。馬里歐來自墨西哥，是一位庭園景觀設計師，他只能在天氣惡劣的日子休假，這天剛好下雨，於是夫妻兩人出現在按摩中心。五十四歲的雜務工保羅·安德烈·米歇爾斯（Paul Andre Michels）也死了，他到按摩中心檢查水管，這裡的員工都稱呼他老丈。

里昂看到還有一個人在呼吸，是按摩中心的店東譚曉潔。接線員問里昂會不會做心肺復甦。曾擔任過救生員的里昂拒絕了這個要求，因為他想起數年前在亞特蘭大另一個郊區的聯邦快遞倉庫所發生的一起槍擊案。那天一名十九歲的員工在自殺前向六名同僚開槍。當時有名聯邦快遞的員工是經認證的緊急救護技術員，他幫一位受傷的保安把脫出的器官塞回體內。後來這位保安因為槍擊出現了併發症，結果他卻控告救他命的同僚。「人就是這麼瘋狂，」他說。（其實這位保安克里斯多夫・史帕克曼（Christopher Sparkman）控告的是聯邦快遞，並非他的同僚。）數分鐘後，三名警察趕到現場。里昂眼睜睜看著他們把岡薩雷斯上銬後拖出按摩中心、塞進警車，而岡薩雷斯就這麼被誤會並拘留了好幾個小時。

那天晚上里昂回家後睡在女友與兒子身邊，心裡有種「怪怪的」感覺，他覺得自己曾經如此接近死亡，所以現在根本無法躺在活人身邊，於是他起身走向沙發。三天後，里昂回到工作崗位，但是紙箱碰撞的沉悶重擊聲總是讓他想起槍聲。那個月底他就辭職了。

「我不打算讓同樣的事情再發生，」當我們在西克西斯的唐金甜甜圈（Dunkin' Donuts）碰面時，里昂這麼告訴我。這家甜甜圈位於楊氏亞洲按摩中心北邊十哩處。里昂現在隨身攜帶手槍，連上床睡覺都不離身。

石山

石山（Stone Mountain）位於亞特蘭大東邊十六哩處，不論以前還是現在，這裡都是美國原住民的聖地。一九四五年，三K黨成員爬上石山，在山壁上雕出一個延伸達三百呎的十字架。根據史學家凱文・克魯斯（Kevin M. Kruse）的著作《白人群飛》（*White Flight*），這些三K黨員當時在十字架圖案內點火，燒出了一個在六十哩以外都看得見的亞歷山卓燈塔（Pharos）★。

同情三K黨的雕塑家格曾．鮑格勒姆（Gutzon Borglum）在這座神聖的石山山壁上貫徹自己的意志，以淺浮雕的方式，鑿出傑佛遜．戴維斯（Jefferson Davis）、羅伯．李（Robert E. Lee）與石牆傑克森（Stonewall Jackson）✝；不過他並未完成這項工作就離開了，轉而去創作他的下一個作品總統山（Mount Rushmore）。一如美國有色人種協進會的理查．羅斯（Richard Rose）所說，石山是「世界歷史中最大的白人至上神社」。石山也是喬治亞州最多人造訪的名勝之一。每個週末都可以看到許多家庭在三騎士的背景下舉行野炊、打迷你高爾夫球，或開心地排隊參加各種休閒活動。

二、馮道友

馮道友的家鄉在中國廣東湛江附近的一個村莊，由於各方說法不一，所以她離家時可能是十四、五歲，也可能是十六歲。她搬到廣州東邊一個靠近香港的地方，離廣州有兩百六十哩，在那裡的玩具工廠找到了一份工作。她家非常窮，全家都依靠馮道友以及在她三、四歲時就離家的哥哥馮道群供養。馮道群離家後在一家橡膠

★譯按：為古代世界七大奇蹟之一。

✝譯按：三人都是南北戰爭時南軍的重要人物。

樹農場工作，一個月的薪資大約美金五塊錢。她的另一個哥哥馮道祥因為童年受過傷，一隻腳虛弱無力，留在家鄉種田維生。姊姊馮梅也早早被家人送出去找工作，後來與一名工廠員工私奔。因為種種因素，養家的重擔就落在年少的馮道友身上。

在廣州與深圳多個工廠工作過後，馮道友去了上海。她告訴家人她在幫人做臉部護理工作。滿三十八歲那年，她回到家鄉相親，但沒有成功。「他們都試著給她介紹男人，」馮道群回憶。「但她連看都不看一眼。『這個不好。』『那個不行。』」

之後上海的一位朋友幫馮道友辦了去美國的觀光簽證。那時馮道群還嘲笑她，「妳連小學都沒畢業，怎麼能去美國？」

馮道友在二〇一六年五月抵達洛杉磯，一位朋友的朋友來接他。這位間接的朋友是優步司機，也在建築工地工作，她稱他弟弟。後來她陸續受聘於美甲店、餐廳，之後沒多久就到了一家按摩店上班。

她一有能力，就立刻打電話回家，這時候她用的名字是Coco。家裡沒人接電話，因為大家都認為那是詐騙電話。她鮮少把自己在美國的生活細節告訴家人。每月一通的電話，反而都聚焦在故鄉大家庭的各種財務需求。每隔幾週馮道友就會透過微信匯一千五百元人民幣（約合美金兩百三十元）給馮道群，然後他再把錢寄給鄉下的母親。多年來，她支付了母親的眼睛手術費、外甥的學費、嫂嫂做生意的資金，以及親朋鄰居的婚喪喜慶費用。不需要家人開口，她就會在農曆年、端午節、中秋節與中元節等節日多寄一些錢回家。她還負擔父母整修房子的費用以及大哥的房貸。她大哥夫妻與兒子媳婦同住。二〇二〇年五月，她為母親支付了一棟四房公寓的頭期款。多年來，她前前後後金援了家裡十個人。

二〇二一年三月十四日，大約在美國東岸時間的十點或十一點，她打電話給哥哥，討論即將到來的清明節祭祖。她會匯一千塊人民幣回家，讓家裡買些拜拜的食物（兩隻雞、一隻鵝、一些米，另外還要準備香蕉與蘋果），以及用薰香紙做成的冥幣與習俗上會用到的炮竹。馮道群當時正在理髮院裡剪頭髮，所以兄妹倆很快就結束對話。

三月十五晚上十點，她打電話給一位住在她母親村裡的朋友，拜託這位政府機構的幹部幫忙把她用微信匯過去的錢換成現金。由於這位朋友正在開會，所以也是匆匆就結束了通話。這是家鄉的人最後一次聽到他們小妹的消息。

槍殺案發生六天後，馮道群才在微信上看到事發經過。他打電話給妹妹馮梅，要她去把媽媽接到澳門附近的珠海市。他希望能保護母親，至少在他自己知道更多情況前，不要讓母親聽到任何消息。他去了當地的警察局，拿到美國駐北京大使館的電話。大使館的一名職員證實了楊氏亞洲按摩中心中遭到槍殺的匿名中國女性確實是馮道友。

馮道群曾考慮要飛往美國，但孩子們成功勸服他取消這趟既危險又昂貴的旅程。馮家人也考慮過把小妹的遺體運回中國，但根據當地的古老傳統，死在異鄉的未婚女子不能葬進祖村。

馮道友在郡立太平間內停屍十九天無人招領，最後在四月四日下葬。除了同情她的陌生人，她的喪禮沒有朋友也沒有同事參加，因為她的友人當中，很多人不是正在申請政治庇護，就是移民身分有問題。

四月四日當天，馮道群的妻子早上四點就起床給雞拔毛，為了家人去祖墳掃墓做準備。一家人抵達祖墳後，清野草、燒紙錢。其他人低聲向一長串先祖與過世者祈禱（馮道友現在也擠身在這一長串的過世者當中），但是馮道群卻沒有這麼做。「我從來不相信死者能聽到活人說的話。」

第一批移民

美國南方的中國勞工，是十九世紀後期開始移民到美國的亞洲人當中，最早抵達的其中一批。美國重建時期，焦急的白人農場主就雇用了這些中國人。一八七三年，喬治亞州的第一批中國人以契約工的身分出現。當時印第安納波利斯市有家建築公司引進了兩百名中國勞工協助進行自家的建造工程。中國勞工雖然在這段時間完成了喬治亞州非常多的公共基礎建設，包括鐵路與橋梁，但是根據埃默里大學歷史學教授克里斯·蘇（Chris Suh）的說法，中國人卻在歷史中被抹去痕跡，納入美國南方的黑白二元體系中。

亞歷山大·薩克斯頓（Alexander Saxton）在《必要的敵人》（*The Indispensable Enemy*）一書中曾寫道，在「從原料開採到接近工業資本主義的經濟轉型」過程中，中國移民出了一份力，但是重要性被降至他們最基本的經濟功能。根據曼荷蓮女子文理學院（Mount Holyoke College）副教授伊子·黛（Iyko Day）的說法，後來美國人把這些中國人視為「高技術苦力」（high-tech coolies），刻意使用苦力這個源於泰米爾語（Tamil）勞工的貶抑用詞。進入二十世紀初，南亞與敘利亞商人橫越整個美國南方，兜售小地毯、布匹或中國風商品。再接著就是基督教衛理公會開始從韓國、日本與菲律賓招募學生到美國杜克、埃默里、范德堡等大學研讀。

一九六五年的《移民和國籍法》（*the Immigration and Nationality Act*），又稱為《哈特塞勒法案》（*Hart-Celler*），不但結束了以配額為基礎的移民制度，還特別鼓勵亞洲與非洲人口移民。一八七〇年亞洲移民人數六萬三千人，二〇〇〇年暴增到一千兩百萬，從那時候到現在，這個數字幾乎又翻了一倍。這些移民來美國前，在自己國內都是受過教育的專業人才，到了新國家後卻在印度古加拉特人開的旅館裡當接線生、在韓國人開的商店裡當店員、成了越南美甲店的店東，或在苗族人養雞場裡當養雞人。

三、譚曉潔

去美國之前，譚曉潔是中國南寧市一位自行車修車師傅的小女兒，上頭還有一個姊姊。南寧距離馮道友的故鄉約一百七十哩，地處內陸。譚家與馮家一樣窮，譚曉潔二十歲的時候，家人就把她嫁給了一名賣鞋商人。她與丈夫離婚前育有一個女兒。二〇〇〇年代初，她遇到一個專門建造與維修屋頂的美國人麥可・韋伯（Michael Webb），兩人於二〇〇四年結婚。兩年後，這對異國夫妻移居佛羅里達，譚在當地找了一個美甲店的工作。二〇一〇年他們遷居到韋伯的故鄉喬治亞州。兩人在二〇一二年離婚，同年譚入籍美國成為公民。她在二〇一三年三嫁，對方是來自中國北部的前留學生傑森・王（Jason Wang）。二〇一六年譚賣掉了美甲店，次年在瑪麗埃塔（Marietta）以北十哩的地方開設了楊氏亞洲按摩中心。二〇一八年十一月譚與王離婚，但在兩個月後復合並準備復婚。

傑森很擔心另一半，因為大多數的晚上她總是在按摩中心待到很晚。他勸她去工作時要隨身帶著手槍，但是她對槍枝有恐懼感，所以總是把槍留在家裡，放在自己的枕頭下面。

三月十六日這天就像一般日子那樣，傑森回憶著說。譚曉潔早上八點離家去工作。下午大概三點四十分的時候，她在按摩中心迎進一位熟人，並領著對方經過里昂與馮道友所在的房間，進入長廊左邊的另一間房間。

但是這一天與之前的日子都不相同。按摩服務結束後，客人起身，拒絕給小費。她出言抗議。這位客人在穿好衣服、用完洗手間後，開始開槍。

四、又又

客人都稱呼她卿卿或又又（Yoyo）。第一聲槍響時，她根本沒有想到是槍聲，以為是有人午餐吃晚了，便當在微波爐裡發出的聲響。第二次聽到槍響時，她才打開門，沒想到看到譚曉潔與馮道友倒在地上。又又關上門，把自己單薄的身體抵在夾板房門上，並要她當時的客戶馬里歐．岡薩雷斯把衣服穿上。凶手在門外試著把門推開。岡薩雷斯和又又一起死命抵住房門。後來也在死者名單中的岡薩雷斯妻子，當時正在另一間房內接受艾波的按摩服務。槍手在警察抵達之前就離開了現場。

又又、艾波與第三名員工珍妮逃離按摩中心，在老闆譚道友的家裡，也是她們三人居住的地方停留了一下之後，直接轉往紐約的法拉盛（Flushing）。隨著警方給岡薩雷斯上了手銬，大家感覺至少這個事件已劃下了句點。沒有人知道事情才剛開始，距離暴力事件落幕還早得很，殺人犯依然逍遙法外。凶手在四點五十分離開按摩中心後，開車上了七十五號州際公路，一路往南行駛，朝著亞特蘭大切夏爾橋（Cheshire Bridge）的按摩館而去。

切夏爾橋

一九九六年舉辦夏季奧林匹克比賽之前，亞特蘭大啟動了一次「淨化」專案。在奧林匹克盛事即將舉行的那一年，據說亞特蘭大市相關單位逮捕了約九千名當地居名，大部分都是窮人、黑人，多半控以街頭滯留罪。當地官員把大約六千名居民遷出公有住宅，並給遊民一張出城的單程公車票。成千上萬的居民被重新安置在亞特蘭大東南邊一個大家稱為大街（The Boulevard）的工業區。另外有些人則被趕到亞特蘭大東北邊靠近切夏爾橋的另一個工業區。這個地方鄰近四條鐵路交會的鐵路站場，是一塊了無生氣的區域，直到脫衣舞俱樂部與按摩院開始在此設立，情況才有所改觀。

如今這個區域隨處可見擠了三百間出租套房的公寓大樓、價值五十萬美元的個人公寓，以及亞特蘭大第二受歡迎的俱樂部，根據某些熟悉亞特蘭大經濟的人所提供的資訊，這家俱樂部每週可以撈進六萬美金的營業額。最早定居於此的居民覺得自己是被「趕出家門」，而新移入者則認為噪音、交通與非法活動的陰魂不散，實在讓人無難以忍受。這個地區北邊是八十五號州際公路，東邊是社會中高階級者活動的晨邊萊諾克斯公園區（Morningside-Lenox Park），西邊是鐵道交會與鐵路公司的儲料場，而南邊是皮德蒙公園（Piedmont Park），這裡的緊張氣氛已經升溫好一陣子了，無處可逃。

五、金玄貞

三月十四日星期日，五十一歲的金玄貞．格蘭特（Hyun Jung Kim Grant）把準備好的韓國烤牛肉專用醬汁放進冰箱。她家位於亞特蘭大市北邊郊區的杜魯斯（Duluth），這裡是韓國人口成長最快速的地區之一。她對兒子蘭迪（Randy）與艾瑞克（Eric）說她週末會在家。

金家在老家韓國慶州有間出租的平價客房，一間空出來的房間，房客需與金家共用衛浴。慶州位於朝鮮半島的東南邊，是座具有悠久歷史的沿海古城。金玄貞在學校表現優異，因此被送到首都首爾就學，這是最聰明的學生才能獲得的機會。她弟弟賢秀（Hyun Soo, Kim）說她考上了東國大學，一所四年制的佛學研究大學，曾出了許多南韓的警界高官與演藝明星。

大學畢業後，金玄貞開始在中學當家政老師，但後來離開教職回家幫忙新的家族事業：百貨公司內的一家壽司餐廳。隔著幾層樓的男裝部有名營業員開始上樓到金家餐廳外帶午餐，根據金賢秀的描述，對方注意到「聰明、漂亮、好溝通又好人緣」的姊姊。兩人很快結為連理。但是一九九七年國際貨幣基金組織危機之後——這是亞洲人給這場危機的名稱，在西方則稱為「亞洲金融瘟疫」（Asian contagion）——金家餐廳關門了。

世界，震盪

一九九七年的亞洲金融風暴，始於為了彌補外銷策略所帶來的赤字，亞洲國家鬆綁了他們的金融管制，結果造成貨幣貶值，最嚴重時貨幣貶值率高達百分之七十。後來國際貨幣基金組織介入，提供了超過一千一百億美元的貸款，但也設下嚴苛的先決條件，包括提高利率、降低公共支出，以及重組其他金融產業。這一連串的發展，最後導致亞洲各地上千萬人的生活水平劇烈崩解。

金玄貞和她丈夫決定到美國與她姊姊團聚。他們計畫以觀光簽證赴美，然後用幾年的時間在那兒工作賺美金回家。這對新婚夫妻在一九九八年出發去華盛頓州，並在亞伯丁（Aberdeen）落腳。亞伯丁是一座經濟蕭條的木業與漁業城，在西雅圖南方一百哩處。她丈夫在當地的洗衣店與餐廳幫人代班，對於一個勞工階級的亞洲人來說，他的工作機會相對穩定。金玄貞則是去一家日本燒烤店工作，她穿著和服，主要服務的客人都是白人。

她懷第一個孩子時，開車經過蘭迪保險的大型廣告看板，她當時覺得這個名字不錯。兩年後，她生下第二個兒子艾瑞克沒多久，就與丈夫離了婚。二〇〇二年，她嫁給了她姑媽的前女婿。二〇〇八年，再度恢復單身並持續尋找第三春的金玄貞，帶著兒子往喬治亞州出發。母子三人在旅館住了一陣子，直到她說服一個朋友在她去其他州找工作時，幫忙她照顧兒子，為期一年。她還是會回到兒子身邊，只不過蘭迪與艾瑞克很少看到他們的母親，因為她每次離開的時間從幾天到幾個月不等，一年有三分之一的時間都不在。

二〇一四年當金玄貞又準備去工作時，已十四歲的蘭迪嚴正堅持要了解母親的工作內容。她告訴兩個兒子她在幫人化妝，但是蘭迪沒有聽過需要熬夜工作的化妝師。她這才承認自己在一家按摩院工作。「我不知道妳為什麼會認為我會因此看不起妳，」蘭迪這麼對她說。「這是工作。難道妳寧願當街頭遊民嗎？」

當她可以從累死人的按摩工作脫身時，她一週會出去兩次，回到家都早上六點了。她知道蘭迪總是整夜不睡打電動，所以她會先打電話給蘭迪，讓他幫她開門、幫她脫鞋，並把她扶上床睡覺。這種時候，她總是會習慣性地問蘭迪，「你知道我愛你嗎？」或者問他，「如果你結婚有了自己的家，會讓我跟你們住在一起嗎？」「這樣實在很奇怪，」蘭迪告訴我。「我只能告訴她，我現在不過就是個高中生。」等蘭迪大到可以工作時，他在當地韓亞龍（H Mart）附近的一家韓國麵包店找到工作，開始幫忙支付家裡的帳單。韓亞龍是一家韓國連鎖超級市場，也是杜魯斯大街上五家亞洲超級市場中的一家。

那個星期二，五點過後，休假在家的蘭迪收到他母親同事姜恩慈（Eunja Kang）女兒的簡訊。在按摩館，大家都稱姜恩慈為葉娜（Yena）。**你知道發生什麼事了嗎**？蘭迪把注意力從電腦螢幕上移開。**你媽中槍了**。

蘭迪衝去接艾瑞克。艾瑞克在一家只提供外帶的中國餐廳擔任出納。兄弟兩人直接朝按摩館而去。艾瑞克一路都在哭。到了之後，一位警員引導他們去了警察局。兄弟倆在等待重案組警探訊問時，接到了姜恩慈的電話，告知他們的母親已經過世。

按摩的工作

這類工作遭到誤解的程度，就像它們在移民社會一樣普遍。根據喬治亞州人口販賣意識訓練計畫的說法，英語能力有限的人，在這些工作場所常常會被視為性交易的象徵，儘管對他們來說就是工作。工作內容可以是一般按摩，也可能是帶有色情服務的按摩；然而部分從事這類服務的人並不認為這是一種性交易，因為按摩服務並不涉及實際的性交。

像金玄貞這樣的按摩服務人員，在生意好的時候，一個月最高可以賺進兩萬美元。這筆收入不但要支撐他們在美國的家庭，也要支應故鄉家人的生活。提供家人財務需求後，剩餘的薪水大多花在「公關酒店」。公關酒店是源於日本一種被稱為水商賣（mizu shobai）的大規模夜生活文化，現在已流行於整個亞洲與海外的亞洲僑民社會。在這種酒店裡，公關少爺或公關公主為客人點菸、倒酒，並提供性相關的陪伴服務，鼓勵恩客花更多的錢，這樣他們才能分到更多收入。傳統上，公關酒店是為了滿足男性尋找女伴的需求，但近來滿足女性客戶的公關酒店也迅速成長，而按摩服務業者通常就是這類場所的客源。除此之外，按摩服務業者的錢也會湧入私人賭窟，他們在這種地方玩一種五鳥紙牌遊戲，或者參與一種叫做契（kye）的起會標會行為。契是一種非正常管道的借貸系統，許多無法取得正式金融系統融資的移民都會加入。初來乍到的新移民，若因為缺乏語言能力或遭遇歧視而被排除在傳統勞動市場之外，但又希望開始他們自己的事業，加入契對他們就是關鍵的資源。加州大學洛杉磯分校的艾文・賴特（Ivan Light）估計洛杉磯可能有高達百分之四十的韓資生意，都曾透過契進行融資。像金玄貞這樣孤單的人，賭、契與公關酒店成了少數他們可以逃避的方式，然而無法治癒的寂寞，卻是移民生活的必然。

六、朴成順

儘管朴成順（Soon Chung Park）一天工作十二個小時（若再加上通勤時間，就是十四個小時），然而相較於她在一九八六年移民到美國之後所經歷的其他工作，她還是寧願在按摩中心工作——招呼客人、清洗衣物，以及為同僚準備餐點與零食。在黃金按摩中心工作之前，她曾在熟食店、餐廳與農場工作過，也曾做過鑽石交易，因此她還有一個朴珠寶的暱稱，所以她給自己取了茱莉（Julie）這個英文名字。她新生活中的大多數人，都只知道她的這個英文名字。

她的家族當初在韓國破產後，她「逃」到了姊姊定居的紐澤西。後來幾年間，她的五個已成年子女陸續來到美國與她會合，並分別在紐澤西與紐約開了一家壽司餐廳、一家酒品專賣店，以及一家美甲店。當時他們一家人住在紐約。二〇一三年朴成順在紐約宣布破產，但在身敗名裂之前，她逃到喬治亞，成了公關酒店的常客。二〇一七年，她遇到了二〇一五年五月以一紙為期三個月的觀光簽證來到美國的三十八歲公關少爺李廣河（Gwangho Le）。

兩人在二〇一八年結婚，李在次年送出綠卡申請。按摩中心的老闆是他綠卡申請的保證人。因為他比朴成順小了三十六歲，大家都叫他「小新郎」。

二〇一八年八月，朴成順因為亞特蘭大郊區一間按摩館敗壞風紀的相關罪行遭到逮捕，被控兩項提供性交易場所的罪名，後來這兩項罪名都遭到法院駁回，但她還是因為非法侵入他人資產而遭到定罪，並因此戴著她自費的電子腳鐐居家監禁了一個月。朴對李說是另外一名按摩館的員工在搞鬼，所以自己才會在臨檢時被抓。那年稍晚，她開始在另外一家名為黃金的按摩中心工作。根據《紐約時報》的報導，這家按摩館的作法也有些法律爭議。在二〇一一至一四年間，這裡曾經遭警方七次臨檢，至少有十一名工作人員因為性交易相關罪名遭到逮捕，罪名包括提供性交易場所、提供手淫服務，以及以高達四百美元的價格提供臥底警察性服務。

朴成順開始在黃金按摩中心工作後不久，李廣河也開始在此工作，他在開計程車或油漆工作的空檔，幫中心的員工跑腿。

三月十六日，他接了送按摩館員工姜恩慈回家的工作。五點前，他在趕往按摩館的途中，朴打電話給他，問他為什麼這麼久還沒到。她說自己得先去工作，因為客人已經到了。五點四十五分，李廣河已經在按摩館附近，姜發了一連串的簡訊給他，告訴他中心遭「搶」，而他太太「昏倒了」。他一抵達就看到他妻子躺在地上，假牙因摔倒而斷裂。

幾分鐘後，李廣河拼湊出發生了什麼事情。槍手先是開槍擊中六十九歲的金順車（Suncha Kim）。朴成順一定就是在那時從廚房走出來，成為第二個遭到槍擊的人，之後金玄貞成了第三名受害者。當時四十一歲的李恩帝（Eunji Lee）在旁邊的房間裡打盹，而四十八歲的姜恩慈則是在屋裡等著李來載她回家。

槍擊開始時，姜恩慈曾打開房門。槍手就站在前面盯著她看。她立即關上門，躲在羽絨被下，李恩帝也在房間裡，她躲在一個大盒子後方。門開了，姜聽到兩聲槍響，但她們兩人都沒有被擊中。

離鄉

在移民成為移民，在這個身分成為她們的定義之前，這些女性腦子裡想的全是即將開展的遠景。她們很清楚這次離開代表遠離故土，然而她們不知道的是，在決定離開時，她們往往也做出了可能再也見不到家人或故鄉的決定。在天平的一邊，她們已經把截至目前為止的生活做了個總結；在天平的另一邊，則是美國與相信生活會更好的感覺，模糊卻充滿希望。因為情勢所逼或心之所欲，她們選擇了這個難以預期又滿懷希望的感覺，放棄了其他的可能——這麼做也踏上了巨大且充滿暴力的各種不平等。

七、悅永愛

槍手在離開黃金按摩中心後，過街走進了六十三歲悅永愛（Yong Ae Yue）工作的芳療按摩中心（Aromatherapy Spa）。一九七六年，悅永愛在販售首爾與海港城市釜山之間的火車票時，與她的美國大兵丈夫麥克．彼得森（Mac Peterson）相遇。兩人在一九七八年生了長子艾略特，同年稍晚，彼得森被改派至喬治亞的班寧堡（Fort Benning），於是全家一起搬了過去。兩人的次子羅伯特誕生，但這對夫妻在一九八四年離婚。兩個孩子與母親遷居德州加爾維斯敦（Galveston）。一九八七年，她把兩個兒子的監護權轉給前夫，這也是為什麼兩個孩子會到喬治亞與父親同住的原因。十年後，她又搬回喬治亞與家人團聚，自己在當地打零工，大多都是按摩館的工作。二〇〇八年，悅永愛遭控兩項性交易相關的罪名，但是她和朴成順都告訴家人，涉入性交易的是另外一名員工，她們只是在警方臨檢時被抓。

二〇二〇年下半年，悅永愛開始在芳療按摩館工作，她的工作之一是招呼客人。因此三月十六日約六點，當門鈴響起時，她已經在門口準備好開門迎客了。槍手直接朝她臉上開槍。

切羅基國度

在原來的居民定居此處之前，喬治亞州的伍茲塔克（Woodstock）曾是切羅基人（Cherokee）的國度。切羅基人在此居住了約一萬一千年後，於一七〇〇年代中期遭到殖民白人強迫遷居。一八三〇年五月二十八日，美國總統安德魯・傑克森（Andrew Jackson）簽訂《印地安人遷移法案》（*Indian Removal Act*），強迫一萬五千名切羅基人遷離今天這個與他們種族同名的郡城。殖民白人在附近的河川裡淘金、買黑人當奴隸，並開設雞肉加工廠。這些作法在將近兩百年後依然持續。

今日伍茲塔克的平均家戶所得高達七萬六千一百九十一美元，居民八成以上都是白人。這裡至少出了兩位名人：狄恩．洛斯克（Dean Rusk）與尤金．布斯（Eugene Booth）。後來當上了美國國務卿的洛斯克對《國家地理雜誌》折疊地圖上朝鮮半島一分為二的現況，有一定的功勞。這條線「在經濟或地理上不具任何意義」，他後來這麼承認，但是卻讓美軍得以掌控首爾，而這條線的決定也讓許多家庭世代離散。布斯是一位核物理學家，也是最終導致日本廣島與長崎遭受原子彈轟炸的曼哈頓計畫（Manhattan Project）核心成員。有人估計那次原子彈轟炸奪走了多達二十五萬平民的生命。伍茲塔克以這些家鄉子弟為榮，為此還有一所中學以洛斯克為名。

八、嫌犯

按摩館工作人員的住處與槍擊嫌犯的住處，距離不會超過二十哩，但是兩個社區之間並沒有主要公路連結，必須先開一段崎嶇的鄉村小道，才能抵達另一邊。嫌犯在一九九九年四月六日出生，父親在當地經營草坪照護的生意，母親在海棠果第一浸信會（Crabapple First Baptist Church）幫忙，每週日這家人都會在浸信會教堂做禮拜。嫌犯在伍茲塔克一棟屋子裡長大，求學的高中位於他家北邊約五哩之外的坎頓（Canton），做禮拜的教堂則是在南邊的米爾頓（Milton），離他家也是五哩。坎頓這個城市的名字源於中國港口廣州的葡萄牙文Cantão。三月十六日之前不久，嫌犯才因為看色情片被父母趕出家門。他搬去與一位在教堂認識的朋友同住。三月十六日早上，因為天氣不好，他沒去上班，而是待在住處看色情片。教堂的朋友因此與他爭吵後，他羞憤離開。

嫌犯去了販售槍枝的大林商店（Big Woods Goods）。店裡有位員工對他做了背景查核。嫌犯並沒有任何犯罪紀錄，因此數分鐘後，他帶著一支九釐米的手槍離開。

嫌犯符合典型的大規模連環槍擊案的槍手形象：白人，男性。然而，他又有些特殊：二十一歲，與大規模槍擊凶手的平均年齡三十三歲有所出入；另外一個與百分之六十的大規模槍擊凶手不同的是，他沒有任何暴力或犯罪前科，至少在官方紀錄上沒有。嫌犯也沒有任何已知的童年創傷。

他來自他的社交世界，包括切羅基郡學區。嫌犯從幼稚園到五年級、七年級到十二年級都在這個學區求學，二〇一七年從席闊亞中學（Sequoyah High School）

畢業，但是沒有人對他有特別的印象。

席闊亞中學二〇一九年畢業的校友席妮・羅森特（Sydney Rosant）表示，母校最鮮明的特徵就是「偏狹文化」。每一年由老師組成的委員會，會從所有申請的學生中，挑出一名三年級的學生做為學校精神小隊的「酋長」；學校要求這名學生扮成美國原住民的酋長模樣。不過到了二〇二〇至二一這個學年，學校已不再要求學生穿戴原民酋長的服飾。同樣是二〇一九年畢業的特雷・布朗（Trey Brown），現在在布魯克海芬（Brookhaven）的燒烤餐廳工作，他記得當時校園裡到處都是南北戰爭時期的南方聯邦旗幟，包括書包、皮帶扣、車子貼紙等等。二〇二〇年，學區發出一份聲明，希望學生不要在學校布置南方聯邦旗幟，而這項聲明同樣適用於著裝要求。羅森特與布朗都是黑人，他們不記得曾有人告訴過他們校名的來由，也不記得有人教過他們當地的暴力史。根據他們的回憶，學校教過的種族議題，只有「馬丁・路德・金恩做過這個、做個那個，而現在已經沒有種族歧視的問題了」。（該學區的一位發言人指出，喬治亞州的通識教育規定學校要教授席闊亞、血淚之路與種族歧視的課程。）

警方

六月某個週六下午，我開車經過嫌犯父母的住家，那是一棟一九七〇年代後期的石板灰平房，房子周圍種滿楓樹、紅橡木與白松，位於一個死巷的路口。這時距離槍擊案發生已經過了三個月，嫌犯尚未承認犯下前四起槍殺案，也尚未否認之後的四起槍殺案。認罪協商讓他躲開了死刑，但司法單位仍在追究他其他的罪名。地區檢察官認為這起案件屬於仇恨犯罪，這種犯行讓亞裔美國人原本就有理有據的恐懼進一步升高。然而嫌犯告訴檢調單位他的行為是源於性成癮。

我按了凶嫌父母家的門鈴。沒有人應門。我還沒決定下一步該怎麼做時，一位巡邏員警現身。這位自我介紹為克萊門警官的警察向我解釋，附近不少鄰居都打電話給警局報案，說有「可疑的動靜」。

「切羅基郡有個優點，」這位警官對我說，「我們互相照應。就像一九七〇年代那樣。」

我問警官這裡的鄰居們擔心什麼。「說實話，他們擔心的是……他們害怕會遭到報復。」

九、鄭

在那個社區採訪時，居民把我當成外面世界來的使者。當然我不屬於另外的世界。除了特定的生物學特徵，我與自己筆下報導的那些女性都不相同。然而，在河岸的另一頭，我曾遭遇莫名的敵視；但在河岸這一邊，我卻有種全然不同的親近感。我在韓國與中國社區進行訪談時，他們有時候並不會把我當成記者。有些人甚至以我的韓文名字稱呼我，而且發音完全準確，這種預期之外的善意讓我感到振奮。他們請我幫他們翻譯、給他們一份工作、幫他們去機場接一隻狗並在週末幫忙照看狗兒。我全都拒絕了，除了一件事。

二〇二〇年疫情來襲後，我不再因為報導出行，開始把問題轉向兩個最會閃避我的對象：我的父母。我首先提出的問題，有些是關於我成長期間放在我們家門廊的一張桌子。我童年時有個古怪的煩惱，曾夢到自己變成海倫・凱勒（Helen Keller）★。我會假裝自己又瞎又聾地在屋子裡走來走去，逼得父母為了確保我的安全而搬動家具，包括那張放在門廊、四角尖銳的桌子。其實我只想知道那張桌子後來如何處理，但提起這個話題後，我注意到家人的微信群組裡一片沉默。

我當面詢問父親，他告訴我他的事業因一九九七年的金融危機（當時的我對此

★譯按：美國作家、教育家與社會運動家。十九個月大的時候，因為疾病失去視力與聽力，後來克服身障，完成了哈佛大學的學業。

一無所知）而結束時，他就把那張桌子送人了，而我提起這件事讓他們都不好過。家裡還有其他我無意在此透露的祕密。父親在解釋這一切時哭了，他的痛苦正是他之所以選擇迴避的原因。拒絕將自己的經歷用帝國強權的語言敘述出來，對他來說就是一種反抗的行為。

我覺得自己被困在一場意識之戰，一場我堅持要揭露但父親卻選擇打迷糊仗的戰役。此刻聽著父親的哭聲從手機裡傳來，我充滿困惑。「不過就只是問問題」和寫下來而已，原來竟都是一種暴力。醫生施加的痛苦，包括承諾會治癒。我不確定自己要拿什麼交換因為挖掘過去而被撕開來的傷口。

十、春子

從結束日本占據到朝鮮半島內戰開始的這段期間，被稱為在日韓人（Zainichi Koreans）的日本朝鮮族，回到了剛獲得自由的故鄉，他們當中有許多人都曾被當成奴隸，包括十五歲的春子（Chunja）。

春子很快就在釜山的一家航運公司找到工作，後來她認識一名年輕的海關官員石明（Suk Myung）。石明出身朝鮮半島北部的一個富裕地主家族，是家裡最小的兒子。石明的母親把金塊縫進他的外套襯裡後，他就靠著雙腳朝著南邊出發。不久之後，狄恩．洛斯克拿到了他的《國家地理雜誌》★，把帶有北方口音並因此被視為外地人的石明困在南韓，隔絕了他與家人的聯繫。

春子與石明結婚後，很快就懷孕了。然而在春子分娩前，石明被派出海去打擊海盜，結果受困在暴風雨中。春子後來接到一封手寫的信件，說她丈夫已經遭遇不測。這封她一直保存到嚥下最後一口氣的信中，提供了石明船隻傾覆的大概座標。春子成了寡婦，很快又將成為一個單親母親。她開始以販售洗衣肥皂養家。有一陣子肥皂賣得很好，她自學英語並創立自己的進出口事業，讓她有足夠的錢購買巧克力棒、奶粉這類象徵特權的商品；這些商品當時都是由小販兜售，貨源則是附近美軍基地卡車在運補時掉落的物資。這個基地是美軍在亞太各地設立的一百個軍事基地之一。

春子的兒子長大後（這家人現在住在大邱，春子後來也定居於此）宣布自己想念藝術學院，於是她把兒子送去美國就讀。但是她兒子出國前與一個一起上英文課的女孩子結了婚，而對方也懷了兩人的第一個孩子。女孩申請赴美與丈夫團聚的簽證遭拒，她重新申請，又再次被拒。然後孩子出世。第三次申請美國簽證時，有人建議她把寶寶留在韓國做為她一定會回國的保證。這次她拿到了簽證，也如願出發

★譯按：此處指的是之前提到的《國家地理雜誌》折頁地圖以及洛斯克促成南北韓分裂。

前往美國，把新生的寶寶留在韓國，交由她的父母照顧。

我就是那個被留下的孩子。

十一、蘭迪與艾瑞克

五月四日，槍擊案發四十九天後，蘭迪與艾瑞克去祭拜他們的母親。佛家相信人死後，魂魄會在第四十九天前往三個地方的其中之一：地獄、極樂世界，或滯留人間。根據又稱為《西藏度亡經》的《西藏生死書》，不論這個傳統來自何處，亡者魂魄都必須在這個過程中得到協助，才能進入下一個世界。五月四日剛好是金玄貞與艾瑞克的生日，所以兄弟兩人準備了鮮奶油蛋糕。

在看起來比較好且更昂貴的全白人墓園與較便宜但選擇較多的安息地之間，這對兄弟決定把他們的母親葬在其他有色人種的旁邊。「我想她在都是白人的環境裡，應該會覺得不太自在，」蘭迪這麼對我說。在美國，即使亡者也依然維持種族隔離政策。

死亡很花錢。就大家記憶所及，金玄貞在生前曾不斷炫耀自己秋天馬上就會有筆到期的標會款進帳，大概有十萬美元。但是她去世後，戶頭裡的餘額只有兩百美金，因此蘭迪非常感激各方在槍擊案後的捐款，接近三百萬美元。

回到中國，馮道群繼續瞞著他母親，對她說美國現在有「無線網路的問題」，所以妹妹好幾個月都沒有打電話回家。

遭凶手直接朝臉部開槍的技工奧提斯，運氣沖天地活了下來，但在美國這實在是件不幸的事情，因為他的保險並沒有涵蓋他必須多次進行的手術。在漫長復原期的最初三個月，他就已經累積了五十萬的醫療費。不幸事件發生前，奧提斯還是位熱情洋溢的歌手。現在的他連喝水都要用吸管，說話聲音沙啞刺耳。

我們的命運也不過如此。「我們無法選擇我們的父母，」埃默里大學歷史系教授克里斯．蘇這麼說。「我們出生在出生的地方，而它往往決定了我們未來的可能樣貌。」

他的說法讓人聯想到「無知之幕」（veil of ignorance）這個哲學論證方式。在這個哲學概念中，我們因為不知道自己的社會地位，因此不會出現偏見與歧視。哲學家約翰．羅爾斯（John Rawls）相信在這種「原初立場」上，每個人都會以打造一個盡可能公平的社會為目標。如果你正在建造一個這樣的柏拉圖式理想世界，而且對自己最後的角色一無所知，你可能是一名按摩館員工、快遞員、非法移工，或美國南方一所以白人為主的學校裡的黑人學生，也可能成為一八三〇年的切羅基部落人民或加州淘金熱仇外時期的中國勞工——你想要建造什麼樣的世界？

回家

在黃金按摩館與芳療按摩館曾經所在的三角地區，還有第三家按摩館聖傑姆（ST Jame）。在一個夏日午後，聖傑姆的一名員工走出店門休息。她今年七十七歲，大約在四十年前嫁給了一位美國大兵後，就從南韓移居到美國。他們兩人從未學會如何相處，經歷三次離婚後，她為了養活自己，開始在各種理容院工作。她告訴我，她一天可以賺一百美元。她煮飯、打掃、清洗衣物，並為上門的客人開門。其他在聖傑姆工作的女子，在此租賃房間接客，每兩小時的服務收取八十元美元。但自從三月起，生意就不太好做了。我問她不怕嗎？畢竟芳療按摩館的悅永愛就是在開門迎客時遭到射殺。

「為什麼要害怕？」她反問。「人可能死在任何地方。」一旦擺脫塵世的時間到了，她說她打算回到南韓。那就像靈魂回到了身體裡。就像是把身體帶回家，像是回到了自己的身體。落葉歸根。

二〇二二年三月首次發表於《浮華世界》

第二部

我們講述的真實犯罪

七、誰擁有阿曼達・納克斯？

作者：阿曼達・納克斯

我的名字屬於我嗎？我的臉呢？我的生命？我的經歷？為什麼我的名字要和我根本沒有參與的事件扯在一起？我一次又一次想著這些問題，因為他人在未經我同意下，不斷從我的身分、我的創傷中獲利。最近有部電影《止水城》（*Stillwater*），由湯姆．麥卡錫（Tom McCarthy）導演，麥特．戴蒙（Matt Damon）、艾比蓋爾．布瑞斯林（Abigail Breslin）主演，根據麥卡錫的說法：「靈感來自阿曼達．納克斯事件」。事情怎麼會發展到這個地步？

二〇〇七年秋天，在義大利佩魯賈（Perugia）留學的英國學生梅雷迪斯．克爾徹（Meredith Kercher）與三位室友（兩名義大利法律實習生、一名美國女孩）搬進一棟小木屋居住。入住不到兩個月，從象牙海岸移民到義大利的年輕男子魯迪．蓋德（Rudy Guede）闖入，發現只有梅雷迪斯一人在家。蓋德有闖空門的案底。一週前，他在米蘭因為闖入一家幼兒園行竊遭捕，當時警方發現他身上帶著一把近四十一公分的長刀。之後他獲釋離開。但是一週後，他不但強暴了梅雷迪斯，還把刀刺進她的喉嚨，造成她的死亡。在整個過程中，他在梅雷迪斯體內與犯罪現場各處都留下了DNA。蓋德在梅雷迪斯的血泊中也留下了指印。案發後他立刻逃往德國，後來承認出現在犯罪現場。

我就是故事中那個美國女孩，如果義大利當局可以更稱職一點，我就只會是這個悲劇事件的一個註腳。但是一如許多冤案事件，有關當局在鑑識證據呈上之前，就已經編好一套理論，當證據顯示只有唯一一位行凶者蓋德時，義人利官方的自尊心與聲譽引導他們扭曲理論，繼續堅持我有涉案。他們悄悄透過快速審判，以參與謀殺罪名將蓋德判刑，而我在整整長達八年的時間裡，成為了事件主角。

二〇〇七至一五年，我在接受梅雷迪斯．克爾徹遭殺害案件的審判期間，檢察官與媒體精心製作了一個故事，以及一個我的分身，讓大眾可以把他們所有的不安、恐懼與道德批判全貼進這兩個框架裡。大家都很喜歡這個故事：精神異常的食人魔、冷酷無情的蛇蠍美人、狡猾的納克斯。陪審團判刑的對象是我的分身，他們判她二十六年監禁。但是警衛無法銬住那個虛構的人物。他們無法把這個不存在的人送進監牢。是我，是我這個擁有真實血肉的人，被送上沒有窗的囚車、進入在牆頂設置倒刺鐵絲的水泥牆內、走過回音不斷的冰冷長廊與加設鐵桿的窗子，是我被囚禁在耗盡時間與心神的孤寂中。

——

十年前，二十四歲的我被無罪釋放，隨即蹣跚跌進一個像煉獄的地方。我離開了一間牢房，立刻又被關進另一間牢房：我童年臥室的一片靜默之中。屋外，長焦鏡頭對準我已經拉下的百葉窗。監獄讓我對以前覺得理所當然的一切自由心存感激，也是自由讓我知道了自己的諸多不足。

步回自由世界之後，我知道自己的那個分身依然與我形影不離。我知道從那件事開始，我遇到的每個人都在與我見面之前，就先認識並評判過我的那個分身。義大利法庭正式宣布我無罪釋放，但輿論法庭卻判處我終身監禁，罪名就算不是殺人犯，至少也是蕩婦、瘋子或小報名人。**這個分身為什麼不離開？她的十五分鐘已經過了。**★

自由的我成了一介賤民。找工作、回學校、到藥局買衛生棉，不論我去到哪裡，都會遇到自以為知道我是誰、我做了什麼、沒做什麼，或者我罪有應得的人。大白天就有人威脅要綁架我、折磨我，還有人威脅要把梅雷迪斯的名字刻在我的身上。陌生人寄給我性感內衣與怪異的情書。全世界都有人以為他們認識我，這是一種扭曲的臆測，在某些人眼裡，我成了一個怪物，但在另外一些人看來，我卻是聖人。我覺得自己始終站在那個狡猾的納克斯立牌紙板之後，說著：**喂，看這裡，這才是真正的我！**就算主動表達善意與支持的大多數陌生人，同樣沒有真正看到我這個人。他們愛的是我的那個分身。

當你遇到的每個人都對你這個活生生的人存在著先入為主的想法，不論正面

★編按：語出安迪・沃荷（Andy Warhol）:「每個人都可以成名十五分鐘。」

或負面，那麼交朋友、約會，或當個正常的人，都會變成一件非常困難的事情。我大可以選擇躲起來、改名換姓、把頭髮染成其他顏色，期待再也沒有人認出我。然而，相反的，我決定接納這個把我非人化的世界，以及所有把我變成一項產品的人。

從我遭到逮捕的那一刻開始，我的名字、臉孔與創傷，就都成了新聞組織、製片或其他藝術創作者的獲利來源，不論這些組織與個人抱持的是嚴肅認真的想法，抑或肆無忌憚的無恥心態。我生活中最私密的細節，從性生活到我在牢中想死與自殺的念頭，全都從我的私人日記中被人披露給媒體。這些媒體再把我最黑暗的恐懼，轉變成千百篇文章、上萬則貼文，以及數百萬個熱話題。大家臆測我的精神狀態與性傾向、隔空診斷我的狀態、把我的困境當成一種隱喻、製作跟我有關的電視影集與電影、以我為雛型創造法律節目中人物角色。最糟糕的是，不論我在牢裡還是後來出獄，他們利用每一個可能的機會，拿我根本沒有做過的事情羞辱我；他們因為梅雷迪斯已離世，而我還活著，所以羞辱我；他們因為我成為他們筆下頭條新聞的主角而羞辱我；他們因為我出現在他們未經我同意就公開的照片中而羞辱我。這些人展現出來的虛假與殘酷令人氣憤。然而，在這樣被仔細檢視之下，我深刻了解媒體的敘述可以錯得多麼離譜、我們所有人可以如何輕易地消費他人的生活，彷佛那個人不過是我們填補訊息內容的材料。

這一切的一切都讓我致力在我的寫作與播客節目《迷宮》（*Labyrinths*）中堅持道德原則。那些報導我、消費我的媒體，我發現他們根本沒有這些道德原則。我堅信新聞記者永遠都必須把人置於他們報導的中心，並認知到他們的報導可能帶來的風險。遺憾的是，就算我把自己的聲音傳播到世界上，大眾對於我這個人的**想法**，依然是其他人消費的標的。所以當我聽到湯姆．麥卡錫的新電影時，我其實不能說自己很驚訝。

正如《浮華世界》的一篇文章所說，《止水城》這部電影「大體根據」阿曼達．納克斯事件，「靈感也來自於它」。這篇文章是為了宣傳一個以獲利為目的的電影所寫，刊登在一個以獲利為目的的雜誌上，而我與電影、雜誌都沒有任何關係。但是我想要談談「阿曼達．納克斯事件」，因為我的身分持續遭到剝削，就是源於這類簡略的表達方式。

「阿曼達．納克斯事件」指的是什麼？指的是我做的所有事情嗎？不是。這幾個字代表的是從魯迪．蓋德犯案，到造成梅雷迪斯．克爾徹死亡之間發生的所有事件。這幾個字代表的是警方劣質的辦案過程、錯誤百出的鑑識過程，也代表義大利有關當局拒絕承認錯誤，導致他們兩次對我不當定罪過程中毫無疑問的偏見與視野狹隘。在四年的冤獄與八年的審判期間，我幾乎沒有任何訴訟代理人。

在這個「阿曼達・納克斯事件」中，其他人對這起事件的影響都比我大。警方對我的錯誤關注，導致了媒體對我的錯誤關注，從而塑造出我在世人面前的模樣及他人對待我的方式，其影響持續至今。在牢裡，我對自己在大眾眼中的身分沒有任何掌控力，對自己的經歷也沒有發言權。

對我的關注，引發許多人抱怨梅雷迪斯・克爾徹遭到遺忘。但是他們歸咎於誰？不是義大利當局。不是媒體。不知道怎麼回事，警方與媒體因為梅雷迪斯的離世而盯上我，竟然都是我的錯。結果就是十四年後，我的名字與這一連串我根本沒有掌控權的事件緊緊相連。梅雷迪斯的名字經常遭人遺忘，魯迪・蓋德的名字也鮮少有人提及。二〇二〇年他被釋放時，《紐約郵報》（*New York Post*）的頭條這麼寫：「殺害阿曼達・納克斯室友的人獲釋進行社區服務。」唯一不應該出現在那條新聞中的，正是我的名字。

有鑑於Me Too運動，更多人開始了解權力動態可以如何影響一篇報導。在比爾・柯林頓與蒙妮卡・魯文斯基（Monica Lewinsky）的關係中，誰擁有權力？總

統還是實習生？簡略的表達方式攸關一切。若把這起事件稱為「魯文斯基醜聞」，就無法讓大家認知到權力的不平衡。我很高興現在大多數人都稱這件事情為「柯林頓醜聞案」，明確指出誰是那一系列事件中最有力量的人。我最期待的事情莫過於大家把發生在佩魯賈的這些事稱為「魯迪．蓋德殺害梅雷迪斯．克爾徹」事件，這樣就能讓我名符其實成為我一直在扮演的邊緣人物，也就是那個無辜的室友。

但是我知道我的錯誤定罪、我的審判都已成為眾人念念不忘的故事。我知道大家永遠都會稱呼這些事情為「阿曼達．納克斯事件」。我無法改變這種情況，但我可以在大家提到這些事情時，請大家努力去了解談論一件犯罪案件的方式，確實會影響案件相關的人：梅雷迪斯的家人、我的家人、我的共同被告拉法埃萊．索萊希托（Raffaele Sollecito）以及我。

我看到的每一篇《止水城》影評都提到了我，不管對我的評語是好是壞。有些人稱我為被判殺人罪的人，便宜行事地略去了我最終被無罪釋放的事實。《紐約時報》在側寫麥特．戴蒙時，把這些事件稱為「不實的阿曼達．納克斯事件」。「不實」這個形容詞實在不是一個和自己名字連在一起的好詞，特別是文章描述的事情非但不是因我而起，還讓我因此承受了許多折磨。

大家在談論具新聞價值的事件時，即使是最微不足道的選擇，也會影響眾人看待這個事件的態度。當真實的事件成為虛構故事的靈感時，效果可能會被放大並遭到扭曲。《止水城》絕非第一個未經我同意就利用我所經歷的事情，並以損害我的聲譽做為代價的專案計畫。我還在牢裡、還在審判階段時，終身娛樂（Lifetime）製作了一部名為《交換學生阿曼達》（*Murder on Trial in Italy*）的電影。我向這家電視網提起訴訟，結果他們僅刪減了原來電影中我殺了梅雷迪斯的夢境片段。幾年前福斯電視有一個系列影集《翻案女王》（*Proven Innocent*），由凱爾希・葛蘭莫（Kelsey Grammer）主演，這個影集後來發展並被描述為：「如果阿曼達・納克斯成為律師會怎麼樣？」第一次接到這個節目製作群的聯絡，竟然是他們在節目開播前夕，厚顏無恥地請我幫他們進行宣傳。

我的名字、我的臉孔、我的經歷都已經進入了大眾的想像中。大眾已經將我視為公眾人物，而我不但沒有資源對抗對我有害的不真實描述，也等同於讓任何想要描述我的人有權任意杜撰，完全不需徵詢我的意見。最好的例子莫過於麥爾坎・葛拉威爾（Malcolm Gladwell）的作品《解密陌生人》（*Talking to Strangers*），他在書中用了一整個章節分析我的案子。他在書籍出版之際聯絡我，詢問是否同意在他的有聲書中，使用我的有聲書摘要。但是他在得出他的結論前，並沒想過要問問我。我後來同意讓他使用我的聲音，因為至少他為我的無辜做了辯護。然而即使如此，他還是把錯誤定罪的責任歸咎於我的行為，而非在權力關係中擁有權力的義大利當局。值得讚揚之處在於葛拉威爾以電子郵件回應了我所有的批評，而且慷慨地參加了我的播客節目。相同的邀請，我也發給了湯姆·麥卡錫與麥特·戴蒙。

麥卡錫的「靈感來自」我的經歷，而且他告訴《浮華世界》，「他忍不住想像自己若處於納克斯的情況，會有什麼樣的感覺」。但這些想像並沒有給他靈感讓他來問問我，身處在我的處境，我有什麼樣的感覺。他對我的家庭關係感興趣：「看望（她）的人是誰，他們之間的關係是什麼？圍繞在這個故事周邊有什麼樣的故事？」我的家人和我對於這點有很多話要說，如果麥卡錫願意費心開口詢問，我們都會很樂意告訴他。他並沒有法律義務一定要這麼做，而且他畢竟只是在說一個虛構的故事。然而法律與道德、倫理的要求不同。

「我們決定，『算了，不要再用阿曼達·納克斯的案子了，』」麥卡錫這麼對《浮華世界》說。「不過我擷取這個故事的部分就好，一個留學國外的美國女性，捲入了某起轟動社會的犯罪案件，最後被關進監獄。然後以這個構想為中心，虛構出其他的一切。」可是那個經歷，我的經歷，並不是關於一個留學國外的美國女性，「捲入了某起轟動社會的犯罪案件」。那是關於一名並未涉及轟動社會的犯罪案件的美國女性，被錯誤定罪而入獄。這是一個非常重要的差別。如果麥卡錫真的不用阿曼達．納克斯的案子了，這些事情其實也沒什麼了不起的。但若果真如此，為什麼《止水城》的每篇影評都提到我？為什麼那些非我所有的我的臉部照片，會出現在和這部電影有關的文章中？

顯然麥卡錫並沒有不要再用這個案子了。換言之，他以虛構我的經歷的方式，影響到我的聲譽。我遭指控涉入一個死亡狂歡派對、一個出了錯的性愛遊戲，事實上我和梅雷迪斯之間除了是普通朋友，什麼關係也沒有。然而《止水城》中那個虛擬版的我，確實與她遭到殺害的室友有性關係。在電影裡，那個根據我所塑造出來的角色，向她父親透露一個線索，讓他幫忙找到真正殺害她朋友的那個男人。麥特．戴蒙抓到了那個人。這個虛構版本抹去了政府當局的腐敗與無能。在這裡，現實比虛構的劇本更不可思議：在現實中，政府有關當局已經把殺人犯關押起來了。魯迪．蓋德甚至在我的審判開始之前就已被判刑。他們根本就不需要去找他。就算這樣，政府當局依然強硬地要起訴我，因為他們不想承認他們之前犯了錯。

《浮華世界》報導說：「《止水城》的結局靈感並非來自納克斯案件的結果，而是出於麥卡錫與他團隊的創作。」我看到這樣的句子，當下我想知道的是：這個根據我所虛構出來的角色，在麥卡錫的電影裡真的無辜嗎？

事後證明，是電影裡的那個角色要求凶手幫她擺脫她的室友，不過她並沒有要殺她意思。她希望把她的室友趕出去，而不是把她殺掉。她的要求間接導致了一起殺人案。麥卡錫有考慮過這樣的創意會如何影響到我嗎？大家持續指控我，說我就算沒有拿刀殺人，也知道一些我不願意揭露的事情、知道自己以某種方式涉入殺人案。

藉由虛構那個角色並非無辜，藉著抹去義大利當局在這起冤案中所扮演的角色，麥卡錫強化了我有罪的形象，再加上麥特．戴蒙的明星魅力，他們兩個人肯定都能從「阿曼達．納克斯事件」的想像版本中收穫豐富的利潤，而這個版本同時會讓許多觀眾懷疑，**也許真實生活中的阿曼達也以某種方式涉案**，然後再上網問一問谷歌大神，這個電影故事是不是真的。

我從來不想成為公眾人物。義大利當局與全球媒體替我做了這個決定。當我被無罪釋放、恢復自由之後，媒體與大眾不讓我重新當回一個普通人。他們不允許我回到留學之前那個相對無名的狀態。我沒有選擇，只能接受這個事實：在我生活的這個世界裡，我的生活與我的聲譽都是貪婪的新聞製造機可以隨時隨地隨興扭曲的材料。

我並沒有對麥特．戴蒙或湯姆．麥卡錫生氣，但他們似乎不重視我的立場與意見的態度，令我相當失望。他們在乎的只有我的處境可以成為他們的靈感、我的名字可以成為他們的行銷工具。四年的冤獄期間，我與真正犯下罪行的女罪犯同住，她們的罪行從小偷小竊到殺害親生子女都有。我告訴你們，與毒販一起玩牌、黑手黨成員教你用掃把柄擀麵糰，確實會讓人從新的角度看待事物——不為開脫罪行找藉口，而是從事件背景去了解他們。我認知到這些獄友們的人性，也真正認識這些被社會當成廢物或怪物而遭到抹煞的不完美之人。不論過去或現在，大家依然對我做出相同的批判，儘管我是無辜的。

這一切的遭遇都讓我對那些輕易做出評斷的人抱持極大的戒心。抹去真實、抹去人性的複雜，以及只知片段就大肆批評等情況都讓我反感。評斷只會阻礙了解。避免評斷已經成為我生活的一種方式。說這是激進的同理心也好，說這是無罪推定的極端也罷，都無所謂。我知道大家對我的誤解可能有多深，所以我一點都不想這樣誤解另一個人。這個世界並非處處都是怪物與英雄；這個世界滿滿都是人，而人是絕頂複雜的一種生物，包括湯姆．麥卡錫與麥特．戴蒙。我確信他們並無惡意。這一點也很重要。

二〇二一年七月首次發表於《大西洋月刊》（*the Atlantic*）

八、在你的心上綁條止血帶：警線記者艾德娜・布坎南的報導

作者：戴安娜・摩斯柯維茲

為了想要艾德娜．布坎南親自報導整起事件，一九七九年十二月二十一日星期五，有通電話打進她的辦公室，而從那一刻開始，「生活再也不一樣了」。這通電話是一個密報者的來電，他舉報有個黑人機車騎士遭到一群白人警察用金屬製長把手電筒毆打，沒死也剩半條命。機車騎士的名字是亞瑟．李．麥克道菲（Arthur Lee McDuffie）。如果讀者有一定年紀，而且在南佛羅里達州長大，必然知道麥克道菲這個名字，也清楚後續大概發展：麥克道菲死了，而殺害他的警察在經過坦帕市全白人陪審團的審判後，全部無罪釋放，引發了長達三天的暴動。如同美國人都記得羅德尼．金（Rodney King）★，南佛羅里達人也都記得麥克道菲。

不過本文不是亞瑟．李．麥克道菲的經歷，而是艾德娜．布坎南的故事。

布坎南的著作《屍體有張熟悉的臉》（*The Corpse Had a Familiar Face*）於一九八七年出版，當時邁阿密凶殺犯罪率衝到高點，新聞媒體的力量與作者本人身為全美最佳警線記者的名聲也如日中天。這本書有部分是布坎南為《邁阿密先鋒報》（*Miami Herald*）駐守警勤區的生涯回憶，部分是勝利的凱歌，還有部分是犯罪報導應該如何的宣言。前一年記者凱文．崔林（Calvin Trillin）在《紐約客》中以大篇幅介紹過布坎南，文章寫得像是一則傳奇故事，布坎南不但成了知名記者，也成了新聞報導的主題。數月之後，布坎南榮獲普立茲新聞報導獎，獲獎原因是她

★譯按：非裔美人，一九九一年酒駕時為躲避逮捕與警方展開飛車追逐，遭洛杉磯警員圍毆。第三者從附近陽台拍下整起事件，將影片交給電視台播出，施暴警員後來無罪釋放，引發一九九二年的洛杉磯暴動。

「對警察勤務多樣且持續的優秀報導」。如果讀者相信一本書的熱門程度可以用《紐約時報》的書評數以及書評撰寫者來衡量，那麼你應該知道現代吸血鬼小說大師安・萊斯（Anne Rice）當初也在《紐約時報》上為布坎南的新書寫了書評。萊斯非常喜歡這本書。

購書者也和萊斯一樣。書籍上市一年後已經五刷。迪士尼買下這本書的電影版權，電視版更早在一九九四年就播出，由《神仙家庭》（*Bewitched*）的女主角伊麗莎白・蒙哥馬利（Elizabeth Montgomery）飾演布坎南。所有這些發展都把布坎南推到了一個連作家都難以企及的地位，遑論記者了。

我的《屍體有張熟悉的臉》是首刷版，封面背景是亮橘色，配上紫紅色的棕櫚樹和假彈孔，一九八〇年代邁阿密應該具備的所有要素都在這個封面上了。隨著針對美國警察殺死黑人的抗議行動再次爆發，我伸手取出這本書，不禁好奇身為二十世紀末最具影響力的犯罪作品作家之一，艾德娜・布坎南在此刻可以幫上什麼忙。

然而從第一頁開始，讓我震驚的是這本書如何肯定警察，又是如何處處都在呼籲更嚴厲的司法制度、如何把受害者當成道具要求更嚴厲的科刑，以及如何漠視美國社會讓大眾陷於違法的所有方式。還有警察（包括布坎南短暫的婚姻伴侶）惡劣的行為如何受到大眾譴責，但卻從未真正進行調查。布坎南的文字又是如何鞏固這套愈來愈多有良知的美國人不再相信是良善，甚至認為不必要的體制。

如果不是因為數十年來布坎南及其作品不但代表了大眾期待的美國犯罪記者的模樣，也樹立了美國犯罪記者的典範，或許我可以只把這本書看成是一個不成熟的作品，而不去想其他。

這本書始於一句簡單的老調重彈。每個人都會走出凶殺案繼續過日子，布坎南這麼說，但她是例外。刑警會被指派其他的案件。新故事會讓編輯興奮不已。大眾記憶會消退……但布坎南是例外。布坎南的話就像是一個神諭，預言未來將滿是重述殺人案的播客，以及無止無盡的真實犯罪節目，她用一句話呈現犯罪紀實的吸引力所在：「可是我忘不了。」

只不過記憶是個善變的東西，布坎南從多年寫作死亡的經歷中記得些什麼，也很不一定。有時候她堅持生命的價值，就像她在提及那些永遠得不到正義的家屬以及好人早逝時所說的：「天底下沒有不值得追查的凶殺案。」但是在其他場合，她又會語出驚人地說，在邁阿密沒什麼好怕的，因為大多數受害者都是「自找的」。

「他們買賣毒品、偷竊、搶劫，或者被哪個朋友帶壞了，直到踢到鐵板，」她這麼寫道。「邁阿密大部分凶殺案的受害者都有被逮捕的紀錄，大多數人被逮時，也都有嗑藥、酗酒或兩者都沾的狀況。」

有錯的人不僅是那些不太無辜的受害者。布坎南也譴責不願意告訴警方的人，那些在「槍響時聽而不聞」的人，但她卻不承認某些群體確實有不相信警方的好理由。她表示，有些孩子永遠長不出良心，還鉅細靡遺描述了青少年殺人犯的生活，完全沒顧念非行少年往往是他們社會的產物。布坎南明白地說，她永遠不會原諒殺害某個女人的凶手，聽起來充滿道德情操，但仔細想想，她其實既非法官、陪審團，也不是受害者的家人朋友。她提到有個小毒販被發現死亡，警方才瞥一眼就能認出他的身分，原來是警方之前曾朝他開過槍。布坎南完全沒有想過要質疑警方，是否應該用這樣的方式記住任何人。在布坎南的世界裡，壞事會發生，而她盡力描述那些壞事，只不過從未問過為什麼。

這是《屍體有張熟悉的臉》的第一章。

那本書的核心是布坎南描述身為一名警線記者的生活。書中章節都有不言自明的標題，譬如騙子、性、失蹤。〈騙子〉那一章的開場白是一段建議：「你也不應該同情大多數的罪犯；在你的心上綁條止血帶。可悲又可鄙的失敗者很容易博得同情，直到你想起他們曾經一而再、再而三做過的事情，而且只要有機會，他們還會

繼續做下去。他們說需要一點改變，但是如果你去檢視，會發現他們早就改了千百萬遍。」

〈性〉這一章主要在談強暴案，包括五名警察性侵一名未成年性工作者，以及前警員殺害親密愛人等案件，不過布坎南從未質疑這個問題是否應該加以關注。在一九八〇年代，「毒品」是討論焦點——毒品很糟、不要碰，毒品正在摧毀邁阿密。（在該書一段關於古柯鹼屋的描述中，才順帶提及愛滋病。）〈正義〉一章寫作如何把壞蛋抓起來關進監獄裡。〈失蹤〉一章是大家都讀過的美麗白人女孩失蹤的故事，內容主要依據蘇珊．畢利格（Susan Billig）★多年尋找失蹤女兒艾米（Amy）的事件寫成，內容提及私家偵探、線索追蹤、結交凶狠的機車幫等等。蘇珊．畢利格是典型的那種充滿責任感的母親。不過大家都知道這件案子的結果。因此登上版面的人，是評論員南西．葛萊斯（Nancy Grace）。艾米至今下落不明，但是維基未解之謎（Unsolved Mysteries Wiki）的艾米頁面，會讓她的故事繼續流傳下去。蘇珊．畢利格在二〇〇五年去世。

想當然耳，書中自然有一章〈警察〉，而身為警線記者的壓力也在此揭露。想要成為最偉大的警線記者，就是那種有編輯吹捧、可以升官加薪，又能贏得普立茲獎的記者，必須跟很多警察成為朋友。

★譯按：十七歲的女兒艾米在前往父親辦公室途中失蹤，之後畢利格就開始找尋女兒的旅程，直到去世前都未放棄，但女兒也一直沒有找到。

這樣的描繪很真實，反映出美國記者的工作景況。想升官，就必須有獨家新聞。想要獨家新聞，就得有門道。而想要有門道，就必須與三教九流培養出一定的情誼；對方必須信任你，然而這樣的信任不等於他們相信你願意用他們的方式去報導他們的故事，而且還不過問太多令人不安的問題。這種壓力在警察勤務區只會更緊繃。在那裡，警方已經設定好敘事內容。他們是故事的開始，他們有頭銜和權威，他們還有槍。

不過布坎南的報導模式並非問責警方。她的重點在於寫出躍然紙上的生動故事、細節描述程度令人驚訝的犯罪、饒富機智的開場白，以及精彩的新聞報導。布坎南的精彩報導不勝枚舉，許多人會在《紐約客》中爭論哪句標題是讀者最愛。在這樣的模式下，她的目標在於寫出像「蓋瑞・羅賓遜（Gary Robinson）成了餓死鬼」或「寡婦艾爾欽（Widow Elkin）丈夫們的不幸遭遇」這類吸睛、與眾不同又很有把握的句子。只要登上頭版，故事就會像病毒一樣傳播開來。

要想每天都能夠快速獲得案情的細節內容，需要很多協助。她必須是第一個抵達犯罪現場的記者；有人提供她關鍵事實，譬如凶殺案發生時電視正在播放的節目；有人協助釐清特定的情況，譬如中間發生了什麼事、誰開的槍。能夠不斷提供這種程度的犯罪現場細節的人，只有一種——布坎南需要認識並博取很多警察的信任。

在這方面，布坎南也坦承不諱。她細數自己最喜歡的警察，這些人也是她長期的消息來源。她寫道：「邁阿密警察肯定是世上最優秀也最有經驗的警察。」她同情那些無力反擊別人指責和咒罵的警察。佛羅里達州警察的暴力執法歷史悠久，包括受到三K黨的影響，而邁阿密與三K黨之間的特殊關連書中隻字未提。讀者只會讀到她偶爾提及《邁阿密先鋒報》針對警察施暴的專題報導。在布坎南的故事裡，壞警察的出現都是因為糟糕的招聘方式，或者屈服於各種誘惑。她從來不會著墨警察的過失。從來沒有。

警察也是人，布坎南這麼提醒她的讀者。的確如此。但是她筆下的每一個人都是人。

雪伍・格里斯康（Sherwood "Buck" Griscom）是「南佛羅里達最危險的警察」，布坎南這麼告訴讀者。他朝八個人開槍，死了四個。「他參與過太多槍戰，根本記不住全部的人。」根據布坎南的說法，從他槍口下生還的一位匿名倖存者並不記仇。依據二〇二〇年的標準，格里斯康至少得接受調查，而且要被調離實務工作。但是

他每一次開槍都被判定有正當理由。在布坎南的書裡，格里斯康不危險，他是真實生活中的哈利警探（Dirty Harry）★。

她在書中詳細描述兩次格里斯康開槍的景況：第一起案件是一名來自密西根州的二十歲男子，他在贓車裡朝著格里斯康揮動手裡的槍；另一起則是在警方未能成功攔下問題車輛後，先是演變成一場高速追逐賽，之後又升級成槍手想要射殺格里斯康的事件。密西根那名男子後來死了，他在密西根警方通緝的名單上，但布坎南沒有說明對方做了什麼以及為什麼成為通緝犯。第二件案子，受傷的駕駛是「一名越獄逃犯，因謀殺與銀行搶劫遭判終身監禁」。書中沒有提及這兩個人的名字，也未引用他們家人的話；根據布坎南的說法，他們兩個就是犯了罪的壞蛋。布坎南並未註明這兩起事件的相關出處，也沒有提供任何證據解釋她如何確認事件的真實性。這意味著兩起故事的主要提供者都是格里斯康。她大讚特讚格里斯康身為警察的行動，但是大眾期待看到的調查資料，書中根本沒有提及，要不就是在沒有指出來源的情況下，直接被納入了她的描述中。

對我來說，這是失職的行為，嚴重超越分際，是新聞製造者與消息來源必要但醜陋的友善關係。或許她敘述的事件是真的，或許不是真的，反正死人又不會說話。布坎南深諳其道。

★譯按：同名電影《緊急追捕令》（*Dirty Harry*），故事講述舊金山警察局重案組督察哈利追查連環殺手的過程。

接著進入最重要的一章〈麥克道菲〉，布坎南的頑固與本質上的侷限，也寫出了必然的結果。

她接到線報，知道警察把一個摩托車騎士打到快沒命。她持續追蹤這件事。布坎南在法醫辦公室與線報提供者見面，機車騎士麥克道菲已經喪命，他悲慟不已的母親只求一個答案。她檢視過麥克道菲的機車，看得出來並非車禍意外。她查了涉案的警察，其中幾個名字她有印象，她在一年前《邁阿密先鋒報》的警察暴力執法系列報導中見過他們。她記得麥克道菲案發生的前一天晚上，她曾接到一名警察的電話。「那位警察說有位督察知道麥可．瓦茲（Michael Watts）在處理黑人事件上有問題，所以刻意把他調離黑人區。」我看完這段陳述後，有句話始終在我腦子裡迴盪——「在處理黑人事件上有問題」——這大概是我所能想到，對種族歧視最婉轉的說法了。

布坎南做了大家期待所有偉大的警線記者都會做的事，她讓麥克道菲之死的新聞上了頭條，不過她承認這則報導不是太吸引人。她把問題歸咎於有位「沒經驗的編輯」刪除了報導中的重要細節。不管怎麼說，她讓新聞上了頭條，這樣就夠了。

消息見報一天後，當局讓部分涉案警察休帶薪假。少數涉案的警員改變初衷，同意作證。幾天內，四名警察被控過失殺人，後來又有第五名警員以事後從犯的罪名遭到起訴。整起案件轉由坦帕市受理，結果法官駁回檢察官對於其中一名警察的指控，其他四名警察也在全是白人的陪審團裁決下，最終無罪釋放。

接著就發生了麥克道菲暴動事件，暴動期間有十八人死亡，死者有黑人也有白人。多棟建築物起火。國民警衛隊進駐。

布坎南以多頁篇幅、令人屏息的細節描述暴力和破壞，以及這場暴動在邁阿密戴德郡人民心中注入的恐懼，特別是白人。然而，這件憾事之所以發生的原因，再一次未見著墨。為什麼會有這麼多人如此氣憤？我們可不可以做些什麼去消弭帶來這麼多痛苦的原因？沒有隻字片語，布坎南為這個章節奏出的終曲，是解釋自己的無辜。

「我不是大家要歸罪的人，」她這麼寫道。「陷入這場瘋狂飛車追逐賽的人不是我，我沒有殺害麥克道菲，也沒有為了掩蓋這件事情而說謊。我只是一個傳遞壞消息的人，只是一名發現這起事件並寫了這篇報導的記者。時至今日，我還是會想起這整件事。如果一切重來，我會有不一樣的作法嗎？我還是不知道。」

在此章較前面的段落，布坎南提到有位同事告訴她，他們聽到一位急診室的護士大喊，「你們可以謝謝艾德娜・布坎南！」這個插曲或許是真的。但寫作其實就是選擇。布坎南選擇把處在極端壓力環境下的人說的一件小事納入她的故事，以彰顯她自己在故事中的角色。但她從未思考，遑論坦誠說出那個最可能也最明顯的答案：身為一位父親、一名前海軍陸戰隊成員，以及受人信賴的地區保險業務員，亞瑟・李・麥克道菲理應繼續活在這個世界上。

故事的最後，布坎南一一確認了每個人的結局：被無罪釋放的警員，有幾位又重回執法崗位；一位丈夫在暴動中身亡的遺孀；還有代表麥克道菲家人出庭的律師。但是她從未拜訪麥克道菲的家人，也沒有問問他們的現況，僅在描述民事和解時順帶提了一筆。這家人對布坎南再無其他用處。他們陷在同樣的困境裡。多年後，布坎南在一次訪問中說，「黑人會告訴你種族是個因素，不過我不同意這樣的說法。」

因持續報導凶殺案而成功的白人女性，這樣的故事現在似乎不再令人感到震驚或創新。它聽起來像是老生常談了。然而在一九八〇年代，根本沒有這樣的老生常談。當時只有艾德娜・布坎南。

布坎南的故事有一種吸引力。一名女性，身處一九七〇、八〇年代那個依然是男性主導的世界，報導以男性為主的新聞議題。她並沒有常春藤大學學歷，只有私立大學或某所名不經傳的學院文憑。她來自紐澤西州的帕特森市（Paterson），曾在當地做過配電盤接線工作，後來與母親搬去邁阿密。她在創意寫作班同學的建議下，投了履歷到新聞業，並在一家早已不存在的社區報社工作了五年。之後一路以各種方式進入《邁阿密先鋒報》當職員，包括主動幫人寫訃文。

布坎南成名得很晚，這一點又為她的吸引力加分。崔林介紹她的時候，布坎南已四十多歲了，離過兩次婚，喜歡穿休閒褲與絲裙，獨居且身邊有許多貓陪伴——不論什麼時代，對女性來說，這都是最不酷的事。

一九八八年布坎南向《邁阿密先鋒報》告假，專心寫作犯罪小說，雖然她不時還是會幫報社寫新聞，但那之後她就再也沒有回去工作了。同一年，她出現在《大衛・賴特曼深夜秀》（*Late Night with David Letterman*）的節目。那場訪問很奇怪。賴特曼不知道該從那個角度切入，而布坎南則完全做自己，由她掌握了談話要點。她背誦出記憶中最著名的新聞標題：「蓋瑞・羅賓遜成了餓死鬼。」

我是在邁阿密書展一個二手書箱裡看到我那本《屍體有張熟悉的臉》，當時感覺非買不可。二〇〇五至一三年間，我在《邁阿密先鋒報》工作，大多都是夜班，又名夜間警察值勤班。我的工作包括報導所有發生在夜間的新聞，大部分都是犯罪案件，以及負責所有日班同僚判定不值得他們花時間做的一切事情，其中大部分也是犯罪案件。要說我的工作與布坎南相同，有點言過其實。她還有日班的工作，但大部分的時間我都沒有這樣的機會。由於我是報社最後一個離開的記者，所以我得負責報導臨時的市民大會、法院突然宣布判決，還要配合當天的照片快速下標。用報社的行話來說，我從來都不是那種「帶頭的警察」。我更像是隱身在布坎南陰影下的人。我之所以會買她的書，是因為我覺得同為《邁阿密先鋒報》的記者，自己有義務這麼做。

新聞學院的一位同學曾告訴我，她渴望成為一名警線記者，就像布坎南那樣。布坎南的作品甚至被收錄在我們文學新聞的偉大作品教科書選集中。二〇〇三年暑假我在《邁阿密先鋒報》實習，當時布坎南為報社寫了一篇刊載在頭版的報導，內容是邁阿密中區一位前警員強暴並殺害了一名十一歲的女孩。在實習生週會上，編輯向所有與會者提起這件事，而且他的語調傳達出這件事的重要性，以及我們都應該深表欽佩。布坎南的名字不但不時就會出現在我們的新聞室與新聞會議裡，還是報導犯罪的記者應該追求的典範。

布坎南所描述的報社記者磨練，包括了大量的精確細節，而她的說法完全符合我當時的工作狀況，或許時到今日依然適用。她的工作時間很不正常，她幾乎沒有社交生活，她大部分時間都在糾纏那些不想和她說話的人：沉默寡言的怪胎警員、不想說話的證人，以及悲慟的家屬。沒有人喜歡警線記者，布坎南這麼寫道，而這也的確是事實；原因與個人無關，純粹是因為看到警線記者，就代表今天可能是你人生中最糟糕的一天。布坎南的生活亂糟糟，但她保持包包整齊，如果真的發生什麼不幸的事，起碼留個乾淨。我也是這樣。

「我完全不知道報社會吞噬一個人全部的生活。我連看一本小說的時間都沒有，不論是偉大作品或消遣娛樂，」她這麼寫，而這也是真的，不論在當時還是現在。

然而不論我何時重溫自己的舊作，都會感受到衝擊，衝擊的來源不是我寫作或報導的方式，而是我日復一日在那些作品中感受到多少的悲傷。當別人聽到你是一名報導犯罪的記者時，通常會出現兩種反應：**噢，太有趣了，說來聽聽吧！**不然就是，**噢，太慘了，什麼都別跟我說**。年紀愈大，我就愈感疑惑，為什麼從來沒有人問過我，我的工作有什麼必要性？為什麼每個人都相信我們活在一個充滿犯罪的世界（並不是事實），而且必須要有報導犯罪的記者呢？

一部關於麥克道菲暴動的紀錄片《當自由在燃燒時》（*When Liberty Burns*）在二〇二〇年推出。由芬米・佛拉米・布朗（Femi Folami-Browne）和杜德利・艾力克瑟斯（Dudley Alexis）製作、艾力克瑟斯導演的這部片，描述了麥克道菲的生與死，以及在麥克道菲事件之後，邁阿密數十年來壓迫黑人社區的大環境。邁阿密透過許多方式將自己打造成一個熱帶大都會天堂，同時又堅持種族隔離，迫使黑人警員以訴訟的方式爭取他們在工會的代表權，以及在黑人社區強迫開出一條洲際公路。藉由邁阿密黑人社區的故事，大家終於清楚看到，麥克道菲事件的真正悲劇在於若非種族歧視，他的死以及之後的可怕餘波，其實根本就是可以避免的。

艾德娜・布坎南的邁阿密是個天堂，是個大都會與國際都市，擁有無邊無際的沙灘、棕櫚樹，還有多到數不清的豔陽天。然而真實的邁阿密，卻也存在著腐敗、警察暴力與壓迫，難怪他們捏造出如此瘋狂的故事。在他們創作出來的空間裡，永遠不會有人提到暴力執法，不會有人討論這個州為什麼不徵收所得稅，但失業救濟政策卻高居全美吝嗇第一名，更不會有人質疑邁阿密的住宅為什麼或怎麼會出現如此嚴重的種族隔離狀況。毫無疑問，布坎南的書是犯罪文學。我認為這本書也是一首關於白人邁阿密、白人美國的民謠，在這首民謠裡，社會底層百姓的經歷被編入了英雄主義與悲劇的故事中，而實際上，這些底層的人民依然被強制留在黑暗底層。

然而編輯部裡，定義成功的方式依然是寫出吸引人的東西。編輯就愛這一味。有時候他們會開口直接要求：**給我一些吸引人的東西、一些我可以在會議上推銷出去的東西**。你們知道誰的口袋裡有最多吸引人的故事嗎？警察。編輯部要保持聲譽，所以只能獎勵那些與地方警察單位維持良好關係的記者。

我擔心新聞記者依然會因為「蓋瑞．羅賓遜成了餓死鬼」這樣的報導而受到鼓勵。我不知道會不會有人問他們為什麼羅賓遜會餓死，抑或他是不是該死；但在現實中，羅賓遜遭到一名警衛開槍射殺身亡。布坎南在她傳奇性的報導中，漏了這個部分。

記者對於該如何報導警察，如何協助創造一個更好的未來，總是有很多考量。我去查了一下現年八十一歲的布坎南最近一次替《邁阿密先鋒報》寫報導的時間。那是二〇一六年的一篇社論，她在文章中大罵媒體報導總統大選的方式。布坎南寫說她打算投票給唐納．川普，但是她後來就沒有公開表示是否真的這麼做。這位以細節著稱的女士，終於有一次是選擇模糊以對。

二〇二〇年首次發表於《大眾》（*Popula*）

九、犯罪紀實迷與一起丈夫失蹤的怪異案件

作者：尤葉維茲

「我丈夫（從上週六）……現在失蹤了，」臉書貼文這麼寫。「我無法相信我的摯愛，我的靈魂伴侶，沒有在我身邊。」

時間是二〇一九年七月十七日，塔提阿娜·巴德拉（Tatiana Badra）快瘋了。在一連串貼文裡，她描述與結婚四年的伴侶，三十歲的伊森·倫德連（Ethan Rendlen），在三天前出門辦些事情後，開車準備回到他們位於德州郊區科勒尼（The Colony）的家。根據她的說法，倫德連突然把車子停在路邊，跳下車，然後就這麼消失了。

巴德拉挨家挨戶詢問附近商家，每個店員和顧客都說他們曾經看到倫德連，而且他也在找她。巴德拉在車裡等了好幾個小時後，最後開著車一個人回家了。從那時候開始，她就不斷在臉書上求救，也在德州當地的新聞機構與全國失蹤人口社群網站上貼文。

「警方認為他吃了興奮劑阿得拉爾（Adderall），」巴德拉在臉書貼文繼續寫道。「可是為什麼？」宣稱自己懷孕四個月的巴德拉表示，倫德連才剛收到一份薪水很高的工作通知，兩人距離買下湖邊大房子的目標又更接近了。「我只希望大家可以幫我找到他……我們孩子的父親。他值得重拾他的人生！」

在貼文的幾張照片裡，倫德連高壯精實，一頭淺棕色的頭髮，帶著一抹溫柔的微笑。他的眼神沉靜。巴德拉則是一個嬌小的女子，一頭金紅色頭髮，要麼深情地窩在他身邊，要麼對著鏡頭扮鬼臉，或是做出各種表情。

梅蘭妮亞．波寧塞格納（Melania Boninsegna）是臉書犯罪紀實社團的聯合審查員，她在巴德拉貼文後不久就看到這些內容。她用「失蹤人口」這個關鍵詞上社群網站搜尋。二十八歲的全職家庭主婦波寧塞格納在二〇一八年與另一位聯合管理員（希望匿名）成立了「犯罪紀實癮者」（True Crime Junkies）社團，成員需要申請獲准才能加入，目前有一萬兩千名團員。每當新案件出現，波寧塞格納和聯合管理員就會設立一個私群，而每個私群都會連回犯罪紀實癮者。

波寧塞格納看了巴德拉的貼文後，就發訊息給對方，詢問可否幫得上忙。巴德拉回應了，除了感謝熱心協助，也表示她很擔心倫德連的安全。「不騙妳，我快失去一切了。我無法停止胡思亂想可怕的事，也無法止住淚水。」她說。二〇一九年七月二十三日，波寧塞格納專門為這件案子設立一個臉書子群組：犯罪紀實癮者，伊森．倫德連案件討論區。

若是在法庭電視與辛普森（O. J. Simpson）審判的年代，這種公眾涉入可能的犯罪案件，尤其是和受害者家屬交流，會需要花上更多努力。但是現在的社群媒體已經把觀眾變成使用者，受害者家屬和朋友往往很歡迎這些使用者的關注與協助，像二〇〇四年黛博拉．迪恩斯（Deborah Deans）的謀殺案★，就是透過社群媒體才破案。犯罪紀實癮者這個臉書社團只是數位江山的一角，這片江山還包括一九九年成立的「網路偵探」（Websleuths）與紅迪（Reddit）的「犯罪紀實」（r/TrueCrime）——成千上萬熱中於犯罪事件的網友，都可以在這些地方分析諸如血液證據等細節。《法網遊龍》與《CSI犯罪現場》那種「靈感直接來自頭條新聞」的戲劇風格，把犯罪現場鑑識帶進我們的客廳，而各個討論社群則會更進一步探討影集中沒有說的事。

根據波寧塞格納的說法，一般人針對低能見度的案件，在執法單位採取行動之前就四處收集資訊的情況，並非什麼稀奇罕見的事。德州當地居民，其中有些也是失蹤人口社團的成員，會把失蹤人口的傳單大量張貼到達拉斯郊區。「走進現實生活」，不斷詢問受害者家屬有沒有新消息，或者到他們家中收集「證據」，是犯罪紀實癮者社團禁止的行為。然而張貼傳單則是不具侵略性的行為。「我們追蹤的案件如果涉及成年男子，大概會被暫時擱在一邊。女性則不一樣，如果當事人還是母親的話，就會得到許多媒體社群的關注，」波寧塞格納這麼說。「我相信大多警察對於失蹤人口案件，應該都不會特別重視。」

倫德連的案子顯然正是如此，至少根據巴德拉的說法是如此。科勒尼警局「啥

★譯按：二十九歲的迪恩斯於二〇〇四年失蹤，留下四名年幼子。十五年後，有人以電子郵件提供異常詳盡的線索給當地臉書專頁「打擊犯罪新聞與誰是逃犯」（Fighting Crime News and Who's Wanted）。四天後警方根據線索逮捕了迪恩斯的嫂嫂兼前室友，並在她拖車後的地底挖出迪恩斯的殘骸。

事」都沒有做，巴德拉在二〇一九年七月十八日這麼寫，她在美國國家廣播公司的臉書上貼文說：「他們說因為（原文如此）他口袋裡有錢包，如果他們找到他的話，他們會打電話給他們（原文如此）。」

但在巴德拉第一篇貼文的幾天後，事情出現了神祕且怪異的轉向。她的說法開始改變。一開始她描述自己和倫德連在車裡的最後交談很正常，後來她卻寫說倫德連出現了胡言亂語的「精神問題」。巴德拉不記得倫德連失蹤前他們去了哪些地方，之前提到的目的地也一變再變：全食超市（Whole Foods）、一家墨西哥餐廳，還有一個與科勒尼距離兩百五十哩以上的自然保育區。沒有提到吸毒，可是巴德拉又宣稱倫德連曾「酗酒」。

這些不同說法讓犯罪紀實癮者的許多成員起疑，於是他們開始檢視所有細節：巴德拉在倫德連失蹤後，曾說自己不小心服用過量的褪黑激素（很多人都說不可能）；她表示自己懷孕；她與倫德連剛結婚，但是倫德連的母親羅拉卻告訴犯罪紀實癮者根本沒有這回事。「這位女士怪怪的，」有位成員這樣評論。「太多事情兜不起來。」

隨著倫德連的犯罪紀實子群組（至今已有五千三百名成員）擴大行動，曾在倫德連失蹤前與兩位事主碰過面的人也加入了。當時在普萊諾（Plano）一家服飾店擔任店長的塞芙耶拉・克勞凱特（Xaviera Crockett），貼出一張員工所拍下的倫德連與巴德拉的照片，時間就在二〇一九年七月十四日，倫德連失蹤前幾個小時。克勞凱特表示，當時巴德拉怪異的行徑引起店員的戒心。巴德拉是赤腳走進店裡的，「乳頭露在新娘禮服外，」只穿著胸罩在更衣室晃進晃出，把更衣室搞得一團亂。員工之所以會拍下照片，是因為倫德連丟棄一瓶降保適（clonidine）的降血壓藥，並大聲說：「我再也不需要這個東西了。」

群組成員開始猜測倫德連發生了什麼事。有些人認為他逃走並躲了起來，也有人責怪巴德拉。不少人認為「她殺了他」。眾人在貼文串裡不斷敲碗詢問：「有更新嗎？」群組審查員警告成員尊重倫德連的隱私，不要「走進現實生活」。然而整件事早已傳開。巴德拉的IG貼文湧進大量留言。「**伊森在哪裡？**」「妳對他做了什麼？」

倫德連的死黨菲爾・拉法葉（Phil Lafayette）也想知道倫德連在失蹤前，與巴德拉之間發生了什麼事。多年來他目睹聰明機伶的倫德連日益受到巴德拉的影響。倫德連與拉法葉都是擁有科學腦的孩子，兩人是街坊鄰居，在伊利諾州格倫艾

林（Glen Ellyn）一起長大，倫德連在二〇一四年從伊利諾州大學取得化學工程學位。「他一直都想當個化學家，」拉法葉說。「對他而言，最接近魔法和巫師的學門，就是化學。」

拉法葉從一開始就對倫德連與巴德拉的關係感到擔憂。最初是倫德連對結交新女友守口如瓶，等他開口談她時，他說的話又令人擔心。巴德拉是一名成功的分子物理學家，出身於一個富有的巴西家族，倫德連最早是這麼對拉法葉說的。但之後他又揭露巴德拉會到不同急診室拿藥以免被察覺，還會從暗網購買研究用的化學藥品。後來拉法葉才發現倫德連與巴德拉兩人是透過一位前友人介紹認識，而據說對方是在精神病院住院期間認識了巴德拉。

巴德拉操控倫德連的能力，也令拉法葉非常不解。她宣稱自己繼承大筆財產，會請倫德連去吃大餐、給他買新的電子產品，可是她卻經常處於財務危機，接著她會傳遞一些訊息，內容都是涉及腐敗政治的家族衝突，並表示是因為這些事讓她無法動用屬於她的資金。倫德連的父親傑佛瑞回憶說，巴德拉表示等到她滿三十一歲，就可以完全掌控她的資金，但是她在二〇一七年七月就已經滿三十一歲。「接著說詞又變成，『噢，其實我還沒有真正滿三十一歲，我比登記的年齡小兩歲。』」傑佛瑞說他曾問過兒子，「你真的相信這些話？」

倫德連與巴德拉在二〇一八年被強制驅離他們居住的公寓。二〇一九年倫德連消失的時候，兩人遭強制驅離的通知已在政府單位正式列冊。根據拉法葉的說法，巴德拉曾向當時已根據《破產法》申請破產的倫德連借了一萬美元，而這些都是在倫德連消失前不久才發生的事。

倫德連的家人也發現巴德拉的各種說法要麼令人難以置信，要麼根本不可能。「區分事實與虛構很困難，」伊森的姊姊切爾喜・倫德連（Chelsea Rendlen）表示。「每件事都有個核心真相，但是要釐清千頭萬緒很難。」問題在於，倫德連似乎相信巴德拉說的一切。在他們兩人關係暫停期間，巴德拉說她遭到蒙面男子綁架與傷害。整件事的發展開始益發怪異。

倫德連告訴拉法葉，綁架者在一片荒棄的玉米田裡，強行把巴德拉肚子裡的孩子切下來。然而切爾喜與羅拉卻從巴德拉那裡聽到了不太一樣的事件版本。「她說她失去了孩子，但這件事卻治好了她的癌症，」切爾喜回憶道。羅拉補充說：「我聽到的是，她懷了伊森的孩子，結果被抓到一個農場進行奴隸交易。他們用刀刺她，因此她失去了孩子。但是幹細胞治好了她的病。」兩人都不相信這些說法。「事情根本不合理，又很荒謬，」切爾喜如此評論她弟弟與巴德拉的關係。倫德連告訴拉法葉他愛巴德拉，覺得他可以「拯救」她。

對於倫德連一家人而言，情況實在令人憤怒。倫德連完全看不到如此明顯的事實：他被騙了。遺憾的是，一如所有高明的騙術，巴德拉從一開始就對倫德連展現出強大的心理控制力。這樣的操控機制絕非「一蹴而就」，專門研究異端邪說與危險社交關係的倫敦南岸大學客座教授亞麗山卓・史坦（Alexandra Stein）表示。「這是一個過程。最初是性方面的刻意吸引，讓對方感覺美好，覺得被取悅了，接著就是製造融洽的關係，開始建立信任。」

巴德拉對於她所繼承的金錢似乎很慷慨，加上持續發生一些悲傷難過的事，這些都形成了一個充滿說服力的誘惑：一顆「愛情炸彈」，而受害者在裡頭獲得了大量的關心與愛戀，有時候還會加上禮物助攻。倫德連被賦予一個披戴閃亮鎧甲的武士角色，屢屢將巴德拉從悲苦中解救出來，這樣的設定是關鍵。除此之外，巴德拉也把倫德連隔離在他的家人圈之外，設法說服他在他年幼時曾遭到親戚猥褻。「騙子善用恐懼，」史坦解釋。「關連性的推論也很重要：『如果你現在不幫我，我就會失去我的孩子、我的房子、我的生命。』除此之外，威脅對方可能會失去一段有益的關係，然而事實上這段關係只會給人壓力。這些過程會創造出一種創傷性連結，目的在於防止對方進行系統性思考。」

倫德連大多只能找到品管與土地工程師之類的短期工作，因此當他與巴德拉於二〇一八年搬去德州後，找到了夢想的化學工程師工作時，家人與朋友都抱持希望。「他有點像是『我終於做到了』的那種感覺，」拉法葉說。「他在公司裡有他自己的小辦公室，他們還給了他一張公司的信用卡。他老闆讓他參與專案進行。他們要他貢獻一己之力，而他感到非常興奮。」

但之後倫德連卻打電話告訴拉法葉，他和巴德拉要搬去佛羅里達。整個遷居計畫聽起來不合邏輯。巴德拉有位神祕的叔叔突然把她繼承的資金匯給她，在對方的金援下，毫無相關經驗的巴德拉想要涉足房地產，於是原本快速萌芽的事業就這樣被甩在腦後。「這就是讓我百思不解的地方，因為這一點都不像伊森會做的決定，」拉法葉記得自己當時的想法。「他告訴我他打算放棄一切，打算當個捕蟹的漁民。我說，『伊森，這太瘋狂了吧……』他真的願意放棄兒時的夢想，當個捕蟹漁民？他瘋了吧。那個女的一直跟他說些亂七八糟的東西，而他照單全收。一定會發生事情，一定會發生什麼不好的事情。」

兩人這次的電話交談，距離倫德連失蹤的時間不到一週，而且這通電話同樣讓家人朋友都很憂心。倫德連失蹤前幾天曾打電話給他父親，說他在自家公寓裡遭到持刀歹徒威脅與搶劫，亟需用錢。倫德連失蹤後，巴德拉哭著打電話給羅拉說她兒子一直想取消婚禮。這是倫德連一家人首次聽到這件事，他們從來不知道倫德連與巴德拉有結婚的打算。(不過根據倫德連臉書上的感情狀況資訊，兩人在二〇一八就已結婚。)

此刻，拉法葉遠在距離倫德連九百哩外的伊利諾州，腦袋裡不斷想著。一定發生了什麼不好的事情。他的死黨失蹤了，所有客觀資訊都不合邏輯。一切訊息主要都來自巴德拉——直到倫德連的家人與拉法葉加入犯罪紀實癮者群組。拉法葉後來才知道，倫德連並非巴德拉的第一個目標。

——

倫德連的犯罪紀實子群組成立短短二十四小時內，各方訊息就大量湧入。大部分的訊息都與巴德拉有關。社群成員與管理員快速貼出大家的發現。有一則貼文是「資助我大眾募資平台」在二〇一三年的存檔資料，內容指出巴德拉為了支付各類醫療帳單，曾發起一項募款計畫。她列出了經診斷的痙攣、骨髓、癌症與血栓等相關疾病，而根據檔案頁面，她設定的募資目標是七千美金，最後籌措到一千一百元。眾人還在不同的社群媒體上發現巴德拉的照片，但使用者以不同的名稱登記(許多都衍生自她真實姓名)，而且二〇一七與一八年在IG上的好幾則貼文內容都暗示她懷孕，只不過後來這件事就再也沒有被提起。「我看到的這些貼文，沒有任何一則可以確定她真的懷孕，」一位犯罪紀實癮者成員這麼說。「如果她真的懷過孕，小寶寶去哪兒了？」除此之外，好幾位成員也發現巴德拉放在臉書貼文裡那棟據說是她和倫德連心心念念想要買下來的房子，其實是佛羅里達山牆區（Gables Estates）這個有錢人聚集地的一棟豪宅，價值五千五百萬美元。

不希望暴露真名的愛麗斯一路看著事件發展。她之前就認識巴德拉，不過她們相識的時候，巴德拉的名字是「安雅」（Anya）。安雅當時的工作是網路支援團體的創建人，援助對象是巴西性侵倖存者與飲食障礙症患者。愛麗斯說巴德拉是個凶狠的網路霸凌者。從二〇〇七至一二年間，她成立好幾個私密社團，定期在這些社團內洩漏好友與熟人的裸照，還會挑唆網路爭端。根據愛麗斯以及多個在這段時間認識巴德拉的人所述，她在每個私密社團中都有籌募醫藥費的行為，但是她似乎沒有接受她所宣稱的那些治療。

二〇一四年七月二十四日，愛麗斯在犯罪紀實癮者與其他臉書社團中貼文，聲稱巴德拉嚴重損毀她們兩個於二〇一二年曾在芝加哥短暫共住的公寓，巴德拉沒有工作也沒有上學，錯綜複雜的謊言也是張口就來。「多年來，我不斷收到她男友傳來的訊息……還有其他人的訊息……他們覺得自己成了她的受害者、她如何騙取他們**好幾千塊**美金、如何讓他們染上毒癮，以及她自己又是如何染上毒癮、假裝懷孕、假裝自殺未遂等等，」愛麗斯在貼文中這樣寫道。「她不是癌症倖存者……她因為假裝自己是受虐倖存者，所以才能成為美國居民，她是個危險、會施虐以及有控制慾的人。」

愛麗斯開砲後，水壩開始決堤。犯罪紀實癮者成員陸續貼出其他社群平台的截圖，更多之前認識巴德拉的人在貼文串中大談特談個人經驗。許多人的留言都是關於巴德拉的眾前男友，而且都依循一套相似的流程：令人質疑的懷孕與醫療狀況、慢性藥物問題、威脅、控制和竊取錢財。

「我本來以為『我朋友安雅的男友有問題』，後來卻認為『她男友的最大問題就是她』，」巴德拉前友人愛德華・格雷波斯基（Edward Grabowski）在一個貼文串中寫道。二〇一二至一三年間，格雷波斯基與巴德拉相識約一年，他曾給過她錢、替她買過一支手機，也在她多次化療後幫助過她，不過格雷波斯基說所謂的化療，最後證明都是謊言。格雷波斯基說巴德拉曾濫用諾科（Norco，一種止痛藥）與利福全（Klonopin，常用於治療恐慌症），而且定期上醫院以取得這些藥物。

儘管巴德拉大多數前男友所認識的她都是安雅，不過她還用過塔提阿娜・尼可拉耶夫納（Tatiana Nikolaevna）、琵琶・阿索芬（Pippa Althofen）、塔提阿娜・留波夫（Tatiana Lyubov）、塔提阿娜・雷貝德巴（Tatiana Lebedeva）、阿妮亞・利亞（Aniia Lilya）、麗爾佳（Lilja L.）、史塔吉亞（Stazia K.）與拉維妮亞．巴德拉（Lavinia Badra）等名字。

十年間，巴德拉至少有過十個不同的身分。當她是安雅時，她是個需要化療的病人。扮演阿妮亞時，她會在白人至上的網站「風暴前線」（Stormfront）參與DNA與種族「純度」的討論。化身塔提阿娜．雷貝德巴時，她是個激進的女性主義者。成為琵琶．阿索芬時，她則是有錢老男人包養的乾女兒。

巴德拉似乎也涉及盜用他人身分的罪行。根據維斯新聞（Vice）的資料，她曾使用至少六個不同的社會安全碼，而根據資料庫的數據紀錄，其中有些根本就是他人的號碼。「在我三十多年的經驗裡，經手不下十萬筆背景調查，這麼多社會安全碼都連結到單一對象的情況，非常罕見，」為維斯新聞檢視這些資料的私家偵探透過電子郵件這麼說。「我無法斬釘截鐵地說她犯了詐欺罪，但擺在眼前的事實是，她與如此多……無法解釋的社會安全碼有關，讓人相信她的作為是出於詐欺目的。」

這些不同身分的共同之處，在於全都宣稱擁有一個戲劇化的過去：一個來自充滿輻射的車諾比（Chernobyl）的孤兒，由富有的巴西家庭收養後，一步跨入菁英階層，然而備受寵愛的童年卻因各式各樣的虐待而被破壞殆盡。巴德拉宣稱自己擁有科學與音樂天賦，讓她在倫敦與美國的學習始終名列前茅。還有她繼承財富，卻有一個壞心眼的叔叔掌管她的資金。巴德拉說她在巴西曾經當過模特兒，也是癌症倖存者，還有一個稚齡的女兒。她曾在不同的時間點，宣稱自己擁有包括財務分析師、資深銷售工程師、多國語言翻譯等各種高薪工作。她說自己很快將成為一名醫生。

結果這些說法沒有一句是真的。根據前友人們在多年後與巴德拉養母確認，車諾比、癌症與工作資歷，全是無中生有。她宣稱取得學位的那些學校（西北大學、聖保羅大學、德州大學達拉斯分校），根本沒有巴德拉註冊的紀錄。她的確是在出生時就被人收養，然而根據好幾份據說在多年前與巴德拉母親確認過的資料來源，巴德拉的出生地並非烏克蘭。巴德拉的前密友們說她身上並沒有黑市墮胎手術所留下的明顯疤痕或創傷。（根據她一位前男友的說法，巴德拉只有一個像是闌尾切除術的疤痕，位於右髖部上方約兩吋處。）而且一如犯罪紀實癮者的懷疑，巴德拉與倫德連從未有過合法的婚姻關係。

一旦詐騙犯從網路出發，就開始了「一個變裝的過程，會讓人對之後發生的某些事情變得麻木。」《詐騙、說服與詐騙技巧的心理學》（*The Psychology of Fraud, Persuasion and Scam Techniques*）作者馬汀娜・朵夫（Martina Dove）提到。「等到對方開口跟你要錢，或要你相信某些荒誕無稽的事情，你已經陷進去了。你知道有些事情不對勁，但就是無法脫身。」

巴德拉把網路當成基地有其原因：在任何網路關係中，親密感都能快速建立。她可以在社群媒體上毫不費力地成為任何人，在進入真正的面對面相處前，她已經先在網路上創造出連結。只要身邊的人開始對她產生質疑，巴德拉就會轉向下一個身分、下一組設定的目標，把以前披掛的外衣留在已捨棄的帳號、遭清除的部落格，或一些聊天室的化身當中。

——

詐騙的錯綜複雜和親密言行是吸引受害者上鉤的因素，也是吸引讀者、觀眾、作者等我們所有人的要素。詐騙具備了一齣優質戲劇的所有特質：神祕、懸疑、曲折的劇情，還有壞人。

詐騙犯呈現出一個複雜的惡人型態、一個反英雄的角色：就算他本身是個沒有任何值得同情的人，但是他的機智（在某些案例中，詐騙犯簡直是天才）卻很迷人。根據擁有三十年經驗的洛杉磯刑事辯護律師阿拉雷・卡瑪蘭（Alaleh Kamran）的說法，詐騙犯「都聰明得足以在任何領域成功」，但是「戰勝體制，會讓人興奮」。更令人興奮的是無恥和無知之間那道幽微的界線，有些人尤其擅長此道，特別是那些以缺乏憐憫心的人為目標的詐騙犯。

安娜・索羅金（Anna Sorokin）更廣為人知的名字是安娜・戴維（Anna Delvey），她冒充七千萬信託基金的繼承人，詐騙過社會名流、比克曼湯普森飯店（the Beekman hotel），並攻陷其他奢侈品堡壘，獲利二十七萬五千塊美元。她聲名狼藉，但她的故事深深吸引大眾目光，以致新聞媒體把出現各種索羅金報導的二〇一八年稱為「詐騙者之夏」（The Summer of Scam）。不入流的失敗者卻備受歡迎，這種奇怪的現象讓安娜・戴維成了ＨＢＯ《忽悠世代》（*Generation Hustle*）其中一集的內容，隨後索羅金又與珊達・萊姆斯（Shonda Rhimes）簽訂萊姆斯新作《創造安娜》（*Inventing Anna*）的權利，由茱莉亞・加納擔綱主演。就連索羅金的受害者也過得很不錯。因為索羅金而支付了六萬兩千塊美元飯店費用的前攝影編輯瑞秋・迪洛阿切・威廉斯（Rachel DeLoache Williams）出了一本爆料之作，一舉登上二〇一九年《時代》雜誌的百大書榜。只坐了近四年牢的索羅金，似乎完全沒有因為她的罪犯生活而阻礙了前進的腳步。有人用三十二萬美金買下她的故事（比詐騙所得還要多出四萬五千美元），而她看起來也相當享受牢獄外的生活，至少從她的ＩＧ來看是如此。

就算我們都愛看索羅金這種人如何抵抗體制，而且機關算盡最後還贏了，然而如果一個陰謀當頭砸下，事情可能遠非驚悚兩字可以形容。這個情境是美國廣播公司《騙案大追蹤》（*The Con*）節目的核心。《騙案大追蹤》在二〇二〇年十月向兩千六百萬觀眾首映，由琥碧·戈柏（Whoopi Goldberg）擔任旁白。詐騙過程愈令人驚嚇，爬得愈高就摔得愈慘。在第五集中，我們看到密西根州長大的五十歲安東尼·吉格亞克（Anthony Gignac），如何以假裝的口音與俗豔的風格，讓邁阿密最有的錢人相信他是沙烏地王子。戈柏以輕鬆的語氣詳訴這個詐術之所以被揭穿的敗筆：吉格亞克用七十九塊美元在網路上買來的假外交車牌。

在索羅金、吉格亞克這類騙子利用無恥手段詐騙超級有錢人時，我們或許隱隱會有點興奮的幸災樂禍。但毫無疑問，世上還有許多更令人警醒的詐騙案件。

二〇一九年七月二十三日，菲爾·拉法葉與羅拉·倫德連抵達德州，下定決心要挖出可以帶領他們找到伊森·倫德連的線索。這個時候，距離倫德連失蹤已近兩週，依然沒有人有他的消息。拉法葉與羅拉開車來往各處，試圖根據巴德拉版本的事件發展，找出與事實相符的蛛絲馬跡。五天後兩人離開德州，回到工作崗位，沒有定論。

結果是四位達拉斯的當地居民，四名因為現在已不存在的倫德連案件臉書社團而有交集的平民百姓，拼湊出了事件的全貌。其中一人是當時正在放暑假的代課老師安柏（她不想透露真名）。那段期間，安柏有空騰出幾天的時間，靠著全球衛星定位系統，開車到所有符合巴德拉描述的地點。七月二十六日，安柏找到了故事中的洗車處、加油站，以及倫德連最後現身的酒吧，並且確認巴德拉確實曾經出現在此。另一位協助搜尋但同樣不願透露身分的當地居民，也與好幾個曾經見過倫德連與巴德拉的人談過。「洗車的傢伙說，『是啊，有這麼一對男女來過這裡，他們當時在吵架，然後他就朝著森林衝出去，』」安柏這麼說。「『兩個人的神情都異常恍惚。她到處跑來跑去找人，大概找了一整個晚上吧。兩個人誰也沒找到誰。』」

社團成員在加油站後面找到巴德拉提過的堤岸，並知會達拉斯警局。警官看不出任何倫德連與那個區域有關連的直接證據，但還是把這個訊息轉給科勒尼警局。警方力勸民間搜索隊不要再去那個區域，說那裡是很危險的毒品活動多事之地。

七月二十九日，倫德連失蹤十二天後，科勒尼警局在堤岸邊找到他的屍體。這起案件於是移交達拉斯警局接手。「這位女友說她和伴侶（倫德連）在二〇一九年七月十四日，在羅斯米德大道與馬許巷附近吸毒，」維斯新聞取得的達拉斯警局事件報告資料第十頁中這麼寫。「她說他們發生爭吵，對方衝出車子，朝著堤岸方向走去。」在報告中，巴德拉對於他們兩人最後出現的地點，似乎要比之前說的清楚很多。

切爾喜與羅拉最後一次看到巴德拉，是在二〇一九年八月三日去倫德連與巴德拉合租的公寓，領取倫德連個人物品的時候。那天巴德拉戴著一頂紅色的假髮，騎著自行車到公寓大樓。公寓管理經理根據強制遷離的通知內容，拒絕讓巴德拉進入公寓，並通知了倫德連一家人。「公寓管理者說她整個週末都在搬伊森的東西，」羅拉回憶道。他們打電話給警方，隔街看著警方以四張違反交通規定的令狀逮捕她（除此之外，她似乎沒有其他的罪名）。

這也是巴德拉在這段期間遭到的唯一一次逮捕，而且根據警方紀錄，她遭拘留的時間不到一個小時。「我們從一位和我們合作的警探那裡得知她已被釋放，但又被另一位警官拘留，」切爾喜說。「這部分的資訊就到此結束。」

處理此案的科勒尼警局巡佐傑・古德遜（Jay Goodson）以及達拉斯警局警探蓋・柯提斯（Guy Curtis）並未回應我一再提出的訪談要求。根據警方提供給維斯新聞的報告資料，也沒有任何跡象顯示巴德拉曾遭執法單位偵訊。

法醫最終判定倫德連的死亡為意外／不明原因，剖屍報告的簽署日期是二〇一九年十月三十日。「部分原因在於屍體的腐爛程度和時間過長，連法醫都說無法排除溺斃的可能性，」為維斯新聞檢閱倫德連案件相關文件的鑑識科學家安妮塔・贊寧（Anita Zannin）這麼說。「器官一旦開始自溶，也就是開始變成糊狀，要做出判斷就會更加困難。而當法醫提出『意外』的死因時，警方偵訊就會綁手綁腳了。」

倫德連的屍體被發現後，波寧塞格納與她的犯罪紀實癮者管理團隊收到了更多受害者的私人訊息，他們當中有許多人都不希望透露姓名。有些人宣稱他們曾被迫提供巴德拉金錢，有些人則是被勒索要替她買東西，因為她威脅他們要捏造事件，向警方提出對他們不利的指控。

巴德拉的前夫法蘭西斯・西爾瓦（Francis Silva）認為她很可能與倫德連的死有關。西爾瓦與巴德拉二〇〇六年在網上結緣，結果變成一場孽緣。西爾瓦說他發現巴德拉的癌症診斷是個謊言，威脅要離婚，而巴德拉為了透過庇護得到綠卡，以捏造的家暴控訴做為回擊。二〇一二年七月十日，巴德拉寄了一封電子郵件給西爾瓦，承認自己虛構虐待的事情。「所以認了吧，對於發生的事情，我就是說了謊。我做了偽證。我氣瘋了。我害怕……**我撒了謊，一切都是我的責任**。」西爾瓦並沒有回覆這封信。二〇一二年八月，巴德拉撤銷告訴，但西爾瓦卻在二〇一一年一場大陪審團審判中，遭到德州地方檢察官起訴求刑。

儘管巴德拉前友人或戀人對她的指控如山，包括說謊、偷竊、威迫、虐待等等，巴德拉卻從未在伊利諾州或德州因為任何前述的罪行遭到正式起訴。所有與維斯新聞談過話的這些熟識者，也沒有人正式控告她。「沒錯，我確實已經重建起遠離她的生活了，」西爾瓦提到他與巴德拉的那段過往時這麼說。「我盡全力忘記那些曾經發生在我身上的事。」

巴德拉拒絕接受本文的訪問。「我道歉，但我不接受訪問，」她在電子郵件中這麼寫，並稱那些對她的指控「全部都是胡說八道」。她並沒有否認與倫德連死亡有關，她把這件事描述成一件「悲慘的意外事故」以及「因為很多原因，成為我一輩子的嚴重創傷」。巴德拉表示，痛失倫德連之後，網路上關於這件案子的各種言論，讓她更難過，傷害也更大。「我可以用一輩子的時間談論他，談論我有多想念他、多愛他，談論他是個什麼樣的人，」巴德拉在郵件中這樣寫道。「但這些人，這些『偵探們』帶給我的悲痛，讓我幾輩子都難過不完。」

當維斯新聞再次聯絡巴德拉，請她為這篇文章提出意見時，她否認使用多個社會安全碼，她說：「除了我自己的社會安全碼，我從未用過其他人的號碼。」接著在之後的一封電子郵件中，她拒絕進一步發表意見。「我已經找了法律顧問，我的律師建議我不要對你們發表任何聲明。我們很快就會聯絡你和你的編輯。」代表巴德拉的法律顧問從未聯絡過我們。

倫德連死後的數月間，關於巴德拉的訊息還是斷斷續續出現在犯罪紀實癮者社團的貼文中：酒駕被捕；寄到她德州公寓舊址的亞馬遜包裹照片；一次死藤水（ayahuasca）★之旅。幕後，波寧塞格納與她的審核小組成員收到了更多來自與巴德拉有過接觸的私人訊息。

戴維斯・特倫特（Davis Trent）與提芬妮・哈瑞斯（Tiffany Harris）是多年好友，二〇二〇年八月，當時分別是二十六歲與二十五歲的兩人主動出面講述了與巴德拉那段令他們飽受折磨的相識過程。三人相遇時，巴德拉的身分是二十八歲的安雅・奧迪（Anya Audi）（事實上，巴德拉當時已三十四歲）。特倫特與哈瑞斯從一份亂放的就醫資料中，發現了巴德拉的真實身分，然後上網搜尋找到了犯罪紀實癮者社團。當特倫特與哈瑞斯打電話給科勒尼警局，告知他們手上掌握的資訊時，警方對他們說巴德拉很「危險」，要他們換掉公寓的門鎖。

特倫特表示他吸食K他命時，巴德拉曾說服他相信自己曾遭到一位家人的猥褻（一如她對倫德連做過的事情），接著她又播放了諸如艾德・坎波（Ed Kemper）這類連環殺人凶手的訪談影片，以及一一九強暴求救電話。「她編造出這些怪異、

★譯按：字意為「死亡或靈魂之藤」，是薩滿巫醫利用亞馬遜熱帶雨林中的植物卡皮木（Banisteriopsis caapi），混合其他植物熬製成的藥汁，在南美洲的的原住民儀式中廣泛被使用。過去數十年間，死藤水逐漸受到西方社會關注，不僅對其進行學術研究，也開始當作心理治療的輔助工具。

可怕的謊言，然後在你有點不正常的時候，把這些謊言植入你的腦子，」特倫特說。「你們要了解，她不僅只是嘴巴說說。她做過研究。她知道那些她可以用來讓你信以為真的專業術語。」哈瑞斯也表示巴德拉曾讓她服用冰毒，然後對她進行心理控制。

更奇怪的是，特倫特與哈瑞斯兩個人都轉述了巴德拉對於倫德連死亡的敘述。他們多次提到巴德拉完全崩潰，痛哭流涕地承認她目睹了倫德連的最後時刻。「我看著他死，」兩人說她當時一再這麼說。「我眼睜睜看著伊森死去。」

本文寫作之際，巴德拉又以二十九歲的塔提阿娜身分出現在臉書速配（Facebook Dating）上，以譚雅（Tanya，塔提阿娜的暱稱）的名字出現在IG上。儘管巴德拉過去曾在「風暴前線」參與過討論活動，而且受的是天主教教育，但她在這兩個平台上都聲稱自己擁有猶太血統（維斯新聞取得的一份活動計畫顯示，巴德拉在一九九七年完成她第一次領用聖餐的儀式）。巴德拉偶爾還是會貼些與倫德連相關的貼文。戴維斯．特倫特發現巴德拉的紅迪帳號依然登錄在他的電腦上。（另一個資料來源者也把這個帳號資料提供給維斯新聞，維斯新聞主動聯絡要求評論時，這個帳號被刪除。）。「我未婚夫精神崩潰跑開的時候，我就在場，」巴德拉在專門以屍檢照片為主的紅迪「眼發白」（r/eyeblech）社團中這樣寫道。「臉書上有些神經病送給我一份禮物，他們把他的驗屍照片寄到我的電子信箱。」（達拉斯警局的公開紀錄小組承認的確有人公布屍檢紀錄，但並未公開死者的身分。）

甚至就在最近，根據巴德拉自己的描述，她的生活充滿戲劇性轉折。犯罪紀實癮者社團的成員張貼巴德拉在她的ＩＧ帳號中慶祝自己懷孕六個月的截圖，但大多數成員都懷疑這個聲明的真實性。三月三日，巴德拉貼了一張新生兒的照片，那是在倫德連失蹤十九個月後。

犯罪紀實癮者社團因此又開始騷動。「我相信那是她的孩子，只希望她終於真正成為母親的這件事，可以讓她改變生活與行事的方式，」一位成員這麼說道。其他的人則沒有這麼樂觀。「噢，慘了！」另一位成員這麼寫。「我還是認為『她的懷孕是假的！』」

數週後，巴德拉發了一篇文，說她的寶寶因為癲癇發作而住院。「依然不知道『為什麼』會癲癇發作，」貼文這麼寫。「週一約好了遺傳學專家要檢查基因突變組合，然後週三要去看小兒神經科。請大家將正能量傳遞給她！」

二〇二一年八月首次發表於維斯新聞

十、現實已經追上《重案組》了嗎？

作者：勞拉・貝佐倫

一九八六年十二月二十七日晚上七點四十五分，法新．阿里（Faheem Ali）在巴爾的摩的街上被人射殺身亡。沒有任何實質證據可以把任何人與這起殺人案連在一起，也沒有證人主動出面。但是巴爾的摩重案組警探湯瑪斯．佩雷格里尼（Thomas Pellegrini）、理查．法爾泰哈（Richard Fahlteich）與奧斯卡．瑞奎爾（Oscar "The Bunk" Requer）卻不打算輕易投降。

瑞奎爾後來因為成了大衛．賽門的HBO神劇《火線重案組》（*The Wire*）的重要角色而名垂青史。一如賽門在他備受好評的一九九一年紀實文學作品《重案組：殺戮街頭的一年》（*Homicide: A Year on the Killing Streets*）的後記所說，瑞奎爾「一直活在《火線重案組》由溫道．皮爾斯（Wendell Pierce）所呈現的那個傳奇人物邦克．莫蘭得（Bunk Moreland）當中，連他那無處不在的雪茄都不例外。」佩雷格里尼則是長壽影集《凶殺案：街頭人生》（*Homicide: Life on the Street*）裡警探提姆．貝里斯（Tim Bayliss）的原型。《凶殺案：街頭人生》是受到賽門著作啟發所拍攝的電視影集。瑞奎爾與佩雷格里尼是巴爾的摩警局眾多閃亮明星中的兩顆，透過賽門的作品，他們定義了重案組警探在大眾想像中的模樣——然而他們經手的重大的案件，卻開始遭遇挫敗或出現逆轉。

佩雷格里尼、法爾泰哈與瑞奎爾決心要找出殺害法新．阿里的凶手。他們鎖定了槍擊案當時人在外面的十二歲歐提斯・羅賓遜（Otis Robinson）。據說他們把羅賓遜與他母親帶回警局後，將母子兩人分開，單獨訊問這個七年級的孩子。羅賓遜告訴警察他去街角的商店時，看到幾個人一面講話、一面過街，但因為天色昏暗，他沒有太注意。當他繼續往商店走去時，聽到一聲槍響，然後他就跑開了。

儘管羅賓遜堅持自己根本認不出開槍的凶手，但三位警探還是給他看了一堆照片，包括二十五歲的黑人男子，蓋瑞・華盛頓（Gary Washington）。這些過程揭露自二〇一九年華盛頓控告市政府與警探的訴訟資料。羅賓遜認識華盛頓，但他也清楚表示自己沒有看到究竟是誰射殺了阿里。

根據訴訟資料，在羅賓遜表明無法確認凶手後，偵訊就出現轉折。「好好合作，」據說警探對才十二歲的孩子這麼說，「否則你永遠看不到你母親了。」警官不斷訊問，除非羅賓遜指認出凶手，否則連他都可能被控殺人。羅賓遜在警探脅迫的「壓力下崩潰」，簽署第二份聲明，做了假證，指稱華盛頓為開槍的凶手。羅賓遜的第一份聲明一直沒有提交給檢察官或華盛頓的辯護律師。（辯護律師在訴狀中拒絕承認被告有任何責任，但不願對此發表意見，律師團表示他們「按規定只能透過司法程序表達意見」。）

五個月後，佩雷格里尼在審前聽證上作證。他告訴法庭，羅賓遜指認華盛頓一事，並未受到威脅或強迫（後來的審判指控他「犯下偽證罪」）。隔天，華盛頓因一級謀殺與武器相關罪名接受審判。羅賓遜在證人席上指證華盛頓就是開槍的凶手。華盛頓的律師傳喚了好幾位證人，指證凶手其實是一個叫做勞倫司・湯瑪斯（Lawrence Thomas）的人，但是法官相信羅賓遜的證詞。一位法官後來寫道，「實際上，歐提斯・羅賓遜的證詞是整件案子的核心。」華盛頓因阿里遭到殺害一案被判處無期徒刑。

一九九六年，羅賓遜向調查華盛頓案件的調查員撤回他的證詞，並先後於一九九九與二〇一七年再度聲明撤回證詞，解釋他當時的證詞是在警察的強硬脅迫下提出。二〇一八年，有位法官推翻了華盛頓的判決。二〇一九年，巴爾的摩州檢察長辦公室也撤銷了對華盛頓的起訴。除此之外，負責「定罪完善小組」（Conviction Integrity Unit）與警方廉政小組的副州檢察長蘿倫・利普斯柯姆（Lauren Lipscomb）表示，「法官認為羅賓遜撤回證詞的說法可信，我們尊重法官的裁決。證據不足並不等同於真正無罪，而證據不足是我們駁回此案判決的原因。」

現年五十七歲的華盛頓自由了。他在監牢裡待了三十年。把他關進監牢的警員是否會遭遇任何反噬，仍有待觀察。

根據美國國家冤案登錄中心（National Registry of Exonerations）的資料，自一九八九年起，巴爾的摩因殺人定罪的受刑人，已有二十五人無罪開釋。這些冤案中，公務失職達二十二例。「巴爾的摩警局的警官與警探拒絕提交有利於被告的證據、脅迫證人、捏造證據，以及刻意不進行有意義調查等行為，已有數十年的歷史，」克萊倫斯．薛普利（Clarence Shipley）的律師團這麼說。薛普利也是因為他沒有犯下的殺人冤案，入獄服刑二十七年，二〇一八年無罪獲釋。「巴爾的摩警局在本案的不當行為，不過是其違法犯紀的另一個篇章。」

根據華盛頓與其他無罪獲釋的冤獄受害者的律師所言，巴爾的摩重案組的不當行為包括了脅迫證人（包括孩童）、捏造證據、無視其他可能嫌犯，以及隱藏前述所有資料。「在很大程度上，這是一種帶有強烈種族優勢與歧視的戰爭心態，」二〇二一年從巴爾的摩大學「無辜計畫中心」（Innocence Project Clinic）退休的蜜雪兒．奈德柯特（Michele Nethercott）表示。「這是一場戰爭，我們要用盡一切手段，即使這代表要威脅孩子、威脅證人。他們用對付嫌犯的相同手法對待證人。」

十多起類似的冤案可以追溯至一九八〇和九〇年代巴爾的摩警局的不當行為。許多被指控的警探，包括佩雷格里尼、瑞奎爾、法爾泰哈、唐納．金凱（Donald

Kincaid）、蓋瑞・唐尼根（Gary Dunnigan）、泰瑞斯・麥可拉尼（Terrence McLarney）、杰・藍斯曼（Jay Landsman）等等，都在賽門的《重案組》中有過介紹，其中如佩雷格里尼、藍斯曼與瑞奎爾等人，還是《凶殺案：街頭人生》或後來的《火線重案組》中深受觀眾喜愛的角色原型。

在《火線重案組》裡，邦克的老闆是「杰・藍斯曼」，與真實生活中瑞奎爾的上司佐杰・藍斯曼一樣。賽門表示，《凶殺案：街頭人生》中約翰・蒙克（John Munch）這個角色是戴夫・布朗（Dave Brown）與泰瑞斯・麥可拉尼的混合版；不過二〇〇六年版的《重案組》卻說蒙克是根據藍斯曼而設計的人物。麥可拉尼也曾遭指控有不當行為。二〇一三年去世的布朗涉及在薛普利官司中隱瞞證據，但他並沒有被列為被告。這起案件顯示布朗與其他警方人員，在麥可拉尼與藍斯曼「未充分監督的情況下，得以為所欲為」。

這些人的名字還公然登上《重案組》。一九九八年賽門花了一整年與這些警界菁英相處，產出的結果就是《重案組》。書中嫌犯除了否認罪行或說謊，幾乎沒有什麼話語權。至於死人，當然就更不會說話了。於是「凶殺案警察」就占據舞台的中央。儘管在賽門的描述中，他們倔強頑固、愛喝酒，有時候讓人很討厭，然而讀者還是相信他們始終是為了追求正義。

「你是三十六名調查人員之一，你的使命是追捕那些罪大惡極之徒，」賽門寫道。「你為死者發聲、為那些丟了性命的人報仇。你的薪水來自國庫，但是媽的，六罐啤酒下肚後，你大概會認為自己其實是在替上帝工作。」

然而一旦我們戴上法律的濾鏡再去閱讀《重案組》，就會看到這種上帝情結黑暗的一面：自大、越權、只問結果不擇手段的心態，從而導致冤獄，毀了其他人的一生。歐提斯．羅賓遜所承受的壓力，正是這樣的心態展現。

書中有一幕是賽門描述佩雷格里尼與藍斯曼如何破解羅伊．強生（Roy Johnson）遭到殺害的案子。可能的證人陸續被帶進警局，包括一個穿著黃色迷你裙的女孩。佩雷格里尼瞥了女孩一眼，心想又是一副魔鬼身材。當女孩拒絕合作時，藍斯曼對著她大吼，「**你就是個撒謊的賤貨**。」

嚴厲的斥責並沒有帶來藍斯曼想要的結果，於是他繼續說：「妳剛剛為妳自己爭取到一個罪名，妳這個愛撒謊又沒用的東西。」然後他把對方留置在一間小偵訊室，同時打電話給佩雷格里尼說：「驗驗這個賤貨。」這句話的意思其實只是用棉花棒採集檢驗樣本，但是賽門寫的內容卻是：「藍斯曼想讓她感覺不安，希望她在那個小空間裡不斷想像有人將會拿著燈照她，直到她整個人發燙。」這只是「藍斯曼式閃電戰」的一個範例，而這個戰術「往往都能奏效，單純就因為它的速度」。

國家冤案登錄中心二十五個因冤案平反而無罪釋放的人裡，至少有六個人是《重案組》警探辦過的案子。詹姆斯．歐文斯（James Owens）是六個人當中的一個，在DNA證據讓他無罪開釋前，他於一九八八年因殺害一名年輕女子的罪名而在監獄裡蹲了二十年。詹姆斯．湯普森（James Thompson Jr.）是指控歐文斯的主要證人，佩雷格里尼、藍斯曼以及警探唐尼根曾對他多次偵訊。湯普森每次的說法都不一樣。根據歐文斯的訴訟資料，湯普森最後一版的說法，是眾警探們花了幾個小時「強迫他編造說詞」的結果。二〇一八年，巴爾的摩官方以九百萬與歐文斯達成和解，創下該市有史以來最高和解金的紀錄。

累積到今日，巴爾的摩重案組相關的訴訟和解費用，已經用掉馬里蘭州納稅義務人四千五百萬美元。八名無罪獲釋者的聯邦民權訴訟仍在進行中。警探們駁斥所有不當行為的指控，而他們的律師則是拒絕對此發表意見。

冤獄數量不斷增加。保羅．麥迪遜（Paul Madison）的原判決在十二月二十一日遭到巴爾的摩市巡迴上訴法院撤銷，但是他已經因為一件他並未犯下的殺人罪服刑長達三十年。同月稍早，巴爾的摩才剛宣布與馬爾坎．布萊恩（Malcolm Bryant）的家人達成八百萬的和解。布萊恩同樣因為他未犯下的殺人罪在牢裡待了十七年，二〇一七年以四十二歲的壯齡去世。

國家冤案登錄中心沒有紀錄的其他案件，也提出了相同的質疑，包括一九八二年因為槍殺詹姆斯．威廉．魏斯（James William Wise）而遭到判刑的溫道．格里芬（Wendell Griffin）。格里芬在二〇一三年提出的聯邦民權訴訟中，指控重案組警探金凱、布朗以及藍斯曼的哥哥巡官傑瑞．藍斯曼（Jerry Landsman Sr.）隱瞞目擊證詞中「排除格里芬先生是開槍者」的內容。二〇一二年，公開紀錄揭露了警方從未將格里芬無罪的證據告知檢察官或被告，而格里芬當時為了不要面對再一次審判，接受了有期徒刑的認罪協商。然而也因為認罪協商，他提出的聯邦民權訴訟遭到駁回。馬里蘭州檢察官辦公室曾表示，已知證據支持格里芬的認罪，但格里芬依然在為自己的清白努力。利普斯柯姆說，「我們的立場就是這件案子已經結案，我沒有進一步的評論。」

巴爾的摩警局並非異類。近年來，根深柢固的類似不當行為也在紐約、波士頓、費城、堪薩斯市與芝加哥等地遭到揭發，差別在於巴爾的摩重案組長久以來以堅毅廉正的形象著稱。

「整體來說，從一九八八年一月到一九九八年十二月，我跟著那些警探辦案，並沒有看到他們刻意不當處理證據，或刻意漠視、遮掩證明嫌犯無罪的證據。」賽門在寫給《紐約雜誌》（*New York*）的電郵中這麼說。「或許是身為一介平民，我看不出來他們有做這些事情，也可能因為我在所以他們沒有做。我不知道。」

——

現今幾乎沒有警局會為《重案組》所敘述的偵訊方式背書。那些粗暴、不人道的問案策略，被視為惡劣卻必要的定罪手段。在《重案組》書中，賽門寫道，一九八八年巴爾的摩的凶殺案破案率高達百分之七十四；相比之下，二〇二〇年的破案率僅百分之四十點三。但是除了抓到罪犯，書中並未解釋這個數字還代表了其他意義。若它真的還有其他意義，賽門當時這樣寫道，那也是代表巴爾的摩的陪審團定罪的案子太少。「事實上，陪審團就是想要質疑。」而結果就是「關錯人的機率會變低」。（賽門說他現在重新檢討自己對於冤獄可能性的態度：「我低估了調查或起訴過程中可能出錯的機率，遑論刻意的不當行為，以及這些錯誤很可能就這麼成為審判與定罪的基礎。機率比我曾經以為的更高。」）

三十年過去了，《重案組》對於警方工作有了不一樣的刻畫。馬里蘭州居民人數六百萬出頭，但二〇一九年的冤獄數量卻排名全美第六，與擁有兩千兩百萬居民的佛羅里達不相上下，僅次於伊利諾、賓州、德州、紐約、密西根與加州。我們定期會收到巴爾的摩與其他地區受人矚目的冤案資訊，包括麥爾坎（Malcolm X）暗殺案的冤獄受害者；一九八一年因暢銷作家艾莉絲．希柏德（Alice Sebold）強暴案被判刑入獄，目前已洗清罪名的安東尼．布洛德瓦特（Anthony Broadwater）；還有二〇二一年十一月重獲自由的凱文．史崔克蘭德（Kevin Strickland），他因為密蘇里州堪薩斯市一起他並未犯下的三人命案而服刑四十三年。

《重案組》在一九九一年出版時，DNA鑑定仍處於萌芽期，也沒有無辜計畫。在許多人眼裡，冤獄是一種宛如夢境般的詭異真實體驗。一九九三年，美國最高法院法官安東寧．史卡利亞（Antonin Scalia）悍然駁回受刑人僅憑藉自己的無辜，就可以提出上訴的論點，他寫道：「運氣好的話，我們應該可以避免再次面對這個令人尷尬的問題。」

在刑事司法體制中，實務上對待成年與未成年嫌犯或證人的方式差不多，儘管孩子很容易被恫嚇和脅迫，從而很容易就說出警方要他們說的話。一九九〇年代是個「超級掠奪者」時代，這是普林斯頓政治學家約翰．迪留里歐（John J. DiIulio）創造的用詞，而所謂的超級掠奪者指的是毫無良知的未成年犯罪者，他們在街上遊蕩，犯下強暴、殺人和蓄意傷害等各類罪行。當局為了保護社會，特別是這些未成年罪犯所生活的社區，必須把他們關起來。

以倫遜．瓦特金（Ransom Watkins）、艾爾弗德．切斯納特（Alfred Chestnut）

與安德魯·史都華（Andrew Stewart Jr.）的案件為例，一九八四年他們在巴爾的摩被判刑時，全都只有十六歲。他們為了偷取十四歲的迪威特·達克特（DeWitt Duckett）的夾克，在學校裡射殺了他。三人全都被判處無期徒刑，在成人監獄服刑。

在《重案組》書中的段落，有一場瓦特金與逮捕他的重案組警探唐納·金凱對峙的場面。那是一九八八年夏天，巴爾的摩警方奉命調查一場發生在馬里蘭監獄的暴動事件。瓦特金正好在此服刑。藍斯曼與金凱在副典獄長的辦公室內設立一個偵訊室，戴著手銬腳鐐的犯人不斷被帶進去。大多數受刑人都拒絕和他們說話，只不過有些人的態度更差勁。

根據書裡描述，瓦特金是「一個大塊頭的十九歲怪物」，他有話要說，但跟監獄暴動無關。這位青少年俯瞰著金凱說：「你他媽的晚上怎麼睡得著覺？」對此，金凱的回答是：「我睡得很好。你睡得怎麼樣？」

瓦特金反駁，「你覺得我睡得怎麼樣？你因為我沒做過的事情把我關到這裡，我能睡得怎樣？」氣急敗壞的瓦特金繼續說，「你那個時候撒謊，現在還在撒謊。」金凱的回覆則是，瓦特金罪有應得。少年還想繼續爭辯，但藍斯曼打斷他的話，請警衛把他帶走了。「這個混蛋問完了，」他說。

二〇一九年十一月，在州檢察官辦公室承認錯判之後，一位巴爾的摩的法官宣判瓦特金、切斯納特與史都華是無辜的。

當初眾人稱之為「哈林公園三人組案」（the Harlem Park Three），後來案件在四名學生目擊者證詞改口後出現轉折。四名目擊者公開撤回自己的證詞，宣稱他們當初在金凱與其同僚約翰・巴利克（John Barrick）、布萊恩・喬艾斯（Bryn Joyce）的威脅與壓迫下，才會做了偽證。目擊者之一的榮恩・畢夏普（Ron Bishop）最近對《紐約客》說：「如果我不告訴他們是誰做的，我可能就會被控協助殺人。」當年才十四歲的畢夏普感到絕望：「我心想，我是否應該買把槍轟掉自己的腦袋？我陷在選擇自殺和去法院說謊之間，不知道怎麼辦。」

利普斯柯姆稱這些警探在哈林公園三人組案中的不當行為簡直「駭人聽聞」，「更令人不安的是，他們在這些青少年的家中，當著他們父母的面問完了話，但是後來又把這些少年扔進巡邏車，在沒有父母的陪伴下，帶他們去警局。當目擊者父母在場時，已經有了一套供詞，而顯然警探們不滿意，於是把他們又帶回重案組。」根據利普斯柯姆的說法，其中一位現在已成年的目擊者，當時聽到他母親在偵訊室外大吼大叫，堅持要知道警方為什麼在她不知情的情況下把她兒子帶走。

哈林公園三人組總共服刑一百零八年。二〇二〇年三月，馬里蘭州裁定三人共近九百萬美元的賠償。二〇二〇年八月，三人又提出了聯邦民權訴訟，要求國家賠償他們因為公民權受侵犯而遭受的傷害。三人的律師宣稱金凱當時的調查既草率又有先入為主的想法，金凱本人也證實偵訊期間並沒有做紀錄。根據州檢察官辦公室的說法，金凱當時對瓦特金說：「有兩件事對你不利：你是黑人，我是警察。」（金凱否認所有不當行為的指控。）「這起三人無罪釋放的案子，」律師這麼寫道，「是美國史上最大的一宗冤案。」

當哈林公園三人組在監獄中從青少年邁入中年的同時，殺人嫌犯麥可・威利斯（Michael Willis）卻一直自由地生活著。這同樣要歸咎於警察的不當行為。其實當初金凱與他的團隊在追捕瓦特金、切斯納特與史都華時，他們的手上就已掌握到威利斯可能是凶手的證據，包括目擊者在凶殺案當天看到威利斯丟掉一把槍，以及穿著受害者夾克。（威利斯在二〇〇二年遭到殺害。）然而這些訊息從未根據一九六三年美國最高法院的「布萊訴馬里蘭州案」判例的要求通知被告。

賽門表示他詳實報導了瓦特金與金凱在獄中的不期而遇。他也寫道：「我在被允許跟著重案組辦案的一九八八年，並未報導任何當年發生的冤獄案件。因此不了解警方辦案的問題。」

瓦特金記得的不期而遇景象，則與賽門的描述不同，他告訴《紐約雜誌》，金凱要他提供監獄暴動的資訊，而他一開始根本沒有認出金凱。他也駁斥賽門書中對他身材的描述，他說當時他並不是特別壯碩。「坦白說，看到監獄裡進進出出的各種人，我不會說他是怪物。瓦特金是個說話溫和、本性善良的人。」利普斯柯姆這麼說。

在《重案組》中以破城錘式的偵訊方法聞名的藍斯曼，在上個月又成了另一起冤案的被告。二〇二一年十二月十四日向聯邦法院遞送的一起控訴中，並未殺人卻因殺人罪入獄服刑二十七年的薛普利，主張藍斯曼、麥可拉尼、羅伯特·鮑曼（Robert Bowman）與理查·詹姆斯（Richard James）侵害了他的權利，致使他在一九九一年因為凱文·史密斯（Kevin Smith）命案被下冤獄。他說的這些人全都是《重案組》描述過的人。

起訴狀指出，當時至少有一位警探毆打十八歲的艾倫·史考特（Allan Scott）的頭部、把他上銬扣在偵訊室椅子上，並連續數小時拒絕讓他就醫治療，而藍斯曼以及《重案組》書中另一位小隊長麥可拉尼完全沒有盡到監督之責。起訴書中記載，史考特作偽證的條件是他可以從涉入但尚未裁決的幾件偷竊案中脫身。薛普利的訴狀還稱警察隱藏指出真正凶手的證據，其中所稱的真正凶手賴瑞．戴維斯（Larry Davis）在二〇〇五年死亡。

遞交聯邦法院的起訴資料中有一張照片，內容是一名警員記下要交給警探大衛．約翰．布朗（David John Brown）的便條，便條日期標記一九九一年十月二十六日，記載著與受害者哥哥愛德華．史密斯（Edward Smith）的通話內容。便條上寫著：「開槍的人是賴瑞．戴維斯。」根據資料，「審判開始時，被告警官改變了愛德華．史密斯的說詞，從指證賴瑞．戴維斯變成指證克萊倫斯．薛普利，而且為了確保薛普利被判刑，被告確實未將手上握有的關鍵證據，譬如前述那張便條，提供給薛普利先生與他的律師。」結果愛德華．史密斯接受了這樣的立場，把責任歸咎給薛普利，而薛普利先生的律師也沒有實際方式證明案發隔天早上，史密斯先生曾指證賴瑞．戴維斯是凶手。

在很大程度上，已經有三十年歷史的《重案組》，其實是美國刑法史中某個特定時間、特定地方的產物。巴爾的摩大學無辜計畫中心前負責人奈德柯特表示，這個作品也是「一則嵌入性報導的警世故事」。為二〇〇六年《重案組》再版撰寫序言的理查．普萊斯（Richard Price）是長期與賽門合著的作家，他在序言中回應了這樣的批評：「像我們這樣的作者，像我們這些沉迷於描述美國城市生活實際景況與虛構故事的作者，像我們這些實際上有很大部分要依賴警方高尚思想與行事準則，才能看到我們必須看到的東西的作者，我們真的是（噢，該死……）警方之友嗎？」

普萊斯肯定地說不是，而賽門也指出他的下一本書《街角》（*The Corner*）是在毒品戰爭如火如荼展開時，以那些「遭到警察控制與追捕」者的視角出發。《火線重案組》則是透過設計過的角色，提供一個各種觀點的萬花筒，包括公然使用暴力並抱持種族歧視的警察，而這些警察也是這部影集之所以具開創性以及受到觀眾喜愛的原因。「我相信從各個角色的觀點來創作，會有一種嵌入式敘事的效果，」賽門這麼說。「這並不代表善中不會參雜著惡，也不代表故事的結局會有所改變，但是這樣的創作方式確實會要求作者做好自己的工作，把故事中各個角色的觀點完整呈現在觀眾眼前。不論我的立場如何，都是這樣嵌入同理感受。」

然而普萊斯的問題確實值得深思。一如普萊斯所提，這種因長時間、近距離接觸所必然產生的親密感，會讓作者對自己所描述的目標人物出現「無可避免的移情作用」。這種情況也可能導致故事中某些角色擁有完整的立體剖面，但其他的角色卻被扁平化，剝奪了完整的人性，以及讀者閱讀完整故事的權利。

對《重案組》中的眾警探而言，他們似乎早已習慣賽門的報導。賽門在《重案組》二〇〇六年的再版後記中寫道，當他把原稿拿給這些警探看時，他們「要修改的地方很少」。後來晉升巡官的麥可拉尼在該書附錄中寫道，他和同僚「很滿意」賽門的描繪。

他們對於自己的職涯似乎也沒有太大的遺憾。杰・藍斯曼一九九四年退休後，到郡政府擔任執法人員，二〇一五年晉升為督察。回顧他在巴爾的摩警局的時光，他告訴《巴爾的摩太陽報》（*the Baltimore Sun*），「我在那裡從來沒有經歷過低潮，我愛死那份工作。」

二〇二二年一月首次發表於《鏡頭》雜誌（*The Cut*）

本文為《鏡頭》與加里森計畫（Garrison Project）合作完成

第三部——正義的碎片

十一、你會改變嗎？

作者：愛蜜麗亞・頌貝克

十年前一個近晚的秋日午後，雪若與特洛伊走進一個房間，彼此握了手。這是奧勒岡州波特蘭市司法中心的一間小會議室，會議桌與椅子就快占滿整個空間。串串雨珠打在長窗的玻璃上。雪若坐在窗邊，看著窗外有助她提醒自己要記得呼吸。她整天幾乎都沒有吃東西，還好不至於胃痛。

雪若與特洛伊互不相識，不過在某種意義上，兩人又對彼此知之甚詳。多年來，雪若深陷在暴力關係中，而特洛伊則有酗酒與虐待伴侶的歷史，二〇〇五年他因為勒住女友脖子而入獄服刑二十二個月。雪若與特洛伊都迫切想要改變自己，因此兩人在那天下午見了面，然而他們對於脫離有害的生活模式，依然無計可施。雪若已邁入六十歲，她嘗試過心理治療，而此刻她眼前坐著一個沒有經歷過暴力傷害的人。特洛伊四十多歲，參加過戒酒無名會（Alcoholics Anonymous），有時候他會努力想接受自己曾經帶給他人傷痛的事實，不做辯解。兩個人都有過去的包袱，多年來也一直試著往前走，現在他們找到了「修復式司法」這種將倖存者和犯罪者聚在一起的衝突解決方案，它把焦點放在修復已經造成的傷害，而非懲罰應該為傷害負責的人。兩人同意參與一種被稱為**代理人對話**（surrogate dialogue）的安排。

如何處理家暴以及性暴力事件，從來沒有好的解答。長久以來，訴諸刑事司法制度始終是唯一的選項，而就算極少數進入法院的案件，當事者往往也必須在再次經歷創痛與放棄追求公道之間做選擇。二〇一七年，Me Too運動打破了受害者數十年來遭到抹消、被輕蔑所壓抑的集體怒氣與傷痛後，這個問題就再也無法被漠視。從職場騷擾到強暴，這類發生在所有受虐領域的故事，一旦揭露得愈多，我們就愈清楚看到解決方式如此有限。揪出做錯事的人，少數被定罪，部分被開除或離婚，然後呢？「如果我們希望Me Too運動可以成就更多，而不僅是看下一個出醜的名人會是誰，或者不能讓誰回來；如果我們希望這個運動可以帶來真正、持久且廣泛的文化改變，我們就需要好好談一談，要怎麼處理壞男人。」記者凱蒂．貝克（Katie J.M. Baker）這麼寫道。

很多人其實尚未做好進行這種複雜對話的準備。能夠大聲說出自己受害的經驗，感覺自己被聽到了，是一件振奮人心的事。我們看著像賴瑞．納薩爾（Larry Nassar）與比爾．寇斯比（Bill Cosby）這種多年來一再侵害女性的人，最終被定罪了。把這種人送進監獄，看起來像是承認他們曾經對他人造成的所有痛苦，也像是一種對其他男人的警告，只要做壞事就逃不掉。事態發展似乎值得慶祝。然而，警告卻未能阻止更多故事被揭露。此外，寇斯比入獄後，他的定罪在法律上被撤銷——即便看到惡名昭彰的案件終結所得到的情感淨化也無法持續太久。因此儘管Me Too運動至今已推動了將近四年，我們依然站在原處向前看，試著解決一個難解的問題：那些傷害別人的人，應該有什麼下場。還有一個難上加難的問題：如何在照顧被害者的同時，讓這群加害者可以復歸社會。修復式司法的實踐者認為，他們的方法可以走出當前的困境。他們的工作重點在於倖存者需要什麼才能修復，而整個過程的設計目的，要有益於更大的社群：幫助人們了解他們的選擇會造成什麼影響，一旦開啟思考，他們就可能改變未來的行為方式。儘管修復式司法經常被用來處理年輕人或輕罪案件，然而這樣的作法是否適用在家暴與性暴力事件，女權倡議者卻看法分歧。再者，提供這種方法的專案也不多。

對於進行代理人對話，雪若一開始其實非常擔心。她很久以前就學到，永遠不要給施虐者機會，那只會讓他拿來對付你。萬一她與某個傢伙見面之後，對方試圖追蹤她呢？儘管如此，她還是有些問題想要問問所有曾經傷害過她的男人：**你在乎過我嗎？你從中學到任何教訓嗎？你做了什麼努力避免自己重蹈覆轍**？雪若不知道這種代理人對話有沒有意義，也不知道自己能不能撐完整個過程。但是她一直在想那個困擾自己很久的問題：**我到底做錯什麼，才會發生這樣的事？**

一個名為「家暴安全對話」（Domestic Violence Safe Dialogue, DVSD）的組織為雪若選配了一位名為瑪西的老師，她會協助雪若做好對話準備，並做為她的辯護人。雪若了解這種對話方式讓她可以掌控現場狀況、會面的長度、問題深入的程度，以及對話的目的。為了讓雪能夠應付萬一對方說出不好的話，或兩人陷入爭吵的狀況，他們還設定了一個暗號，如果雪若需要瑪西介入時就可以用上。

那天在會議室裡，瑪西坐在雪若身邊，對面坐著特洛伊與他的辯護人，另有一位協調員則坐在主位。瑪西低聲與協調員討論一些事情。雪若感到恐慌。她不知道萬一對方生氣會發生什麼事、如果他傾身隔著桌子打她該怎麼辦。她想起自己學過如何在工作面試時表現出冷靜態度，於是她把雙手放在桌上，靜靜地直視特洛伊。特洛伊相當平靜，他確信不論發生什麼事情自己都可以應付。**如果我要堅持戒癮，**他對自己這麼說，**我就得過了這一關**。

雪若：我願意進行這次對話，是因為我不想再懷著恐懼、罪惡、羞愧和覺得自己有責任了。我試著用我自己的方式趕走這些感覺，但就是趕不走。

一九五〇與六〇年代，雪若在波特蘭郊區中產階級社區的一棟房子裡長大，從屋內可以俯瞰原野與果園。夏天的時候，她常常會和朋友睡在後院。她知道不能請朋友到家裡去，因為她父親隨時會發火。雪若還小的時候，每次哭鬧，她母親都會

把她帶到地下室，躲避她父親可能的毆打。雪若記不得太多成長經歷，卻清楚記得有天晚上她父親對她母親說：「我打算拿這把槍殺了孩子之後，再自我了結。」每次他父親大發雷霆，她的三個哥哥就會逃出門，但是她往往會留下來，試著扮演父母之間的協調者。雪若的父親在她十九歲時去世了。太好了，她這麼想。不久他們全家便聚在一起慶祝。（為了保護身分，雪若要求不能揭露姓氏。）

父親去世後，雪若的生活並沒有如期待那樣改變。她交了一個酗酒、會動手打她的男友。兩人分手後，她和同事介紹的一個男人約會。沒多久，這個男的要求她列出兩人沒在一起時，她會說話的對象名單。雪若當時正在學空手道，但她男友不喜歡她不在他身邊。「還有什麼東西會比我們的關係更重要？」他這麼問。完蛋了，雪若心想，她覺得自己又被拉回到一個熟悉的黑暗空間，她需要放棄一切去取悅一個男人。她打電話給對方，說兩人的關係走不下去。電話掛斷後，他衝過來打了她一頓，還把她勒到耳膜破裂。

第二天，雪若打電話給母親，她母親報了警。「妳把所有事都告訴警察，」她母親這樣對她說，而雪若也照做了。警察仔細聆聽她的敘述後，雪若記得那位警察說：「我們可以逮捕他，但法律在這一塊相當薄弱。妳必須出面指控，而對方會說妳在撒謊。而且這樣做可能會激怒對方，下次他可能會殺了妳。」

站在外人的角度，很難說雪若的生活有任何問題。她在一家大公司上班，她身邊的人會說：「妳的工作表現很好，妳很有自信。」然而雪若的男友總是像她父親那個樣子，最後都變成控制狂或施虐者。**也許都是我的錯**。有時候日子很難熬，**我一天都過不下去了**。她曾經想要結束自己的生命。

三十七歲時，雪若開始一段新的關係。這個男人並沒有對她拳腳相向，但是出現了一些警訊。「妳打算穿這樣？」他會這麼問。「妳根本不知道怎麼做最好。」雪若知道接下來會怎麼樣，她對自己說，**妳不能再重蹈覆轍了**。她花了一年的時間結束這段關係。分手六週後，那個男人開車到她家，走下車，在她面前拿槍朝自己腦袋開了一槍。鄰居趕忙把他送去醫院，而雪若就呆站在屋外，等警察到來。她墜入深淵。「我要麼去死，要麼得做出改變。」這就是雪若之所以會和特洛伊同處一室的原因，她不認識這個也曾對他女友施暴的男人，但是她想要了解他為什麼會這麼做。

特洛伊：我向來憑感覺行事，做事也從不考慮後果。他們要我參與這個對話，我並不是想說「好吧，早做完早了事」，反而覺得「這是我應該做的事」。這是一種解脫，我猜我正在做正確的事情。

特洛伊是家中獨子，由單親媽媽撫養長大。他很有禮貌，但總是喜歡成為眾人注目焦點，討厭自己犯錯。他在青少年時期第一次嘗試喝酒，結果因為喝太多，直接倒在鄰居家的沙發上不省人事。第二天醒來，他迷迷糊糊不知道自己怎麼會在那裡。高中時，他又爛醉過兩、三次，每次都喝到掛。雖然他討厭宿醉嘔吐，卻喜歡那種飄飄然的感覺，也喜歡逗人發笑，而且他想要喝更多。

高中畢業後，特洛伊找到一份建築工作。那是一九八〇年代後期，他的每個同事似乎都有毒品或酗酒問題。後來特洛伊賺了不少錢，比他需要的還多。他也開始碰毒。

特洛伊一直以為在單親照顧下成長的自己，對女性非常尊重。但是當他喝醉的時候，所有原則都管不了。一九九二年，他結婚並領養妻子的女兒。很快他們又有了另一個女兒。他從未打過他妻子，但兩人一天到晚吵不停。特洛伊會刻意挑起爭吵，讓自己有理由衝出門去喝酒；他沒有陪伴孩子，也不拿錢給妻子。

二〇〇一年，他的婚姻破裂，之後淪落街頭。幾年後，他和另一名女子約會，也會與對方吵架。那名女子痛恨特洛伊喝酒，每次質問他時，他都撒謊。在一次吵架過程，特洛伊動手勒住對方的脖子。我在幹什麼？他意識到自己的行為，然後衝出家門，但只跑了三、四條街，就被警察逮住了。

他覺得他都不認識自己了。他為自己感到難過，也氣憤政府指派負責他案子的公設辯護律師逼著他認罪。

特洛伊最後還是認了罪，入獄服刑二十二個月。他九歲女兒在寫給他的信裡說，他不能戒酒的原因，一定是因為她。這些話讓他心碎。於是他在出獄後參加了戒酒無名會，戒毒戒酒治療也是他提早出獄的條件之一。他正慢慢循著戒酒無名會的十二步驟前進。當完成第五個步驟時，特洛伊和他的支持者面對面坐著，他向對方承認「我真的錯了」。特洛伊很習慣談論他以前做過的事情，因為他必須在法庭上、在假釋官面前詳述自己曾經做過的事，不過那些時候他腦子裡想的是，**我應該隱藏些什麼才能讓自己看起來不是那麼爛的人**？面對自己的支持者，特洛伊覺得他第一次誠實面對自己的問題。「酗酒會讓人覺得孤立，覺得世界上沒人理解你的問題，」特洛伊說。當他對著自己的支持者，一個同樣曾經傷害過他人而現在已做出彌補的人，詳述自己的各種錯誤時，他覺悟到，**噢，我不孤單。我們都會失常**。「我不再覺得羞愧難容。」

戒酒無名會強調要完成戒斷過程的所有行動。**好吧**，他心想，**我必須堅持下**

去。**那是治療酗酒問題的藥方**。他詢問治療計畫的協調員是否知道任何他可以回饋這個群體的方式，協調員給了他家暴安全對話組織的電話。特洛伊在想這會不會是什麼營利機構。不過他一心想要改變，他願意嘗試任何可能。

雪若：我在恐懼下生活了三十八年。我不曉得其他人會不會一直有這樣的感覺。這次的對話，那個受傷的我抗拒著要與一名施虐者同處一室。但是我已經準備好了。感覺像是要迎向最高點。

特洛伊：說實話，聽到有這個對話時，我心想，只要能幫我戒酒，我什麼都願意做。坐在另一個人對面，進行這樣的對話，能幫助他們。而這反過來也能幫助我自己，我願意配合。

修復式司法是一種舊酒新甕的作法，把一個歷史悠久的概念，用現代的方式加以詮釋。這種方法的中心原則與美國原住民納瓦荷族（Navajo）以及紐西蘭毛利族（Maori）的衝突解決方式很像。它的現代西方形式可以追溯到一九七四年某

個春天的晚上。那天晚上兩名青少年在加拿大安大略省的門諾教會社區，一路劃破許多車子的輪胎、打破許多人家的窗戶。法院把案子指派給一位名為馬克・彥子（Mark Yantzi）的執法官處理。兩個小子認罪後，執法官注意到司法並沒有提供任何機制，讓這兩名青少年補償財物受損的受害者。

彥子向法官提議試試新的方法：讓兩名青少年挨家挨戶敲受害者的門，向對方致歉，詢問自己造成的損失金額。然後幾週後，兩名少年再次登門，這一次他們會帶著錢，把修復損失或保險成本的費用償還給受害者。其中一名住戶是一位女性，她幾乎一輩子都住在那棟屋子裡。之前她從來不鎖門，也從未覺得不安全。房子有一扇景觀窗，被兩名青少年用磚頭砸破了。她告訴他們，她在他們的蓄意破壞後，開始覺得非常害怕，無法一個人待在家。「可是現在我坐在你們對面，我知道我真的沒有必要害怕。」執法官後來說：「你可以感覺到他們之間有了連結……有點像是把他們串在一起，重新融入社區。」

彥子開展他早期試驗的同時，思想進步的社會運動者也逐漸意識到，把人送進監牢其實不是矯治，而是以暴制暴的去人性化作法。就在他們尋找更全面、懲罰性更低的方法來解決犯罪案件時，社區團體與司法結盟，接納了彥子努力的成果，進而將之發揚光大。

將近五十年過去，修復式司法涵蓋傳統司法體系內外許多解決衝突的方式。舉例來說，藉由賠償來彌補奴隸制度所帶來的破壞性暴力，就是根植於修復原則。美國已有四十五個州允許某種形式的修復式司法介入刑事訴訟。法官可以將案件轉進修復程序（這樣一來，舉例來說，年輕罪犯或初犯者或可避開判刑），又或者受害者家屬可以要求案件以這樣的方式解決。在其他情況下，犯罪者在事後多年也可以求助於非營利的修復式司法計畫，獲得心靈上的解脫。許多時候檢察官拒絕起訴家暴與性暴力案件，這時候修復式司法程序就可能成為一種追求正義的途徑。

對於身為家暴倖存者的雪若而言，修復式司法在不過十年前還是一個極具爭議的方式。一九七〇年代，當彥子試著找出法庭外的犯罪解決方式時，女性社會運動者也正設法讓法律體制嚴肅對待家暴與性侵案件。長久以來，法律一直告訴受虐女性，那是她們與男友或丈夫的私事。許多社會運動參與者認為，制訂法律打擊家暴與性暴力，可以讓倖存者找回公道，也可以阻止男人傷害女人。他們努力爭取立法、要求逮捕家暴加害人、定罪婚內強暴者，並且讓女性更容易取得限制令，阻止傷害她們的男人接近。

問題在於這些策略大多沒有成效。一九九五年，《防止婦女受暴法》（*the Violence Against Women Act*）簽署生效的第二年，美國國家司法研究院調查發現，

「幾乎沒有明確證據」證明將家暴入罪可以確實阻止犯罪者或保護受害人。即使在今天，愈來愈多人認同只有法律解決方法不夠，但修復式司法是否適用於強暴與家庭虐待案件依舊存在爭議。

「再多的警察、再多的監獄，永遠解決不了這些問題，」伊利諾大學犯罪學、法律與司法系主任貝絲．瑞奇（Beth E. Richie）這麼說。「從來沒有人對依靠逮捕犯罪來解決犯罪的概念抱持過任何幻想。」曾是一九八〇年代反暴力社會運動參與者的瑞奇，親眼目睹警察以暴力對付黑人；這種情況也反映了許多女性所經歷的伴侶暴力。然而貝絲以及其他社運人士主張另一種作法，他們承認父權濫用的現象。他們不想便宜行事地把犯罪者從社區中抓走，而是希望社區與犯罪者一起努力，幫助犯罪者懂得如何終止暴力。他們也希望受虐女性能夠清楚表達自己的需求。後來發現，在許多案件中，女性想要的其實是不要接受警方的偵訊、不要在公開法庭上接受詰問，而是用自己的方法談論發生在她們身上的事。

雪若：我最希望有人能聽見我說的話。我還想要了解事實，我不知道他是否能告訴我真正的事實。我想要問：「你認為什麼讓你突然失控？」我看得出來，他不知道如何跟我談論發生過的事。不過我就是繼續下去。我覺得該是時候開口問問那些一直牽制著我的問題。

特洛伊：我很幸運，或者很不幸，成年後我喝酒從來不斷片。我知道自己做過的所有那些混蛋事情，也很清楚我怎麼樣對待其他人。必要的時候，我什麼都會說。

雪若與特洛伊參與的家暴安全對話計畫，創辦人是嘉莉・奧席爾・班克斯（Carrie Outhier Banks），她從一九九〇年代就開始在婦女庇護所工作。她很快領悟到，不論其他人怎麼說，她所有的委託人都把她們被虐待的問題歸咎於自己。這樣的自責心態讓許多女性根本無法從暴力關係中抽身。「『如果當時我把孩子們的鞋子收拾整齊，就不會有事了，』她們會這樣說，『或許這樣他就不會打我了。』」

班克斯曾經看過加拿大的一項計畫，名為受害者與加害者代理人對話（surrogate victim-offender dialogues），他們安排彼此沒有關連的強暴倖存者與已經為自己行為負起責任的強暴犯對談。這種方式屬於實驗性質，目的在於滿足那些無法與施暴者直接對話的受害者需求。「倖存者能夠向施暴者提出每個人都會問的問題：『我做錯了什麼？』而施暴者也會說出，『你沒有錯。你只不過是在錯的時間出現在錯的地方。』這正是我所輔導過的倖存者需要聽到的話：『那不是你的錯。』」

班克斯後來拿到衝突解決領域的博士學位，成為極少數願意在家暴案件中運用修復式對話的協調員。當時大多數的女性主義支持者都對此抱持高度懷疑。他們認為性別暴力事件中的特殊權力關係，幾乎不可能讓受害者與加害者進行任何平等的對話。

「男人不會變，這是我常常聽到的話，」班克斯表示。早期當她向家暴與性暴力倖存者的支持者提及自己的工作時，許多人都會怒火中燒。「他們都討厭我們，」她這麼說。有些女性主義支持者的回應是，修復式司法代表你更在乎施暴者而非受害人。還有些人對她說，他們擔心倖存者無法承受對面坐著家暴犯的場合。「我的回應像是，『真的嗎？』，我認為這些女性都很堅強。』」

班克斯並未妄想這種方法適用所有人。有些已經脫離暴力關係的朋友告訴她，她們對於和暴力犯對談毫無興趣。「我不需要聽那些男人告訴我他錯了，」這些受害者這麼說。「他當然錯了。」

「正義對不同的人有不同的意義，」班克斯這麼說。「我們永遠不可能達致完全的正義，不是嗎？有些東西已經被剝奪了。對我而言，重點在於我們可以做些什麼，讓受害者變得更加完整。」她輔導過的倖存者往往都很清楚他們想從這個對話過程中得到什麼，而每個人想得到的東西也都不一樣。有位女士告訴班克斯，她想要的只是能夠走進房間，面對曾經像她前夫一樣有暴力行為的人，然後有足夠的力量再走出來。另一名女士在聽到對方承認錯誤後，就以飛快的速度結束對話。「我想要聽到有人願意承擔責任，因為我的前夫永遠不會這麼做。我只想要知道世上還有可以改變的男人。」

家暴安全對話的對談並非總是一切順利。有時候參與對話的男性表示能夠為自己的行為負起責任，但到了現場卻又做不到。班克斯記得在某次對話活動中，那位男士對於自己曾經對妻子做過的事並不坦白，坐在對面的女士戳破了他的謊言。後來他承認了自己操控與傷害前妻的方式。他說他常常在前妻走進房間和他說話時，直接轉頭離開，因為他太了解她要說什麼了。坐在他對面的女子停頓片刻。「你說什麼？那你前妻有問你是不是故意的嗎？」男人說有，但他每次都說是對方的問題。參與對談的女士非常熟悉這種景況，因為她前夫也是這麼對她。「妳沒有問題，」坐在對面的男人這麼告訴她。「他是故意的，我可以這麼告訴妳，因為我就是故意的。這麼說會讓妳站不住腳、把妳繼續困在這個關係裡。」班克斯記得對談之後，那位女士表示，「原來是心理遊戲……我就知道我沒有問題。」

雖然美國現在有數百個修復式司法計畫，卻只有極少數家暴與性暴力受害者參與。就算是已獲得認可的家暴安全對話這類計畫，也持續努力克服大眾對於這種作法的抗拒，但二〇一九年該組織失去重要資金的支撐，已完全終止對話安排。由於不同修復式司法計畫所採用的方式都不同，很難判斷成效究竟如何，而且除了回饋資料，實務上也很難說明這些計畫是否應該繼續存在。研究重點在於這些計畫的價值。一份二〇一四年的研究發現，參與對話的受害者，出現創傷後壓力症候群的人數，比沒有參與者少了百分之四十九。除此之外，近來的研究也經常發現，相較於循傳統方式走完司法流程的犯罪者，參與修復程序的犯罪者再度被捕的可能性也有降低。

針對是否以及何時要採用修復式司法，各種攻防論述的背後是更大且更複雜的問題：曾經在一段或多段關係中使用暴力的男人，是否有可能改變行為？誰要陪著他走過質疑和反省自己想法與行為的過程？對於那些不願意或沒有能力改變的人，我們該怎麼辦？還有，如果他能夠做出實質的改變，但是被他虐待過的女人不想再與他有任何牽扯，應該怎麼做才好？

在Me Too運動展開之際，桑雅．沙哈（Sonya Shah）已經思考這些問題長達十年的時間了。沙哈在灣區協助安排那些曾經犯下性侵害的加害者與倖存者進行對話。經常有人要她說清楚，把重點放在改造壞人這件事的正當性。「這是可以理解的，我們都很氣性別暴力被漠視，受害者承受責難、羞愧與沉默，」她對我說。

「這樣的怒氣必須有地方宣洩。經過數百年的默不作聲後，讓憤怒發聲是好的。」沙哈自己就是性侵倖存者。她很早就領悟到，從創傷中復原無法仰賴他人的痛苦。「憤怒是難免的，但那並不表示曾經犯下傷害罪行的人無可救藥，」她這麼說。在沙哈擔任協調員的工作歷程中，牢記這些想法很重要。「如果我們希望男人說出令他恐懼的祕密，他必須先相信自己不會被評斷，」她說。

一個曾經犯下毆打或強暴罪行的人，最難跨越的就是各種批判。沙哈與其他支持這種方式的實踐者需要建立信任，不論是來自個人或社會，相信對方不會利用這樣的機會。要為一個可能懷著私利動機（譬如減刑）而非誠心改過的人，提供可能的解套方法，會讓倖存者與他們的支持者感到遲疑。當懲罰被定義為一個案件的終點、被視為一種承認與重視受害者痛苦的作法，就很難拒絕這樣的作法。「我們訴諸懲罰，是因為我們不知道還有其他的選擇，」沙哈這麼對我說。

報復確實令人興奮。惡有惡報，想看到壞人受罰，是一種歷史悠久且非常符合人性的心態。應報的概念存在於進步改革圈，也存在強調法律與秩序的保守派，公開羞辱被指控犯錯的人是常態。持續關注 Me Too 運動的沙哈，經常在思考把性暴力與家暴罪犯看成是有病的人、給他們貼上禽獸的標籤，這樣的衝動想法有何用處。「之所以這麼做，是因為這樣的人很多嗎？是因為他們可能是我們的父親、同事嗎？」允許男人可以隨意傷害女性或進行性攻擊的這種有毒文化，必須有所變革，這樣的論調是性別暴力談話中常見的老調。但如果改變這種文化的其中一個方式，是跨越評斷、期待壞男人可以改變，我們願意接受嗎？

雪若：有人跟我說，「犯法的人就要被懲罰，直到他們明白自己沒有比別人更聰明。」我聽到的是這些話語裡的恐懼，他們害怕這個世界會失控，他們感覺很不安全。天啊，很長一段時間，我就是那個樣子。我們一直在做相同的事情，直到發現原來還有其他不同的作法。

特洛伊：有人告訴我，原諒自己很重要。我經常覺得很自卑。也許我不值得別人的原諒。然而在某個時間點，我開始正視自己做過的事。我才恍然大悟，你已經不是過去那個特洛伊了。你是個新人。我不再是我腦子告訴我的那個混蛋了。

要找到一名倖存者與一名加害者，安排好他們的對話，通常是一個漫長又不確定的過程。十年間，家暴安全對話僅促成了大概兩百次的對談。雖然對話過程與治療有許多相通之處，但對話的焦點更集中，在理想情況下，對談的兩人能互相協

力。大多數沒有經歷過的人，「對於要怎樣才能讓一個人為自己的行為負起責任，想法相當天真，」沙哈這麼告訴我。「他們不了解正視自己，正視自己的創傷、權利、性別角色，以及放下、改變這些東西的真正意義。」

雪若有時候會與曾經傷害過伴侶的男性群體進行對談，她注意到他們當中許多人的經歷與她過去的經歷雷同，他們都有一個會家暴的父親。她不禁懷疑，施虐者與倖存者是否一體兩面：曾經遭遇過可怕事情的人，會有非常不一樣的對應方式。

特洛伊一直在掙扎，一邊是接受讓他走到這個地步的成長環境，一邊是對自己做過的錯事負起責任。他已經明白癮症是一種疾病，而他曾經罹患過。他認識許多酒鬼，但他們不會回家勒住伴侶的脖子。「我依然試著理解自己為什麼會這麼做，」特洛伊告訴我。「我必須說，**我知道，那都是我做過的事情**，到此為止吧。」監禁帶來的持續影響讓前進的腳步更困難。「我不斷想起那段時間，就好像是『我正努力向前走，當個比較好的人，可是你們卻不斷提醒我那段真的很糟糕的日子』。就算我已經改過自新，身上依然貼著標籤。我欠這個社會的，什麼時候才還得清？」

修復式司法奠基於一個假設：曾經有過暴力行為的人，不想再這樣了，他們想要改變。就算他們真的做出改變，過程可能非常痛苦。當然，許多人根本不想承認自己的惡行或改變自己的行為。像寇斯比、史坦這類毫無悔意地利用權勢來逃避後果的人，修復式司法永遠都不會有用。只要他們否認自己的罪行，或淡化自己曾經做過的事，就沒有任何方法可以改變他們。若想要讓修復式司法奏效，讓社會找出減少惡行的方法，有賴於改變我們的社會文化，同時需要更多其他的介入方式。

———

法庭上有很多故事。我的工作是把這些事件去蕪存菁，濃縮成一個人犯了罪，又或者沒有犯罪的真實故事。在修復式司法的過程中，每一個故事或過去的經歷，即使看起來互相矛盾，卻都可能是事實。無可避免的，對每名參與者來說，這些對話都代表了不同的意義，他們記得的部分也都不一樣。

雪若在特洛伊對面坐了十五分鐘後，才意識到對方可能和自己一樣害怕。會議室很小，桌椅占據了大部分空間，所以人與人之間非常靠近。特洛伊在談論自己與伴侶之間的關係時，雪若看著他的表情。她看得出來，他不知道她想要什麼，他不知道該如何告訴她他曾經做過的事。她明白特洛伊坐在這裡的原因和她一樣：「他無法靠自己一個人往前走。」

特洛伊不記得他當時感到害怕。他在戒酒無名會裡已經有過太多次的問責經驗，他需要的準備時間比很多人短——說這些話的時候，距離他第一次與雪若對談，才隔了幾個星期。他向其他人闡述修復式司法時，大多數人都問他，「你為什麼會去參加那個對話？你為什麼要重新回憶過去發生的事情？」從特洛伊的角度來看，如果談論他的過去可以幫助到別人，那就不只是回憶。這也能夠讓他「更加遠離重蹈覆轍的可能性」。

坐在雪若對面的特洛伊說出了兩人都熟悉的故事：他小時候就開始喝酒，他的婚姻、爭吵、各種不同型態的虐待，以及他勒住前女友脖子的那個晚上。他在敘述這些事情的時候，有一種在戒酒無名會時就得到的體悟：他並非唯一有過這樣經歷的人。這樣的體悟讓回憶不再那麼刺人。「這個對談讓我能夠與過去的經驗和平共存，不安的感覺消失了。」

雪若看著特洛伊談論他的過去、聽著他的生活狀況時，她覺得孤單的感受也降低了些。在她說完自己的故事時，她告訴特洛伊，她那個自殺的前男友，後來並沒有被救回來。

噢，我的天啊，她得一直背負這個傢伙在她面前自殺的罪惡感，特洛伊記得自己當時這麼想。他很想對她說，那天晚上發生的事情，責任不在她。

一個小時後，雪若準備好詢問那個在她腦子裡徘徊多年的問題：「當你與前伴侶爭吵時、當你傷害她時，你是怎麼想她的？」她不禁回溯從父親到後來的每一段關係。她記得特洛伊直視著她說：「我根本沒有想到她。我只想著自己有多生氣。」

雪若要求暫停，她和瑪西步出會議室。外面的雨已經停了，空氣清爽。「就在那一刻，我知道我生命中所有男人對待我的方式，都不是我的錯。大家總是一再跟我這麼說，但是直到這名施暴者直視我的雙眼對我這麼說，我才真正相信。」

兩人又走回會議室，雪若與特洛伊又多談了一會兒。她想要確認他知道暴力「這條路已經斷了」，她想要確認他正在做走向正途需要做的事。他告訴她，他很擔心她經歷過的事。她相信他的擔心出自真心。之後雪若離開了，有生以來第一次，她放下把所有發生的事情都扛在自己肩上的重擔。

這次對談並沒有解決特洛伊與雪若在各自生活中的所有掙扎。特洛伊依然有酒癮，戒斷的復原之路艱辛無比。雪若又花了許多年，才真正想明白在承認錯不在己的同時，如何去過不一樣的生活。那次對話的兩、三年後，雪若遇到一位多年的女性友人，她對雪若說：「我想妳並不知道，之前坐在你對面的那個男人，是我兒子。」從那時候開始，雪若在拜訪特洛伊的母親時，偶爾會看到他。兩個人有時會坐下來聊一聊彼此的近況。

二〇二一年七月首次發表於《紐約雜誌》

十二、觸及死囚內心的受刑人廣播電台

作者：凱莉・布萊金格

車子剛開過德州利文斯頓市（Livingston）郊區的東天碧教堂（East Tempe Church），我就聽到收音機裡傳來的罐頭笑聲。那是已有三十年歷史的電視實境喜劇《馬丁》（*Martin*）裡的笑聲。馬丁這個虛構的底特律人，以急促的語調說著有趣妙語，聲音透過汽車喇叭迴盪在我的車子裡，與車輪下蜿蜒的鄉間小道顯得格格不入。

笑聲停歇，一位名叫「麥克邁」（Megamind）的節目主持人切入，開始介紹下一段節目。

「把它融入你的客房服務風格，」他用半開玩笑的口號結束節目。但就像他的大多數聽眾一樣，麥克邁並沒有房間。他住在一個超高安全級別監獄裡，有一個鐵架床位，真名是瑞米．赫札伊菲（Ramy Hozaifeh）。對於住在艾倫．普朗斯基監獄（Allan B. Polunsky）的受刑人而言，赫札伊菲最廣為人知的身分，是調頻一〇六點五，屬於獄方的坦克電台（The Tank）的固定主持人。

坦克電台的輸出功率實在太低，因此只要一離開停車場，就只能再聽一、兩分鐘。不過這個電台與監獄外的商業電台一樣，節目豐富多元，內容從重金屬到心靈勵志，應有盡有。所有的節目都在位於監獄內的錄音室錄製。錄音室裡塞滿了設備，大多來自教堂與宗教團體的捐贈。坦克電台沒有聖昆汀（San Quentin State

Prison）播客節目《流言蜚語》（*Ear Hustle*）★的知名度或大量追隨者，卻能讓美國管制最嚴格的一座死囚監獄，擁有觸及外面世界的聲音。一如大多數的監禁之地，普朗斯基監獄通常並不允許受刑人互相寫信。但是為了廣播電台，典獄長設法破了例，允許獄友們透過監獄牧師將文章與詩作轉給赫札伊菲以及其他節目主持人，為德州最孤立的一群人提供了一個難得的機會，讓他們成為監獄社會的一份子。

赫札伊菲每天早上都會播放一集《馬丁》或《山佛父子》（*Sanford and Son*）†，這類節目就算看不到動作，光聽聲音也可以想像劇情，畢竟聽眾都被關在沒有電視的牢房裡。「你可以聽到他們耍寶，」赫札伊菲這麼說。「根本不需要看到戲裡的人。」

就像大多數的監獄，這座位於休士頓北邊一個半小時車程、關了約三千人的監牢慘澹無光，對那些大部分時間都待在單獨牢房裡的重刑犯而言，更是如此。這座監獄裡有數百名單獨監禁的受刑人（因為相關單位認為他們屬於危險份子或身處危險），還有將近兩百人是死刑犯。多年來，死刑犯一直都隔離在一般受刑人之外，他們不能去餐廳、教堂或主院，所以大部分時間只有當獄友經過的時候才能見到人，譬如負責清潔的受刑人來拖地或分發毛巾的時候。這些重刑犯不可以去上課或

★譯按：一個有關監獄生活以及服刑後生活的非營利播客節目。

†譯按：一九七二至七七年於美國國家廣播公司頻道播出的情境喜劇。

做監獄裡的工作，他們沒有小電腦或電視，但是他們有收音機。

第一次聽到這個監獄電台，是一個名叫約翰・亨利・瑞米瑞茲（John Henry Ramirez）的死刑犯告訴我的。那時距離他的死刑執行還有一週，我前去訪視是因為他要求獄方同意，在他被處死的時候，讓他的浸信會牧師將手放在他身上為他禱告。他回答我有關他的信仰以及他是否害怕死亡的問題，但他真正想要說的，是這個廣播電台。

「你出去到停車場後，可以調到這個電台，就可以聽了，」他還向我解釋，等我出了監獄，還可以趕上午間新聞以及當天的節目安排。「這在普朗斯基是很重要的事，」他補充說。「你真該聽聽大家是怎麼說的。」

———

坦克電台始於二〇二〇年初，當時典獄長丹尼爾・迪克森（Daniel Dickerson）剛到普朗斯基監獄就任，有些受刑人問他：我們可不可以創立一個廣播電台？

在德州監獄系統工作了二十四年的迪克森遇過各種各樣的怪問題，但是這個問題他是頭一遭碰到。儘管如此，他還是決定聽聽這群受刑人怎麼說。

「當他們解釋整個狀況，說明可以達到什麼目的的時候，聽起來並不是個糟糕的主意。當然所有的節目都是預先錄製，這樣有關單位才可以審查內容。」他說。

在迪克森的眼裡，這個電台可以幫助這裡的人關心彼此、建立連結，尤其這座監獄人手嚴重不足，不可能以任何其他方式拓展相關規畫。而且在新冠疫情初期，電台似乎是幫助受刑人了解究竟發生什麼事情的好方式，連那些無法離開牢房的人也都能受益。

「或許不是所有人都有電視，但幾乎每個人都有收音機，」迪克森這麼對我說。「再說監區的每個人都知道，有些傢伙會把收音機音量調到震天價響，就算你沒有收音機也聽得到，反正大家可能本來就要聽。」

迪克森第一次在自己的辦公室裡坐下來收聽後，沒有後悔他的決定。

「這是你們的監獄廣播電台，」迪克森微笑著說。「你可以到處走走，看看大家的改變。」

即使身為訪客，我都可以看到受刑人的改變。通常在我訪問死囚時，我們談的都是對方犯下的案子、即將到來的執行日，或者他們的居住條件。但是現在他們喋喋不休地說著早已牢記於心的節目表。週日有《抒情節奏》(*Smooth Groove*)，饒舌排在週一、拉丁音樂則是星期二。還有一個晚上是麥克邁受到《從海岸到海岸AM》(*Coast to Coast AM*)★啟發而開闢的陰謀論節目，另一個晚上則是另類音樂

★譯按：美國深夜談話性廣播節目，內容涵括各種題材。

型態的節目。

「我最喜歡的節目是重金屬，」瑞米瑞茲說。節目名稱是《暗坑傳說》（*Tales from the Pit*），主持節目的受刑人小團體自稱「暗坑頭目」（pit chiefs），稱他們的聽眾為「暗坑團員」（pit crew）。最近他們也稱瑞米瑞茲為暗坑頭目，因為瑞米瑞茲寫意見給他們的頻率實在太高，已經成為節目的一份子。

在某些方面，坦克電台已經是那些永遠無法離開牢房之人的社區中心。除了音樂、每天宣布的事項，節目主持人也會播新聞、電影原聲帶（他們稱這個類型的音樂為浪漫喜劇，赫札伊菲偷偷這麼透露，可是「他們真的非常討厭監獄電影」）。

電台也有宗教節目、一個聖經饒舌節目、自殺防治節目，以及死刑犯提供的股市小道消息。有時候獄友還會互相訪問，有一次他們訪問了典獄長。十月造訪普朗斯基監獄時，他們也訪問了我。

與瑞米瑞茲談話時，他的熱情實在太吸引我了，因此我想要再訪普朗斯基，看看這個電台。典獄長帶我穿過迷宮似的走道與長廊後，終於抵達一間很小很小的房間。從外面看，簡直就像是衣櫥的門，但是房間裡卻塞滿了音響設備與電腦。除了主持人的白色囚衣，整個場景與外面世界任何地方的工作室都差不多。

當赫札伊菲按下錄音鍵時，我們談了一些我的經歷，包括我之前如何入獄，以及後來怎麼成為一名記者。不過因為我跑德州監獄新聞的時間很長，長到很多人都知道我的這些事情，有些人還會事先提出一些與眾不同的問題：**監獄的食品雜貨部裡，你最喜歡的東西是什麼？你喜歡瑪丹娜、珍珠果醬，還是齊柏林飛船？喜歡披薩、牛排還是豆腐？**

普朗斯基監獄的受刑人在他們的牢房裡主導這次訪問。在嚴格管制的監獄世界裡，擁有部分程度的掌控，並在一個由受刑人經營、以受刑人為聽眾的電台廣播節目中，聽到他們自己要說的話，其實是令人匪夷所思的事情。但這正是吸引被關了二十年的死刑犯傑迪迪亞．墨菲（Jedidiah Murphy）的地方。從他開始聽坦克起，他就定期寫信給麥克邁的陰謀論節目。雖然這個節目的古怪內容與他的興趣吻合，但這不是吸引他的主因。他受到吸引的主因是聽眾不會因為他的過去而評斷他，因為這裡的所有聽眾都有屬於他們自己的過去。

「被關在監獄裡的人根本不在乎你犯了什麼罪或是什麼狀況，」他寫給我的信這麼說。「這是獄友為了**獄友**而經營的電台。」

經營這個電台的人都了解這個意義有多麼重大。他們都不是死刑犯，但是他們當中的許多人，包括赫札伊菲，都待過單獨監禁的牢房，所以他們知道被隔離會讓人變得多麼錯亂。

「你不知道自己是否還存在，」赫札伊菲這麼說。「就是剝奪你的人性。而我想這個電台，把人性又重新放回去了。」

因為二〇〇四年一起殺人案而被判處死刑的瑞米瑞茲，幾天後就要被執行死刑了。負責重金屬音樂節目的那群主持人為他策畫了一張播放清單，並播送了他獄內好友與獄外支持者為他預錄的留言。節目中朗讀了聽眾的來信，細數他對電台的貢獻如何觸動他們的生活。

瑞米瑞茲一如既往收聽電台，但是這一次，他可以用他自己的聲音回應聽眾。瑞米瑞茲預計被送往刑場的前一天，典獄長做了一個史無前例的決定：他讓這名死囚上教堂。那是一次在戶外舉行的特殊儀式，儘管有一道鐵柵欄將瑞米瑞茲與一般牢房受刑人組成的唱詩班隔開，但這仍是死刑犯首次可以得到的待遇。之後，坦克電台把最精彩的部分廣播給全監獄的受刑人聽。

當瑞米瑞茲透過坦克電台向所有獄友說話時，他提到了他的悔恨、描述了當他母親最後一次探訪後轉身離開時，他如何哭得稀哩嘩啦。但是他也談到了這個廣播電台，以及它如何給了他最後一次機會，讓他成為團體的一份子。

「我不知道你們所有人是不是真的了解到這個影響有多大，因為你們全都在一般牢房，」他對著其他獄友這麼說。「看看你們身邊總是有著彼此。你們全都有自己的位置、你們全都可以走來走去、你們全都可以觸碰彼此。我們通通都沒有。你們都有團體，我們都是一個人，我們只有自己。」

瑞米瑞茲很快將獨自去另一個地方，在距離一個小時車程之外的亨茨維爾（Huntsville）無菌行刑室，朝他的死亡邁出最後一步。「你們知道電台的影響有多大嗎？」他這麼問。「我對這個世界所掠奪的一切、我做的一切壞事、我傷害過的所有人……我像個白痴一樣自私又草率的一切行為，現在我要像個真正的男子漢一樣，好漢做事好漢當。」

他在說這些話的時候，監獄裡的所有人沉默地聆聽著。

「多年來，我唯一能做的就是站在每一個人的立場看事情，」瑞米瑞茲繼續說著，解釋他如何全心全意投入這個電台，希望自己可以留下一些幫助其他人的東西。

「這個電台對我很重要，天啊，真的對我很重要，而這也是我能做的唯一一件事。我是一個人。一個人待在牢房裡。我能做的就是把我想的說給你們聽。」

一天後，就在有關單位準備執行死刑的那天晚上，最高法院決定聽聽他的上訴理由，暫停執行他的死刑。於是瑞米瑞茲又回到了死牢，等待法官意見的同時，重新聆聽坦克的廣播，把自己的想法與貢獻寫給麥克邁。

十月訪問完電台離開後，我循著原路反向而回，腦子裡一直想著瑞米瑞茲、赫札伊菲，以及那間塞滿音響設備的小房間。我把收音機轉到調頻一〇六點五，聽到麥克邁正在激勵他的聽眾，他談信仰、談感恩之心，也談到如何讓牢獄生活變得有意義。剛過達樂雜貨店（Dollar General），麥克邁的聲音就開始慢慢消失，取而代之的是一首古老情歌，在干擾不斷的雜訊中，斷斷續續傳來破碎歌詞。

二〇二一年十二月由「馬歇爾計畫」（the Marshall Project）與《衛報》合作出版

十三、致受害者之子

作者：蘇菲・海格尼

我見到你的那天，你的父親遭到槍殺身亡。我當時為了一睹粉紅色的日出而奔赴奧克蘭，結果看到警察掃蕩遊民臨時營地，從那些無處可去的營地住民那兒，翻出我們稱為「草」的大麻。我的憤怒比平常更熾烈，或許也更有用。這可是新聞工作，我猜當時我的腦子裡應該正在想著如何確保全世界都知道這裡正在發生的事情。我在一家咖啡館裡，寫了一篇三百字的稿子寄給報社網站後，就準備開車打道經沐浴在燦爛晨光中的海灣大橋回府。然後我接到了一通電話。

米遜街（Mission Street）辦公室裡的一位編輯正在收聽警用無線電波偵測器，結果聽到東北六十英哩外，靠近聖塔羅沙（Santa Rosa）的地方有些不尋常的動靜。既然我人已經在外邊，他問我可否過去一趟？可以。我把車子往北開，雖然不知道自己會栽進什麼樣的狀況，但是莫名的恐懼已沖刷著我的血管，讓我全身發冷。這就是我以前過的日子：等著某件事情發生、期待某件事情不會發生、接電話、開車，永遠都在開車趕往災難現場。

那天我頭上飛著黑色的特警隊直昇機，編輯們給的資料錯雜紛亂：聖塔羅沙發生一起搶案，但有兩個地址，三人死亡。或者可能只死了一個？也許三人之間有關連，也許沒有。似乎有人覺得這起搶劫殺人案跟大麻有關。我一直北行，駛進耀眼的陽光中，若是在不同的日子、不同的人，這個方向或許會引領駕駛人去到紅酒的國度或太浩湖的滑雪勝地。

路轉進了一大片張牙舞爪的霓虹燈招牌。我把車停在一個加油站，下車買了一瓶水和充電器，因為太餓，人有點站不穩。我重複聽著同一首歌：「**聽說你在西部快活無比，去了沙漠找尋你的宿命與地方……**」

為了當一名「即時新聞快報記者」，我在幾個月前搬去舊金山。即時新聞的浪漫就在於你才剛被丟到現場，還在學習怎麼站穩腳步，不知道怎麼回事，就在過程中變成了一名真正的報導者。我一直都迫切地想要擁有這樣的工作，想要經歷工作中的一切：犯罪現場與槍林彈雨、大清早起床以及夜深的電話。但事實證明，我痛恨在災難與死亡事件之後，出現在他人的門口。某一個星期五，據報北邊幾英哩外發生了人質事件。當相關細節不斷在網路與廣播電台中出現時，我做了記者這個職業不可原諒的事情：我走進浴室、深呼吸，然後等了好幾分鐘，直到報社派了其他人過去。

第一個聖塔羅沙的地址完全沒用，或者應該說那根本就不是真正的地址，這個資訊指的是兩個紅綠燈之間一段長長的公路。沿路有幾間房子，我去敲了門，不過都沒人應門，我鬆了一口氣。我開車繼續往前走，沿著一條橫越農地的道路前行，住宅越來越稀落。我看到大片的綠地，就像是乾旱從未襲擊過這裡。這裡就像是那種居民們彼此依賴的地方，他們會說：世界這麼大，真不敢相信這樣的事情竟然會發生在我們這裡。接著我看到了索諾馬郡（Sonoma County）治安官的卡車停在一個信箱旁邊。沒錯，來對地方了。

這裡有巨大的仙人掌，以及黃色的犯罪現場膠條。我雖然亮出了記者證，卻不打算離現場——你的房子——太近。掛著鎖的大門內應該可以養馬，而就在大門後的車道上，我看到一棟低矮的白色平房。一名戴著太陽眼鏡、頭髮灰白的紅鬍子警察一臉嫌惡地看著我。「這位女士，這家人不想說話。」

「你可以告訴我發生了什麼事情嗎？」我問他。在這種情況下，採訪過程一般都會充滿阻礙，而最大的阻礙通常來自穿制服的人。

「妳得打電話給警方的公關單位，」他回答。他討厭我，我也討厭他。在我的採訪過程中，有時候唯一激勵我的因素，就是警官與地方警察堅定的「不」，以及電話裡的嚴厲批評。我把車子停到附近，坐在車裡邊等邊滑手機，除了檢查不同執法單位發出的最新消息，也發訊息給紐約的朋友們（我愛的一個男人也在紐約），然後抬眼看到了靠在一扇大門邊的你，正透過擋風玻璃與我對視。

我拿起筆記本，趕緊下車衝到那扇大門邊。我們在正午剛過沒多久的塵土飛揚與炎熱中，就這麼站了一分鐘，誰都沒有說話。

你大概跟我差不多年紀吧，差不了太多。我二十二。你剛剛一直在哭，雖然掩飾得很好，但眼圈還是紅的。

我不記得自己是怎麼開的口，可能說了些像是，**嗨，我是個記者。我知道你今天一定很不好過，但不知道你是否可以告訴我一點有關**……之類的話。

「我們現在不發表任何意見，」你平靜地說，眼睛向下看。我也向下看，然後看到你腳上那雙暗色牛仔皮靴。

「真的很抱歉打擾你，不過……」我的手勢可能太多了……「我們聽到報導，說昨天晚上有人被殺，不知道你可不可以告訴我，這個消息是不是真的？」

你沒有說話。你注視著我，然後轉身離開，朝著房子走去。警察搖下他的車窗，從警車裡看著我。或許他搖了搖頭，也或許他搖頭的畫面只是我想像的。

我把車子開走，回到第一個地址的那片區域，期間還接了好幾通心情不爽的編輯打來的電話。你家有人——也許是你？——稍早曾和《民主報》（*Press Democrat*）說過話，並證實有人遭到綑綁、刑求，並在半夜被射殺身亡。那群嫌犯誤以為這個地方經營大麻種植，或者這裡其實就是一個大麻種植場？我可以回去弄清楚嗎？可以。

等我再次回到現場，我待在車裡，沒有熄火，盯著時鐘，希望你不會過來。

但是你過來了，這次身邊多了兩個男人，還是男孩？他們看起來跟你的年紀差不多。也許是表親、兄弟或只是朋友。你認出了我，用近乎哀求的眼神看著我，就像在說，「我已經跟妳**說過了**：我需要一點時間。」你們三人走向一輛停在一邊的卡車，我真希望自己當時就放棄了，但是事與願違的是，我遲鈍地跟了上去。

「妳現在必須離開，」兩個男孩中的其中一個這麼說。我喜歡他的坦率。

「我可以給你我的電話號碼嗎？萬一你晚一點想要說說這件事？」

「好，」你這麼回答，讓我非常意外。但就在我想要把號碼寫下來時，我的筆沒水了。在我百般嘗試想把號碼劃出來的時候，我們兩人尷尬地面對面站在酷熱下，而你的墨鏡後面是泛紅的雙眼。最後，我準備放棄了，我甚至聳了聳肩。但是你從口袋裡掏出了一支筆，讓我用它寫下我的電話號碼。

我常常想起那天的景況，想起我的殘忍與你的痛苦，想起我覺得既想做點什麼又無力，想起你在我挫敗的那一刻借給我的筆。直到今日，即使我對發生的事情知道得更多，或至少在大家還沒有失去興趣前，我在後來幾天的報導中，知道了案發的一些過程，我依然無法想像你那天必然會有的感受。凶手朝你父親開了十槍，而你和你的母親被凶手綁在椅子上，嘴上還纏了牛皮膠帶。最終有四男一女遭到逮捕。一年多後，他們被以殺人罪起訴，但審判尚未開始。這是凶殺案的一個版本。

但我確信，那個晚上的餘波效應，將比任何報導更長遠、更複雜。其實根本沒有人試著記錄這些後續，特別是我。

那天在聖塔羅沙，我以為你會討厭我，但我現在懷疑你根本就不會想到我。或許我只是你哀慟裡的一個附屬品、只是災難前或災難後某些時刻注意到的枝微末節，就像剝落的指甲油、奇形怪狀的雲朵、某人帽子的顏色。如果你還記得我，我想應該是這個樣子吧：一個女孩令人難以置信地站在刺眼的陽光下與揚起的塵土間，帶來的筆沒水，借了你的筆，而你耳邊的槍聲依舊清晰。不管怎麼說，那天你對我非常寬容，即使你根本沒有理由這麼做。我真希望自己當時對你能夠更體貼一些。

首次發表於《致陌生人的信》（*Letter to a Stranger: Essays to the Ones Who Haunt Us*）
柯林・金德（Colleen Kinder）編輯，二〇二二年三月重發表於《巴黎評論》

十四、德州的三具屍體

作者：瑪麗卡·拉奧

數年前，一張錯視圖在網上瘋傳，那是一張源自十九世紀一本德國幽默雜誌裡的插圖。從這個角度看，圖上畫的似乎是隻鴨子，但從另一個角度看，又成了一隻兔子。多年來許多論述提到，我們詮釋這張圖片的方式，與我們感知以及詮釋這個世界的方式有關。由神經科學家彼得．布洛格（Peter Brugger）所做的一份研究顯示，瑞士人在春天把這幅畫看成一隻兔子的機率比秋天高。英國心理學家理查．魏斯曼（Richard Wiseman）發現，能夠輕易看到兩種動物的切換能力，與高創造力有關。在他們之前，路德維希．維根斯坦（Ludwig WittgenStein）就在影像中發現了揭開感知之謎的關鍵。從模稜兩可的原圖中，觀者突然看到了一隻鴨子或一隻兔子。這個轉換的瞬間與結果的分歧令維根斯坦著迷。是什麼讓我們產生感知？又是什麼影響了我們的感知？感知是客觀的嗎？

每當我想起帕拉薇．達旺（Pallavi Dhawan）的案子時，就會想起那張鴨兔錯視圖。在有關當局要求德州弗里斯科市（Frisco）的警官，對一個容有歧義的現場狀況提出詮釋時，警方的決定是：帕拉薇有罪。她殺了她十歲的兒子，很可能是將他溺斃於浴缸中，然後放任他的屍體在浴缸裡腐爛。他們逮捕了她。警方發現的一些細節支持他們對於案情的陳述，因此維持有罪推論。當然，也可能是警方只有能力看到一種樣貌，無法考慮到另一種狀況。

弗里斯科市本身就是一個充滿歧異的地方。這個城市最大的兩個種族，依序是白人與印度人。一位在這裡買了房子的居民接受《達拉斯晨間新聞》（*The Dallas Morning News*）的訪問，她說自己住在印度的時候沒看過這樣的景象。這座城市在心理特質上屬於印度版本，不論在信仰與渴望、傳承與期待上，都與印度重疊。最引人注目的，或許要算是印度人居住的地方：南邊的瑞奇伍茲區（Richwoods）與百年區（Centennial），還有下了柯伊特路與獨立大道，樹木都還沒有長大的新開發區。這些區域鄰近學校，離巨大的哈努曼神廟（Karya Siddhi Hanuman Temple）也不遠；有小塔樓與超大石象裝飾的這座神廟，平地而起、聳入開闊的德州天際，是大家對印度教的崇敬。

二〇一四年一月二十五日，帕拉薇・達旺醒了之後，根據她的供述，發現兒子阿納夫（Arnav）僵硬且毫無反應地躺在她身邊。前一天與平常日子無異。帕拉薇去伊斯貝爾小學（Isbell Elementary）把念五年級的兒子接回家。由於他在拼字測驗中表現優異，她讓他挑一樣獎品：看電影或去玩具店。他吃了葡萄後，選擇去看電影。母子倆到了電影院時，睡著的阿納夫醒過來，抱怨又冷又累。知道了，改去玩具反斗城。回到家後，阿納夫看了卡通後說累到沒力氣換睡衣了。帕拉薇說晚上他起來兩次，又晃進了客廳，抱怨說好冷。最後她同意讓他和自己一起睡。

隔天早上，帕拉薇還以為兒子可能在假睡，看能不能不上學。她要他起床。她摸了摸兒子冰冷的皮膚，不敢相信再也明顯不過的事實。她多希望阿納夫只是在假睡。她把他抱起來後，意識到兒子的褲子都尿濕了。他的眼皮沒有抖動、身體沒有呼吸。帕拉薇把孩子抱進浴缸。當她看到兒子倒在浴缸裡的樣子，她知道孩子確實已經死了。但是她內心深處還是抱著希望。她再次叫他醒過來，這次有點歇斯底里。「**起來，阿納夫，起來！**」她檢查他的脈搏、心跳。她按壓他的胸部，對他的嘴裡吹氣。帕拉薇覺得自己就快要不能呼吸了。

帕拉薇給兒子洗了一個澡，這是印度教對於剛去世者的習俗，之後她又為兒子穿上了他最喜歡的衣服。在廚房裡，一開始她試著把冰塊倒進密封袋，但這樣實在太耗時，於是她改用一般的塑膠袋，把塑膠袋裡裝滿了冰塊、打了結，然後拿進浴缸，鋪在兒子身體的周圍。

十一年前，帕拉薇的丈夫蘇密特．達旺曾飛回印度。當時他的家人為了等到這個長子回家，把他父親的遺體留在家中，用冰塊保存。那時候帕拉薇正懷著阿納夫，而且已經進入懷孕後期，無法跟著一起回去印度。但是她聽說了所有過程。

現在蘇密特又去了印度，兩週的公差已接近尾聲。當初需要他超渡父親的重責大任，現在對象換成了他的兒子。一如當初印度的親友等著他從美國歸來，此刻他的妻子則是等著他從印度返家。然而弗里斯科市儘管有各種歧異，但畢竟與印度不同。這裡不是你可以把冰鎮的屍體放在浴室好幾天的地方，也不是你可以安靜地等著一個男人飛越長遠距離，再讓亡靈好好超渡的地方。

印度各地因為族群不同，死亡儀式也不一樣。進入現代生活，人們必須調整、適應、重新詮釋古老的習俗。我的母親也是在德州去世，那時我哥哥並沒有像印度某些地區的習俗可能會要他做的那樣，為母親點燃露天的柴堆進行火葬，而是我們兄妹同時按下了火化設備的開關。在火化之前，我們兄妹在殯儀館裡，我哥纏腰布，我穿著紗麗，我們繞行一個盛著聖火餘燼的平底鋁鍋，在一位祭司的引導下，祈求天神保佑即將火化的這具軀體裡的亡靈。我堅持在所有過程中承擔與哥哥相同的角色，而他也同意，認為這才是正確的決定。為了講求現代女權主義的我，我們進行了一連串的調整安排：我和他一起走，不過在他一步之後。我們繞著一個小平鍋，而非合乎傳統的火堆。

帕拉薇想要為兒子的亡靈善盡自己為人母的責任。如果那天早上她打電話給我，我就會對她說，有時候例外是必要的。理想的狀況是，蘇密特會坐鎮整個火葬儀式，但生活並不盡如人意。因為蘇密特不在，或許可以由一位祭司代理他的角色。其他的男人或其他人或許也可以代行。甚至是妳，帕拉薇，也可以主持火葬儀式。即使女性從未點燃過火葬柴堆，但我和我哥哥一起按下了火化的開關。時代變了。葬禮的原意在於超渡亡靈，讓亡靈能以好的型態進入閻摩世界（Yamaloka），也就是死神閻摩羅闍（Yama）的國度。與死亡相關的具體細節詮釋，在整個印度教中都存在著矛盾，但大家有一個共同的想法，那就是閻摩羅闍掌管一個類似法庭的地方。亡靈必須要經過他的審判，才能繼續輪迴轉世，在因果報應的業債與前世積德下，成為地球上的另一個生命體。每一次的輪迴轉世都是一次解脫（moksha）的機會。解脫是一種崇高的狀態，最終可以讓靈魂脫離轉世循環，抵達超越之域。

在這樣的循環下，我們遭遇的每個靈魂都正在進行他們漫長的旅途，每一次人與人的相會都短暫卻充實。死亡發生後，亡靈必須得到供養，讓他們在踏上凡人不可見的道路、走向閻摩世界與審判時，保持強壯。一塊白布鋪在遺體或動物的屍體上，腳朝南放，因為閻摩世界位於南方。除此之外，要在一棵羅勒樹附近，堆上一圈牛屎。飯要做成飯團，供給上天做為亡靈的糧食。但是多年來，連閻摩羅闍和他的信差都一定注意到了僑民因為移居他國，而出現一些因地制宜的作法。米到處都有，牛屎則得看當事人住在哪裡。

當這些儀式經過口耳相傳後，我們在一定程度上都成了傳話遊戲的受害者。這要歸功於古代的文獻。早期的文本對來世的看法很平和，但後來很可能是在西元前一千年間，出現了由一位權威法典編纂者以梵文完成的《往世書》（*Garuda Purana*）。數百年間物換星移，《往世書》出現更多版本，也受到不同傳統影響。書中對於儀式的規定可能廣為人知，但大家知道的內容卻不全然正確。有一本具開創性的《往世書》英譯版在一九一一年出版，筆調帶有歌德特色、頗具詩意，而且有後聖經時代的風格。這個翻譯版本描述了地獄的景象，也刻畫了在某些亡靈的眼中，閻摩羅闍是一個深思熟慮但令人害怕的判官。有些人認為除了在喪禮期間，平時甚至連讀《往世書》都是一件危險的事情。

根據一九一一年的翻譯版本，我們以自己軀體去行使的各種傷害與賜福行為，都會影響我們內在的本質。軀體是靈魂的容器，靈魂是梵天（Brahma）的化身。從罪惡的一生中解脫的靈魂，與那些有幸棲居於一個充滿美德的軀體中的靈魂，看到的事情不一樣。面對那些不幸的靈魂，閻摩羅闍會以可怕的型態出現，但面對那些終身善言善行者，閻摩羅闍則是光彩奪日。根據這個版本的《往世書》，父母是孩子靈魂的守護者。帕拉薇幫助阿納夫以最圓滿的方式活在這個世界上，這樣的努力可以讓她得到平靜——就算他的喪禮儀式不是那麼完美，至少她已經盡力在阿納夫活著的時候做到這一點。然而她似乎想要為兒子做到她認為最好的程度，直到完成了所有為人母的責任。

——

帕拉薇在兒子的遺體前誦唸禱詞。她把衛生紙塞進兒子的鼻孔，取代大家習慣用的棉花。她把他最喜歡的玩具放在他的遺體周圍，為他唸著他最喜歡的書。她不想打電話給任何人，因為他們的出現很可能會在蘇密特工作結束前，引來主管機構的人剖開阿納夫的肉體，打擾他的亡靈。她也不想打電話給蘇密特，因為他有家族遺傳的毛病：一顆脆弱的心臟。她一點都不想危及他的性命。再說，兩人的婚姻狀況已經夠令人憂心的了，從蘇密特離開後，兩人沒有說過一句話。

在蘇密特這邊，他的回程有所延誤。阿納夫死亡四天後，蘇密特才回到家。帕拉薇在門口迎接丈夫後，跟他說要去接正在上公文式教育課（Kumon class）★的阿納夫下課，帕拉薇依然擔心蘇密特的心臟，打算晚一點再向丈夫解釋。她開車去加油站，買了一張三百美元的威士（Visa）預付卡，然後驅車前往一家飯店，並詢問

★譯按：日本教師公文公（Toru Kumon）一九五五年為兒子開發出來的學習方式，一九五八年成立推廣機構，提倡個別化的主動自學能力，打造出正向學習的循環。

飯店是否可進房打電話。帕拉薇在三十分鐘後離開飯店。

蘇密特打開電視，試著放鬆。他查看自己的電子信箱，發現一張伊斯貝爾小學一天前寄來的通知，詢問阿納夫缺席的原因。隨著天色漸暗，蘇密特感覺愈來愈不安，擔心惡劣天候下，人還在外面的帕拉薇與阿納夫。他打電話到補習班，發現孩子一整週都沒有出席。

蘇密特與帕拉薇為了要離他弟弟與弟媳近一點，一年多前搬到弗里斯科市。夫妻倆在威斯康辛州的麥迪遜成家，之後曾回印度待過一小段時間。阿納夫身體一直不好，隨時需要照顧。他剛出生時就有不少身體狀況。他的就醫紀錄詳細列出各種問題：頭骨過小（小腦症）、發育遲緩、腦部囊腫。搬回印度的想法原是打算住在家人附近，有人手可以幫忙照顧阿納夫，但最後這對夫妻還是決定搬回美國，這次又遷居到德州的弗里斯科。這樣的安排除了依然可以得到家人的幫助，還可以得到美國而非印度提供的頂級醫療與教育服務。然而自從搬到弗里斯科後，夫妻兩人的爭吵愈來愈嚴重。因為帕拉薇的憂鬱與妄想問題，蘇密特一直與一個心理健康熱線保持聯繫，他擔心有天她會尋短。蘇密特已經習慣向當局尋求協助了。有次他嫌家裡太亂，結果帕拉薇直接把起司餅乾倒在地上，蘇密特於是打電話報警。帕拉薇身負照顧阿納夫的壓力，大家或許可以理解她的憂鬱問題。而家裡曾遭小偷，則或許可以解釋她的妄想問題。她甚至連屋子裡的房門都開始上鎖。熱線接聽人員表示，除非帕拉薇明確說出想要結束自己的生命，否則他們也無能為力。至於警方，沒有可以報案的罪行，拿著起司餅乾發脾氣不算罪行。

但是現在阿納夫失蹤了。蘇密特打電話給心理健康熱線，告訴他們自己的妻子真的變得偏執。接到蘇密特的第一通電話後，熱線那頭的人員似乎相信了他真的打算讓妻子住院治療。蘇密特很害怕，擔心事情已經一發不可收拾。所以他在掛掉心理健康熱線後，又打了一一九報警。

巴特勒與亞當斯兩位警員出現在他家。因為帕拉薇失蹤還不足二十四小時，失蹤人口案無法立案，但她和阿納夫晚上還在外面，而且這個孩子過去一週下落不明，似乎確實有些奇怪。同樣奇怪的是蘇密特聯絡不到他的妻子，根據推測，她很可能已丟棄手機。蘇密特的描述讓人想到好幾種可能：她綁架了阿納夫、她的精神狀況不穩定，又或者是更糟的情況。

當蘇密特正在和警察對話時，帕拉薇回家了。她請兩位警員等一下，然後把她丈夫帶到一邊，用只有兩個人可以聽到的聲音說：「他不在了。」從蘇密特的驚呼聲與帕拉薇的手勢，員警判斷一定發生了什麼事。亞當斯表示，根據推論，他問帕拉薇，「妳殺了他嗎？」而她的回應是點頭。

他們強行打開上了鎖的浴室，還沒看到任何東西，就先聞到屍體腐爛的味道：浴缸裡有具屍體。亞當斯以為他看到屍體皮膚上的瘀血，其實不是，他看到的是屍體腐敗的現象。其中一位警員把帕拉薇上了銬，帶上警車。這時候警察才發現，他們隨身配戴的麥克風與紀錄器，不知道為什麼都沒有啟動。他們重新啟動錄製設備後，又詢問了帕拉薇，這次確實記錄在案：「妳殺了他嗎？」她就是在這個時候說：「你們不懂。」大家真的不懂。

主要的驗屍官不在，頂替他職位的是琳恩．薩爾茲伯格（Lynn Salzberger）。一頭紅髮、聲音響亮且熱愛園藝的薩爾茲伯格之所以進入鑑識領域，是因為這門學問複雜。你得運用線索解開謎題。這是一門獨特的科學類別，融合了醫生的解剖學知識以及偵探重視細節的嚴謹態度。

阿納夫的遺體已在前一天晚上送達。那天早上整個停屍間都瀰漫著一股潮濕、腐壞的氣味。一般來說，涉及兒童莫名死亡的案件，薩爾茲伯格會與死者的母親談一談，但帕拉薇已被關起來，大家當下就把她視為嫌犯了。

薩爾茲伯格注意到了孩子的運動褲、藍襯衫、黑色汗衫。右鼻孔裡看起來塞了衛生紙。四肢完好、牙齒依然堅固。正在分解且發出惡臭的屍體，讓她得加快動作處理。

沒有痕跡。話說回來，屍體腐爛得太嚴重，她根本不期待能看出太多東西。內部器官都在，沒有收集到不正常的液體，也沒有明顯的內傷。難以理解的是，為什麼這個十歲大的男孩會突然暴斃。沒有明顯外傷或嫌犯自白，重案組最有力的論點，是身體可能被下毒。

約莫一天後，薩爾茲伯格在家裡喝著咖啡，她看著晨間新聞頁面，被一則報導吸引：浴缸裡的男孩。報導寫道，阿納夫的身體一直都有問題，在妙佑醫療國際（Mayo Clinic）有厚厚一疊病歷。這些都是薩爾茲伯格在面對棘手遺體時應該掌握的線索。如果她早知道了，也許會用不同的方式處理，留下特定的器官送去化驗。

到了三月，薩爾茲伯格已經收到阿納夫的醫療紀錄，也交出她的正式解剖報告。毒性評估結果是陰性。薩爾茲伯格宣布死者很可能是自然死亡，但原因無法判定。她傾向於相信帕拉薇無辜。孩子的死因可能是心肌炎，也就是心臟發炎，也可能是阻塞性水腦症，這是根據阿納夫病歷所記錄的腦部囊腫做出的推斷。

然而薩爾茲伯格的報告裡也包含一句警告：不能完全排除非自然因素。這位女士的行徑完全不符合一位悲傷母親的行為：沒有打電話給家人、朋友或有關當局求救。但是話說回來，警方也沒有按照規矩辦事。解剖報告中有一張清單，有個標題寫著「可疑狀況」，第一項就是缺少醫療紀錄。最終，「解剖報告還是無法釐清所有事情，」薩爾茲伯格這麼對我說。從這個角度看是這樣，從另一個角度看又是那樣。

——

在阿納夫出生的威斯康辛州麥迪遜市，當帕拉薇的朋友看到新聞照片上那個穿著橘色監獄囚服的邋遢女人時，簡直都嚇傻了。他們記憶中的帕拉薇是一個開朗有活力的人、一個工作賣力的軟體工程師、一個團隊管理者、一個適應美國企業環境，而且在這個新國家裡待得很開心的人。她同時是一個會在印度節慶時，和同學、其他的媽媽們一起分享印度甜食的人。她是一個可以把生活安排得井井有條、把日子過得非常平衡的女人。有趣、有能力，而且不懼挑戰，勇往直前。這個女人接送兒子上下學、在丈夫經常因為工作而離家的時候，努力扶養孩子。再怎樣她也不可能傷害她的兒子。阿納夫出生幾年後她就辭去工作，全職照顧她的兒子。

帕拉薇與她在麥迪遜的朋友卡帕娜．康瓦（Kalpana Kanwar）是在兒子學前的藝術先修班上認識的，那是城裡的父母都想要把孩子送去學習的地方。兩個媽媽很快就相處愉快，又因為自身條件而關係密切：卡帕娜的兒子迪爾有自閉症；她們兩個人都來自印度。在孩子們相約玩耍的日子裡，帕拉薇會教卡帕娜一些小訣竅：如何把少量的熱狗加到印度香料炒扁米飯裡，增加蛋白質含量；如何在一週間，把家裡的灰塵先掃到房間的一側，最後再一次清理乾淨。

有一天兩人一起散步時，帕拉薇告訴卡帕娜她如何走進她老闆的辦公室，跟對方說她需要一天的假期去買合適的衣服。那時候她根本沒有自己的時間。帕拉薇告訴卡帕娜，她就在老闆辦公室裡哭了起來。

卡帕娜看得出來帕拉薇的壓力沉重。照顧阿納夫費時費力。帕拉薇常常一個人帶著阿納夫去看醫生，而蘇密特出差的頻率愈來愈高。朋友圈開始流傳他出軌的謠言。

「阿納夫可能只能活十五年，」帕拉薇這麼告訴卡帕娜。這項預測並沒有出現在任何可取得的紀錄中，但在許多病歷中，小腦症明顯會降低患者壽命是眾所皆知的事情。除此之外，阿納夫還經常會用頭去撞堅硬的東西。有位家庭友人的妻子在一份書面證詞上寫到，顱內壓力會造成孩子頭部劇烈疼痛。而阿納夫的怒氣主要都發洩在帕拉薇身上，但也會遷怒其他孩子。他常常拒絕吃飯。如果不是帕拉薇隨時陪在他身邊，他根本不可能還活著。

在卡帕娜眼裡，帕拉薇是個隨時掌握並照料阿納夫需求的母親。當這一家三口在二〇〇八年搬回印度時（先是海得拉巴〔Hyderabad〕，後又去了德里），帕拉薇與蘇密特之間的分歧就日益擴大。他們成為夫妻之前就是朋友了，他們的婚姻經過家人的精心安排與同意。結果就是帕拉薇似乎受制於公婆的決定，而她的丈夫對於原生家庭的忠誠更甚於新成立的小家庭。帕拉薇告訴卡帕娜，有一次因為蘇密特的疏忽，忘了邀請她去參加他朋友圈的夫妻聚會。結果他根本不承認自己的錯，直到他朋友們都說他應該帶妻子一起來。從卡帕娜知道的情況來看，帕拉薇的公婆與丈夫根本不承認她面對的這些壓力，而印度社會對於這類特殊需求，幾乎沒有任何制度性或社會面的體諒。結果大家不但對帕拉薇有所誤解，也對她的付出不領情，她還成了各種問題的代罪羔羊，被認為是麻煩製造者。蘇密特在印度的一位朋友後來描述他們認為帕拉薇就是個典型的美國媽媽，對孩子過度保護，而她本身又過度敏感。

「有一本給小朋友看的書，內容是拿石頭把你的桶子裝滿，」卡帕娜對我說。「我覺得她的生活就是一個持續把她的桶子掏空的過程。當我看到這起事件的報導……我覺得到了那個時候，她的桶子已經全部被掏空了。」

婚姻或許是一種另類的錯視圖。從外面看起來，呈現的是一種景象，但是輕輕一瞥內部的現實，整張圖就會變得異常複雜。夫妻各有各的觀點：兩人對現實的看法往往存在著令人不解的矛盾。兩個人怎麼可能同時是那一個總是得洗碗的人呢？

串連起家內與家外兩個世界的任務，落在蘇密特身上。然而他對於發生的事情感到激動又困惑不已。也許是出於歸咎妻子的習慣，蘇密特不知道對警察說了什麼。然後沒多久，她就被警方強行帶走。要給阿納夫的糖果與玩具都還在他的行李箱裡，但是他的世界天翻地覆了。感覺上，救護人員好像過了好幾個世紀才抵達。他們說阿納夫已經死亡。他一次又一次試圖進入浴室，但都被拒絕。他們帶走他兒子的遺體。蘇密特打電話給住在附近的弟弟。每個人都有一堆的問題，可是蘇密特沒有答案。

警察已經離開好幾個小時，時間已近深夜。警局電話通知蘇密特過去一趟。他弟弟陪著他一起去。他們在一個房間裡等著，小聲交談了一會兒後，蘇密特就與一位警探見面，提供了重要的事實：阿納夫是個有特殊需求的孩子，在弗里斯科學區獲得專門的照護服務。蘇密特把自己在當天晚上一團混亂中找出來的文件、麥迪遜的學校紀錄都交出去，文件資料上提到阿納夫的小腦症與發展遲緩。他表示帕拉薇一直都是個非常盡心盡力的母親。他冷靜地要求警方讓他知道調查結果。

那天晚上，他睡在弟弟與弟媳家。第二天早上，蘇密特閱讀弗里斯科警方網頁的熱門新聞。帕拉薇遭控殺人，涉嫌溺斃他們的兒子。怎麼會這樣？透過朋友介紹，他聯絡了一位名為大衛・芬恩（David Finn）的律師。

芬恩接到電話時，人正從一個偏遠的法院大樓要趕回達拉斯市中心的辦公室。他同意繞道去弗里斯科看守所，在那裡見到了穿著囚服，坐在玻璃隔幕後的帕拉薇。他覺得她是一個需要幫助的好人，也是他最新的當事人。之後他與蘇密特見了面，兩人趕赴警察局，試著拿回被警察沒收的家裡鑰匙。當他們在等警探接見時，蘇密特接到一通來自法醫辦公室的電話。非人為因素依然是檯面上「非常可能」的死亡原因。那麼逮人入獄是怎麼一回事？接著突然湧進的一群媒體打斷了兩人。一位名叫肖恩・拉伯（Shaun Rabb）的記者告訴他們，現在正在舉行記者會。看來因為帕拉薇曾經點頭認罪，所以她要被正式起訴了。

在達旺夫妻位於山景巷的家中，芬恩與蘇密特談了很久。芬恩了解警方疏漏的事件片段：曾經發生的入室竊盜、醫療紀錄，以及為了妥善保管而鎖在汽車後車廂的其他文件。蘇密特告訴芬恩他曾試著向有關單位解釋這些紀錄，以及為什麼相關文件會收藏在後車廂這個令人摸不著頭緒的地方，但都沒有成功。數天後，芬恩開車去法院大樓檢視車子的搜查令。他看到官方列出的清單，證實了蘇密特的主張：醫療紀錄，包括妙佑醫療國際的部分。芬恩上了電視。《達拉斯新聞》挑中了這則新聞，而這也是薩爾茲伯格之所以知道那孩子還有一份病歷的原因。

但是帕拉薇在遭到逮捕後，也立即親口把醫療紀錄的事情告訴巴特勒與亞當斯兩位警察。他們當時剛啟動的錄影錄音設備，也錄下了她提到阿納夫的病歷都在後車廂裡。但是警方似乎不認為這些病歷資料有什麼重要性。也或者是他們根本沒有聽到她說了什麼。

二月初，帕拉薇遭逮捕約一週後，警探韋德・赫爾恩斯比（Wade Hornsby）打電話給蘇密特。這時候帕拉薇已經保釋出獄好幾天，法官把她的交保金額從六位數字降為五位數字。當時朋友們立刻就一陣慌亂地解囊湊錢。現在達旺夫妻與芬恩都在山景巷的家裡，準備為阿納夫守夜。阿納夫的同學、家人、鄰居與社區的好心人士都將在三個小時內抵達。即使在這個時候，赫爾恩斯比依舊要和蘇密特通話。可以過來警局一趟嗎？守夜馬上就要開始了，但是根據芬恩的說法，赫爾恩斯比立

場強硬。

在警局，這位警探提到了利益衝突的問題。芬恩是帕拉薇的律師，不是蘇密特的律師。芬恩表示這個利益衝突可以放棄，蘇密特也同意放棄。於是芬恩也成了蘇密特的律師。當他們一起走向警局後方的會議室時，根據芬恩的說法，赫爾恩斯比扭頭往後看，並問道：「所以，芬恩，你有給他們家族優惠價嗎？」

芬恩一點都不喜歡霸凌行為。他的一個孩子有癲癇，而他本人又是愛爾蘭天主教徒。他認為戰鬥的靈魂應該已經刻在他的骨血之中。「打倒英國佬，」打倒所有壓迫者，不是說說而已。芬恩幫助他所屬的達拉斯教會經營一個難民援助計畫。他和他的教友充當司機、捐贈衣服，認識了來自蘇丹、緬甸的孩子與父母。他在擔任過檢察官與法官之後，終究還是選擇成為一名辯護律師、一隻護衛犬。他的前妻說他總是「迎拳而上」★。

芬恩很不喜歡赫爾恩斯比的語氣。他看得出來自己的當事人很溫和，而且在監獄裡看到帕拉薇的那一刻，他就覺得有一種連結感——芬恩實在太了解照顧一個有特殊需求的孩子是什麼情況。再說蘇密特就像隻受到驚嚇的兔子，覺得自己不值得尊重。這個警局猶如德州校園：達旺夫妻就像是外來的目標，而赫爾恩斯比就是一個霸凌者。

★譯按：西方傳統想法認為若確定無法避開對方揮過來的拳頭，那麼保護自己的方法應是把自己送上去挨揍，縮短與拳頭之間的距離，躲開拳頭原應達到的最大攻擊力。

在偵訊室裡，根據芬恩的描述，赫爾恩斯比的態度變得更加惡劣。他擺出譏笑與懷疑的態度，立場堅定地說蘇密特從未提及任何有關特殊需求的事。「那根本就是胡扯，」據稱赫爾恩斯比這麼說。對待一個剛剛喪子的男人，應該用這樣的態度嗎？他不過是為了協助調查，試著提醒警方疏漏的一個關鍵，一個現在看來警方似乎覺得有必要刪除的關鍵點？

芬恩結束了這場訊問。當天晚上電視台已經排定了訪問帕拉薇，這是她第一次出現在大眾眼前，由當初曾在警局與芬恩說過話的肖恩．拉伯獨家專訪。「嘿，韋德，」芬恩在離開前叫住了這位警探，而且還不帶姓只喊對方的名字，擺明要讓對方覺得不爽。「你喜歡你的工作嗎？」

你在威脅我？

「我只是說，你也許會想看今天晚上的新聞。你快要出名了。」

芬恩採取的「媒體審判」，套用弗里斯科市長的用詞，或許有其道理。在這個快速變化的州，視聽大眾對於文化差異似乎相當感興趣，他們厭煩了保守派份子。印度人的點頭正是一種差異的象徵，他們的點頭既可能代表是，也可能代表不是，

這已蔚為討論議題。若僅靠當事人的一次點頭就進行逮捕，足以讓人質疑；根據一名印度女性的點頭而逮捕，質疑聲浪加倍。這件事不但在網路發文與臉書評論都建立起一條防線，也連結到一個與德州警方相關的評價：他們曾經一度情有可原的狹隘主義，現在已經成為大眾的威脅。

然而帕拉薇說她當時根本沒有點頭。她和蘇密特的書面證詞上寫著，他們與警方的交談過程，包括那些訊問、回覆時的點頭，根本沒有發生過。她不是點頭的殺人犯，也不是像聖人般只會點頭的倒楣移民。

八月，一場預審揭露了這起案子相關事件造成的緊張情勢。根據赫爾恩斯比的描述，這起案件之所以能夠成立，完全在於那些權威人士所說的話：警察說她有點頭，點頭這件事就發生過。赫爾恩斯比表示，老師們描述阿納夫是一個完全正常的孩子。赫爾恩斯比甚至在聽到遭到遺漏的病歷時，就上網搜尋過「腦部囊腫」這個詞，想要親自了解阿納夫的狀況有多嚴重。然而他的這個舉動卻遭到芬恩嘲弄，因為搜尋的結果似乎顯示警方的一廂情願完全弄錯了方向。網路可以告訴赫爾恩斯比他想要知道的知識，也可以證實警方確實有所疏漏。然而，同時間，蘇密特與帕拉薇的說詞似乎根本沒有人聽進耳朵裡，遑論主動去了解——在交互詰問的時候，赫爾恩斯比說一直到「後來」，蘇密特才提到他父親遺體的前例，以及亂七八糟的法醫和病歷紀錄。「我們不知道，所以也沒有分享資訊，」他這麼說。

另一頭，芬恩的過度表現似乎對他當事人的案件帶來破壞性的效果。「我曾在印度住過，」他這麼對法院說，指的是他在大學畢業後的一段時間，曾在印度北部各地當過背包客。赫爾恩斯比去過印度嗎？法官認為這種事情與案件毫無關連。針對印度殯葬的問題，芬恩繼續刺激赫爾恩斯比，「這個部分，你也上網查過嗎？」然後芬恩的詰問轉向，他斬釘截鐵地說，印度沒有這類的殯葬館。芬恩對於警方的嘲弄似乎過了頭，反而有損他自己與他的當事人，特別是他以印度權威發言卻顯得相對膚淺，透露了他低估了一個遙遠之地，以及他所代表的兩位當事人的複雜性。在這樣的氛圍下，帕拉薇獲得她第一次的聽審機會。法官宣布此案有足夠的理由繼續進行審判程序。大陪審團審判訂在九月，

這場審判從未舉行。二〇一四年九月四日，距離阿納夫的死還不滿九個月，帕拉薇與蘇密特被發現陳屍家中。兩人都被檢驗出服用了安眠藥，帕拉薇攝入的劑量足以致命，但根據驗屍報告，蘇密特服用的劑量並不足以喪命。他的頭部遭到板球拍致命重擊。帕拉薇則在自家後院的泳池中溺斃。這對夫妻的死亡日，距離即將宣判帕拉薇有罪或開釋的大陪審團審判，只剩下短短幾天。

在臉書上，一群自稱腐敗德州弗里斯科警察（the Corrupt Frisco Texas Cops）的團體，記載了據說是警方不當行為的事件，不論大小，包括誤陷一名舉牌的黑人女性入獄。網頁管理者是一位匿名的白人，他說自己有次在弗里斯科家裡被非法逮捕後，就「徹底改變」了。當他看到新聞報導達旺一家人的死亡後，他哭了。他認為這是雙自殺案，他這麼對我說。而他在這起案件中，也看到警察腐敗的狀況；在本案中，根本不應該發生的逮捕，引發了一場過程緩慢又令人無法忍受的調查。

警局與芬恩之間，此時已發展成讓人霧裡看花又長時間持續的決鬥。這種關係可以追溯至達旺夫妻還占據報紙版面的時候。警局與芬恩最後一次口角的原因，在於警方要求這對夫妻同意不針對損害進行控告，否則拒絕歸還遭到扣押的租賃車。警方不但強取達旺夫妻的自白，還強迫他們提出一份可以讓警方無罪開脫的聲明。芬恩堅不讓步。

然而芬恩主導的大眾審判也沒有獲得令人滿意的結果。隨著這對夫妻的死亡，在某種程度上媒體的興致也消失了。有關當局在帕拉薇與蘇密特的遺體附近發現了一張便箋，儘管芬恩多次申請，但便箋內容至今尚未公開。我依照《資訊自由法》（*Freedom of Information Act*）向德州州政府要求調閱便箋內容的聲請，同樣石沉大海。

芬恩對於那張便箋可能寫了些什麼，有他自己的一套理論。在這對夫妻死亡之前，他們曾要求法官准許他們去印度，為阿納夫舉行一場符合儀式的葬禮。天下父母心啊。他們的要求遭到駁回。芬恩認為這是帕拉薇的「最後一根稻草」。在他心裡，這張便箋很可能在責怪弗里斯科警局，也責怪蘇密特的不當行為，或許還寫到了一點點芬恩帶來的光明與溫暖：「如果我是賭徒，我打賭她會跟我道歉，說她讓我失望了。警方要她的自白書，但是不可能拿得到。他們魯莽行事，結果卻被人看到了他們愚蠢、種族歧視，以及無能的樣子。遺憾的是……帕拉薇給他們留了一條活路。」

帕拉薇殺人的暗示，實際上又重塑了她的形象。「就是有點讓人感到疑惑，」薩爾茲伯格這麼對我說。「如果她殺了自己丈夫，她就是精神狀態不穩定，那麼她也很可能殺了那孩子。」

當薩爾茲伯格對我說這些話時，我聽到一個貫穿整個案件的性格，它似乎顯示了帕拉薇的另一面。薩爾茲伯格把蘇密特的出軌與他的死串在一起。好幾個匿名者都對我說，他們推測阿納夫死亡的那段期間，蘇密特有出軌的行為，而這次的背叛讓帕拉薇在發現後，做出了後來的憾事。如果一個女人處於薩爾茲伯格所假設的狀況，她一定是精神失常嗎？在抽象的概念中，復仇女子不都是以社會弊病的揭露者而受人愛戴，她們比我們這些凡人更頭腦清醒不是嗎？電影《控制》（*Gone Girl*）、《末路狂花》（*Thelma & Louise*）都是這樣。「你轟掉一個脫了褲子的男人腦袋，相信我，德州不是一個你想要被逮的地方，」《末路狂花》中路易絲對瑟爾瑪這麼說。她們兩人是電影裡的女主角、是殺了強暴犯的凶手，也是因此說出了這個國家及女性本質的真相的敘述者。大眾允許遭到男人以各種方式欺凌的白人女子，以真理使者的身分施行暴力：她們讓我們知道身為女人，是多麼辛苦的一件事。她們活在因為她們的出身而帶來的灰色道德地帶。但是在這個神話中，帕拉薇似乎並沒有站到正確的位置上，她在大眾的心中，彷彿不是有罪就是無辜、不是瘋狂就是清醒。

那些真的熟識帕拉薇的人，似乎更能理解她的心理。潔里．吉朋斯（Geri Gibbons）的孩子與阿納夫在麥迪遜上同一所幼兒園，她認為帕拉薇既無辜也有罪。有罪是刑事司法體系對那些忘了人性的人的懲罰。然而是德州把她的朋友推到了懸崖邊。「只有在德州可以就這樣逮捕一個人，指控他犯下了根本不是他犯下的殺人罪，然後把他變成凶手。」

對我來說，很難指責誰。這場悲劇，單純以其無法挽救的結局來看，感覺上根本就逃不了，因為整個過程中都存在著一股無法阻擋的推力：典型的莎士比亞戲劇。三個人，一個完整的家庭，就此灰飛煙滅。從某個角度來看，警方的涉入可以看成是一段毫無關連的劇情，就像是這些警察無意中捲入了一件他們根本無意知道的事情。

二〇二〇年十一月，我開車去哈努曼神廟。我在那兒拍了照，拍了藍天下巧奪天工的雕刻，也拍了那些大象與塔樓。我把一張照片寄給了一位在德里的朋友，他說這座神廟看起來很印度。坐在停車場的我也有這樣的感覺。

我又開了二十分鐘的車去伊斯貝爾小學。在這座校園裡隨處漫走，感覺自己像個亂入者，被不屬於我的記憶所糾纏。我想像阿納夫在校園裡走動、穿過那些玻璃門的景況。在麥迪遜，帕拉薇與阿納夫在他的學校裡都交到了朋友。然而在這裡，我找不到任何把這對母子視為朋友的人。

有位伊斯貝爾學生的母親曾經告訴我，她兒子在阿納夫死後沒多久，就為達旺家的守夜活動，畫了一張超級馬利歐的圖。他覺得很難過，也很不解。但他和阿納夫尚未真正成為朋友。有次在班級遠足時，阿納夫曾追著他玩，但她必須喝斥自己的兒子，因為他也有身體的毛病。後來這位母親透過電子郵件，寄了一篇她曾在阿納夫守夜期間與大家分享的臉書貼文給我；阿納夫離世一週年，這篇貼文重新浮出檯面。當初在二〇一二年，這位母親就曾轉貼一篇新聞報導，並寫出她對自己兒子能處理朋友去世這種令人不安的經驗，並且有勇氣對媒體發言，感到驕傲。閱讀這位母親的文字，我清楚看到她為人母的驕傲，即使故事中有另一位母親痛失愛子，以及另一個孩子的殞落。我看到了這位母親的愛與憐，然而她的愛卻也讓我感到孤單。她的文字裡完全沒有提到帕拉薇與阿納夫。大體而言，達旺一家發生的事情，似乎不過是一個適當的題材，可以提供大家用來投射各種自我中心的敘述。

我又開車來到山景巷的那棟房子前面。這棟房子既平凡又可怕。房子的前院精心布置了一個耶穌誕生於馬槽的景象，有耶穌、聖母瑪利亞與約瑟的塑像。我還看到後院的車道上停著一艘快艇。讓人幾乎馬上就知道這棟房子現在的屋主不是印度人。

我為什麼要在乎一個從未謀面的女人，何況閱讀她的生活紀錄常常令我不寒而慄？我可能也在投射自身的感受。在某種程度上，基於我們共同的背景，我在她身上看到了一些熟悉的東西。我的父母都是印度移民，他們在一九八〇年代遷居至德州。我在德州出生，在我終於到紐約開始過著種族主義沒那麼嚴重的生活之前，我也一直在德州成長。不過我認為這種投射是值得的，因為這種感覺是一種出自本能的同理心。我想起帕拉薇唯一一次的公開影片，那是她遭到逮捕一週後，在晚間新聞裡的鏡頭。她與肖恩・拉伯對坐，她的左邊是大衛・芬恩，右邊是蘇密特。她語速緩慢，條理分明。當她描述碰觸阿納夫的身體、抱他去浴缸裡的時候，她的聲音變得顫抖。她當時堅信自己可以用水讓他醒過來。帕拉薇的眼裡滿是痛苦。她用雙手演示了當她把兒子放入浴缸後，他如何突然跌靠在浴缸上。帕拉薇抹去眼淚。這些動作都是出於真心。她說：「我現在唯一的想法，也是當時唯一的想法，甚至在他們把我抓起來那時的唯一想法，就是我覺得我已經盡了我的責任，等到了他的父親。從此以後，一切就由他父親決定。我得為自己的孩子做到這一點。身為一個母親，為這個孩子做到這件事情很重要。」

剛好就在帕拉薇遭到逮捕之前，我看到另外兩起案件，一個是帕薇・帕帖爾（Purvi Patel），另一起是帥貝貝（Bei Bei Shuai），他們兩人是美國首次因為殺害胎兒而遭到審判的女性。「兩名女性都是亞裔，其實並非巧合，」社會運動參與者米里雅姆・楊（Miriam Yeung）在二〇一五年《華盛頓郵報》的專欄中，曾針對這些影響深遠的案件撰文評論。「由於亞洲人不尊重生命的醜陋刻板印象，因此只要涉及生育相關的犯罪案件，亞洲女性都會特別受到關注。」一位在醫院內偵訊帕帖爾的警員，不斷問她有關胚胎生父的問題，「他也是印度人嗎？」後來，沉迷研究的我，讀到一篇文章，談論十八世紀在印度的英國傳教士，為似乎不在意生命寶貴、對生命價值有不同看法的印度母親們，發明了一個專屬的詞彙：**天生不是好母親**（unnatural mothers）。

但是我也看過論據完全相反的評論。坐在編輯室的座位上，看著帕拉薇的受訪影片，我想起我自己的母親，她對宗教法規的堅持，可能高過對地方法律的遵守，而她以務實角度看待自己對我的責任，在外人眼裡可能難以理解。阿納夫的魂魄曾在地球上有過短暫的旅程，確保他的靈魂可以擁有下輩子，是帕拉薇的責任。這種想法聽起來可能荒誕怪異，但我了解其背後的邏輯。我還記得朋友們如何在我母親過世後的十一天哀悼期趕來，他們當中不乏科學家與其他專業人士。一位祭司為了驅趕屋子裡的魂魄，不斷在屋內四處走動。我記得自己閉上眼睛，專注想著母親的靈魂——對我而言，那是一個實體，像孩子般純真無邪。我也記得自己如何鼓起所有沉默的力量，告訴這個生靈之體，我們不想她繼續在此逗留，通往下一個生命的道路正等著她。我們都會好好的。我會好好的。她的責任已了。

在所有媒體對帕拉薇的描述中，我並沒有看到大眾把她視為一個普通人，擁有他人可以理解的複雜邏輯思維。但是在我眼裡，她就是這樣一個人。我確信如此，因為我也出生在德州的印度教家庭，我了解那種流離失所感，以及身為美國德州人的各種衝突感受。我身邊盡是一些鼓吹象徵力量的故事，不論電影還是電視，但是我真的想知道，當一名德州警察，面對一個生於印度、才剛啟動同化過程，而且因為家庭生活艱辛而變得內向且令人無法理解的女性時，會是什麼樣的情況。他知道如何理解她嗎？她的行為會不會剛好證實了他的推測？芬恩告訴我，他曾請過一位肢體語言專家檢視電視影片，而這位專家也已經準備好要坐上證人席，說明帕拉薇的所有言行都顯示她是個說實話的人，是個深陷悲傷的女人。我不需要專家來告訴我這一點。只要看著她，我就可以感覺到這些。

芬恩向我提出了一個白人女性平行宇宙的理論。如果警方在同樣令人擔憂的場景，發現一名白人女性與一個死亡的孩子，他們會不會先把對方視為一名悲傷的母親，然後才是一名可能的嫌犯？特別是在這起案件中，這樣的差異必然會帶來不同的結果。帕拉薇遭到逮捕這件事，似乎引發了許多事情，讓她無法以孩子母親的身分，對那些負責調查案件的人提出自己的看法。更糟糕的是，這個逮捕是基於未經正確理解的錯誤印象。

就算是那些殺害自己孩子的罪犯，不同種族的女性似乎也有所差異。在我的研究裡，那些孩子死後在美國接受審判的白人女性，往往都能獲得赦免，就算有罪，也會因心神喪失而被判無罪。這種現象與一種舊有的法律差別待遇極為相似，那是從歐洲擴及美國，但現在已不復存在的一種法律關係網。當時的法條是根據後來遭到駁斥的「授乳期心神喪失」概念所制定，認為賀爾蒙變化可以解釋初為人母者心神喪失的問題。儘管這樣的概念最終遭到正式排除，但這條思路卻依然讓法庭對女性展現出一定程度的寬容與慈悲，只不過這樣的對待並未擴及所有女性。就算是英國傳教士宣稱有些印度母親「天生不是好母親」的那個時代，英國法律也設法為英國本土那些不是好母親的白人女性找理由。

此外，我認為帕拉薇還受到另一種架構的禁錮。在那僅有的影片中，我從她的話中聽到了一段要傳給蘇密特的訊息。就我所知，她聽起來就是要他去做好自己該做的事。根據蘇密特的書面證詞，他對於妻子被捕以及他沒弄清楚事情來龍去脈感到相當自責。他說因為自己的「男性自尊」，沒能了解帕拉薇一直以來所承受的壓力。警方提及他的說法，但他後來懷疑自己真的曾經說過。但是不管如何，他確實寫道：他不值得信任，尤其是在發現兒子死亡後的崩潰時刻。他的證詞中還寫道，在他父親去世的時候，他到處遷怒。這一次也一樣，他很不公平地把問題都推給自己的妻子，至少看起來是這樣。

薩爾茲伯格向我透露了這類案件的一個標準復仇手段。夫妻一方出軌，另一方以傷害孩子的方式讓對方痛苦。薩爾茲伯格的本意在於從帕拉薇殺了阿納夫的假設，提出案件的另一種解釋版本，但我想到另一種可能性。就算阿納夫確實是自然死亡，我覺得帕拉薇也可能在事後對蘇密特進行某種型態的復仇，這種復仇從要他做好該做的事開始，到以結束他的生命為終。卡帕娜・康瓦告訴我，如果蘇密特的家人鼓勵他離婚，另組新的家庭，她一點都不會覺得驚訝。而在審判程序中，赫爾恩斯比根據蘇密特與他弟弟在警局的談話片段，也曾提出這樣的理論。他們兄弟的談話內容在當事人不知情的狀況下被錄了音。我可以理解由家庭安排結婚的女子，可能會感覺自己像個棋子，像為了小孩與家庭而受雇的員工。儘管建立家庭是一件兩人都要盡力的團體工作，但女人卻可能成為外人。如果孩子死了，三心兩意的丈夫又不在家，她可能會想要確保做丈夫的最後會感受到他該背負的責任。**從此以後，一切就由他父親決定**。

在警局的第一個晚上，蘇密特與他弟弟用印度語交談，顯然在討論他該如何盡快離開帕拉薇，以及他最近一次的印度之行如何落實這件事。兄弟倆的這段對話，也可以解釋為何弗里斯科警局堅持指控帕拉薇：警方根據薩爾茲伯格的復仇模式，推論出一套殺人理論。但是在我閱讀庭審紀錄時，焦點卻擺在另一件事情上，一件就在我打算相信警方說法時，讓我氣憤的事情。*Hindi*（印度語）這個詞在記錄中多次出現，但正確的寫法應該是*Hindu*（印度教徒）。我看著這個重複出現的錯字，不知道是法庭記錄員的失誤，還是那些掌握帕拉薇命運的人在法庭上真的就是這麼說的。我不知道有多少案件是根據事實而成案與審判，又有多少案件是根據感覺和直覺。在法庭上，除了被告與她的丈夫，沒有其他人有印度血統。弗里斯科的法庭不是為了印度人而設。

我所認識從印度移民美國的人都希望不是這樣。當我們家人來到德州，只能夠在弗里斯科、科佩爾（Coppell）這些達拉斯大都會的邊緣城市落腳定居。有位表姊跟我說，這個案子她尤其記得的是：就算是印度人也不見得能夠理解他們。她說有位住在科佩爾的親戚百思不解，擁有像帕拉薇這種血統的印度女人，怎麼可能會捲入如此不堪的事件。這類悲劇不是某些移民可以承受的。我們這樣的移民也無法接受，我們傾向透過正當管道處理，我們會承擔起真實社會裡的工作，很多東西都要在這個社會裡運作。我們不會犯罪，反過來說，我們也不會把孩子養大讓他們去當警察。印度人從來無意在這種錯視的環境中扮演任何角色。

我最後一次去伊斯貝爾小學，是開車回小時候住的那棟屋子時順路經過的。我們曾在那棟屋子裡舉辦過睡衣派對、生日派對，我們住在那裡的時候，感覺自己受歡迎，也感覺自己不受歡迎。有一年的感恩節，我的兩位表兄穿著籠吉（lungi）★

★編按：一種在東南亞、印度、巴基斯坦一帶常見的男裝紗裙。

在車道上幫我父親的車子換機油，結果遭到警察偵訊（因為鄰居打電話報案）。事後只要想到警察看到我們家門口還站著我父親這個穿著籠吉又皮膚黝黑的男人，我們就不禁失笑。不知道達旺一家人是否像今天住在這裡的家庭一樣，曾經穿過這座學校附近的小公園。不知道阿納夫是否曾在這片顏色都已褪去的冬日草地上奔跑過，就像我小時候曾經奔跑過的草地。就在德州的某個地方，我們一起奔跑而過。

二〇二二年三月首次發表於《信仰者》（*the Believer*）

謝辭

這本書是我前一本選集《駭人聽聞的罪行》的姊妹作，也是那本書的延續。有些犯罪紀實類的故事能夠刺激、質疑與挑戰長久以來一直存在的臆測，而大眾對於這類真實犯罪故事的胃口依然非常好，實在讓我又驚又喜，這同時要歸功於許多人。

由衷感謝我的經紀人大衛．派德森（David Patterson）與阿米麗亞．菲利普斯（Aemilia Phillips），也要感謝錢得勒．威克斯（Chandler Wickers）、漢娜．舒華茲（Hannah Schwartz），以及史都華．克屈耶夫斯基文學代理商（Stuart Krichevsky Literary Agenc）的所有人。感謝我的編輯莎拉．伯明罕（Sara Birmingham），她開心又熱情地接手了這個計畫，並一路引領大家往前走；謝謝好到不能再好，而且一直與我長久合作的出版商埃可（Ecco；已經四本書了，繼續加油），特別是卡爾霍恩（TJ Calhoun）、米里雅姆．帕克（Miriam Parker）、梅根．迪恩斯（Meghan Deans）、桑雅．闕斯（Sonya Cheuse）與海倫．阿茲瑪（Helen Atsma）。感謝愛麗森．索茲曼（Allison Saltzman）優異的封面設計、謝謝哈珀．柯林斯出版集團（HarperCollins）的業務與圖書行銷團隊，我永遠感謝他們為我的作品所付出的辛勞與努力。謝謝所有書商，特別是那些獨立書店，持續分享我對真實犯罪故事的熱愛與激情，尤其是那些打破常規的故事。還要感謝拉比雅・查德瑞發人深省的介紹、感謝作品納入本次選集中的各位才華洋溢、充滿活力的撰稿者。最後，謝謝在我整理這本選集的過程中，給予我無數支持的家人、朋友與所有作者同好。

其他值得注意的犯罪故事

文章與報導

- "True-Crime Fanatics on the Hunt: Inside the World of Amateur Detectives" by Ellie Abraham (*Guardian,* March 2021)
- "A New Face of American Gun Ownership" by Agya K. Aning (The Trace, February 2022)
- "Inside Trump and Barr's Last-Minute Killing Spree" by Isaac Arnsdorf (ProPublica, December 2020)
- "'Nothing Will Be the Same': A Prison Town Weighs a Future Without a Prison" by Tim Arango (*New York Times,* January 2022)
- "Have You Seen These 51 Women?" by Ben Austen (*Chicago Reader,* January 2021)
- "Punishment by Pandemic" by Rachel Aviv (*The New Yorker,* June 2020)
- "I Write About the Law. But Could I Really Help Free a Pris- oner?" by Emily Bazelon (*New York Times Magazine,* June 2021)
- "True Crime Is Rotting Our Brains" by Emma Berquist (Gawker, October 2021)
- "Inside the Once-Controversial Trend That Took Over True Crime TV" by Meredith Blake (*Los Angeles Times,* October 2020)
- "Witnesses to the Execution" by Keri Blakinger and Maurice Chammah (The Marshall Project, July 2020)
- "The Man Without a Name" by Katya Cengel (Vox, August 2020)
- "When James Baldwin Wrote About the Atlanta Child Murders" by Casey Cep (*The New Yorker,* May 2020)
- "Incarcerated and Invisible" by Gray Chapman (*Atlanta*, March 2022)
- "Telling Stories About Crime Is Hard. That's No Excuse for Not Doing Better" by Jason Cherkis (*Columbia Journalism Review,* August 2020)
- "When the Misdiagnosis Is Child Abuse" by Stephanie Clifford (*Atlantic,* August 2020)
- "The Life Breonna Taylor Lived, in the Words of Her Mother" by Ta-Nehisi Coates (*Vanity Fair,* August 2020)
- "The Murders Down the Hall" by Greg Donahue (*New York Magazine*, October 2021)
- "Secrets of the Death Chamber" by Chiara Eisner (The State, November 2021)
- "How Crime Stoppers Hotlines Encourage Sketchy Tips and Hurt Poor Defendants" by Tana Ganeva (*New Republic,* October 2021)
- "Dubious Alternative Lyme Treatments Are Killing Patients" by Lindsay Gellman (*Bloomberg Businessweek,* October 2020)
- "Michelle Remembers" by Jen Gerson (*Capital Daily,* August 2020)
- "The Growing Criminalization of Pregnancy" by Melissa Gira Grant (*New Republic,* May 2022)
- "In Puerto Rico, an Epidemic of Domestic Violence Hides in Plain Sight" by Andrea Gonzalez-Ramirez (GEN/Medium, June 2020)
- "The Enduring, Pernicious Whiteness of True Crime" by Elon Green (The Appeal, August 2020)
- "The Shadow and the Ghost" by Christine Grimaldi (*Atavist Magazine*, May 2022)
- "They Agreed to Meet Their Mother's Killer. Then Tragedy Struck Again" by Eli Hager (The Marshall Project, July 2020)
- "Catching Predators with *Riverdale* Mom Marisol Nichols" by Erika Hayasaki (*Marie Claire,* May 2020)
- "The Ballad of the Chowchilla Bus Kidnapping" by Kaleb Horton (Vox, July 2021)

- “The Store That Called the Cops on George Floyd” by Aymann Ismail (*Slate,* October 2020)
- “Inside the Hunt for Christine Jessop’s Real Killer” by Malcolm Johnston (*Toronto Life,* November 2021)
- “Murder in Old Barns” by Lindsay Jones (*The Walrus,* June 2020)
- “A Bestselling Author Became Obsessed with Freeing a Man from Prison. It Nearly Ruined Her Life” by Abbott Kahler (The Marshall Project/*The Cut,* March 2021)
- “Philadelphia Keeps Revisiting the MOVE Bombing Because We Never Truly Learned It” by Akela Lacy (*Philadelphia Inquirer,* June 2021)
- “Homicide at Rough Point” by Peter Lance (*Vanity Fair,* July 2020)
- “Targeted” by Kathleen McGrory and Neil Bedi (*Tampa Bay Times,* September 2020)
- “White Riot” by Laura Nahmias (*New York Magazine,* October 2021)
- “He Said, They Said: Inside the Trial of Matthew McKnight” by Jana G. Pruden (*Globe and Mail*, July 2020)
- “The Pretender” by Josh Rosengren (*Atavist Magazine,* October 2020)
- “Kip Kinkel Is Ready to Speak” by Jessica Schulberg (*HuffPost,* June 2021)
- “Inside eBay’s Cockroach Cult” by David Streitfeld (*New York Times,* October 2020)
- “Two Wealthy Sri Lankans Brothers Became Suicide Bombers. But Why?” by Samanth Subramanian (*New York Times Magazine,* July 2020)
- “What We Still Don’t Know About Emmett Till’s Murder” by Wright Thompson (*Atlantic,* September 2021)
- “The Evidence Against Her” by Justine Van der Leun (GEN/Me- dium, June 2020)
- “The Wildest Insurance Fraud Texas Has Ever Seen” by Katy Vine (*Texas Monthly,* August 2020)
- “The Little Cards That Tell Police ‘Let’s Forget This Ever Hap- pened’” by Katie Way (*Vice*, September 2020)
- “One Roadblock to Police Reform: Veteran Officers Who Train Recruits” by Simone Weichselbaum (The Marshall Project, July 2020)

書：非文學類敘事

- Maurice Chammah, *Let the Lord Sort Them* (Crown, 2021)
- Becky Cooper, *We Keep the Dead Close* (Grand Central Publish- ing, 2020)
- Emma Copley Eisenberg, *The Third Rainbow Girl* (Hachette Books, 2020)
- Nicole Eustace, *Covered with Night* (Liveright, 2021)
- Sonia Faleiro, *The Good Girls: An Ordinary Killing* (Grove Press, 2021)
- Justin Fenton, *We Own This City* (Random House, 2021)
- Margalit Fox, *The Confidence Men* (Random House, 2021)
- Gus Garcia-Roberts, *Jimmy the King* (PublicAffairs, 2022)
- Elon Green, *Last Call* (Celadon Books, 2021)
- Elizabeth Greenwood, *Love Lockdown* (Simon & Schuster, 2020)
- Nicholas Griffin, *The Year of Dangerous Days* (37INK, 2020)
- Kathleen Hale, *Slenderman* (Grove, 2022)
- Evan Hughes, *The Hard Sell* (Doubleday, 2022)
- Dean Jobb, *The Case of the Murderous Dr. Cream* (Algonquin Books, 2021)
- Chris Joyner, *The Three Death Sentences of Clarence Henderson* (Abrams, 2022)
- Patrick Radden Keefe, *Empire of Pain* (Doubleday, 2021)

- Jarett Kobek, *Motor Spirit* (We Heard You Like Books, 2022)
- Kathryn Miles, *Trailed* (Algonquin Books, 2022)
- Sierra Crane Murdoch, *Yellow Bird* (Random House, 2021)
- Robert Samuels and Toluse Olorunnipa, *His Name Is George Floyd* (Viking, 2022)
- Ravi Somaiya, *The Golden Thread* (Twelve, 2020)
- Leah Sottile, *When the Moon Turns to Blood* (Twelve, 2022)
- Kate Summerscale, *The Haunting of Alma Fielding* (Penguin Press, 2021)
- Sarah Weinman, *Scoundrel* (Ecco, 2022)
- Phoebe Zerwick, *Beyond Innocence* (Atlantic Monthly Press, 2022)

書：傳記、短文、評論

- Keri Blakinger, *Corrections in Ink* (St. Martin's Press, 2022)
- Hilary Fitzgerald Campbell, *Murder Book: A Graphic Novel of a True Crime Obsession* (Andrews McMeel, 2021)
- Katherine Dykstra, *What Happened to Paula* (W.W. Norton, 2021)
- M. Chris Fabricant, *Junk Science and the American Criminal Justice System* (Akashic Books, 2022)
- Debora Harding, *Dancing with the Octopus* (Bloomsbury, 2020)
- Wayne Hoffman, *The End of Her* (Heliotrope Books, 2022)
- Menachem Kaiser, *Plunder: A Memoir of Family Property and Nazi Treasure* (Houghton Mifflin Harcourt, 2021)
- Erika Krouse, *Tell Me Everything* (Flatiron Books, 2022)
- Treva B. Lindsey, *America, Goddam* (University of California Press, 2022)
- Rachel Rear, *Catch the Sparrow* (Bloomsbury, 2022)
- Liza Rodman and Jennifer Jordan, *The Babysitter: My Summers with a Serial Killer* (Atria, 2021)
- Jacqueline Rose, *On Violence and On Violence Against Women* (Farrar, Straus & Giroux, 2021)
- Javier Sinay, *The Murders of Moisés Ville* (Restless Books, 2022)
- Emma Southon, *A Fatal Thing Happened on the Way to the Forum* (Abrams, 2021)
- Tori Telfer, *Confident Women* (Harper Paperbacks, 2021)
- Natasha Trethewey, *Memorial Drive* (Ecco, 2020)

PODCASTS

- *9/12* (Amazon Originals, 2021)
- *Believe Her* (Lemonada Media, 2021)
- *Canary* (The *Washington Post* Investigates, 2020)
- *Crime Show* (Gimlet Media, continuing)
- *Crimes of the Centuries* (Obsessed Network, continuing)
- *Dead End* (WNYC Studios, 2022)
- *Document: Death Resulting* (New Hampshire Public Radio, 2021)
- *Do You Know Mordechai?* (UCP Audio, 2021)
- *The Line* (Apple Original/Jigsaw, 2021)

- *Love Is a Crime* (C13 Originals/*Vanity Fair,* 2021)
- *Love Thy Neighbor* (Pineapple Street Studios, 2022)\
- *Mississippi Goddam* (Reveal/CIR, 2021)
- *Murderville, Texas* (The Intercept, 2022)
- *Project Unabom* (Apple Original/Pineapple Street Studios, 2022)
- *Stolen: The Search for Jermain* and *Stolen: Surviving St. Michael's (*Gimlet Media, 2021–2022*)*
- *Suave* (Futuro Media Group/PRX, 2021)
- *Suspect* (Wondery/Campside Media, 2021)
- *Through The Cracks* (WAMU, 2021)
- *Undisclosed* (self-produced, ended in 2022)
- *What Happened to Sandy Beal* (iHeart, 2022)
- *Wind of Change* (Pineapple Street Studios/Crooked Media/Spo- tify, 2020)

電影和電視

- *Atlanta's Missing and Murdered: The Lost Children* (HBO, 2020)
- *Captive Audience* (Hulu, 2022)
- *The Case Against Adnan Syed* (HBO, 2020)
- *The Dropout* (Hulu, 2022)
- *Fear City: New York vs. the Mafia* (Netflix, 2020)
- *Girl in the Picture* (Netflix, 2022)
- *How to Fix a Drug Scandal* (Netflix, 2020)
- *I'll Be Gone in the Dark* (HBO, 2020)
- *The Innocence Files* (Netflix, 2020)
- *Lost Girls* (Netflix, 2020)
- *Only Murders in the Building* (Hulu, 2021–2022)
- *The Tinder Swindler* (Netflix, 2022)
- *Trial by Media* (Netflix, 2020)
- *Under the Banner of Heaven* (FX, 2022)
- *Unsolved Mysteries* (Netflix, ongoing)
- *We Need to Talk About Cosby* (Showtime, 2022)

電子報

Really, there is only one of substance: *Best Evidence,* helmed by Sarah D. Bunting and Eve Batey, which covers true crime film, television, podcasts, and books each weekday with careful critical attention, analysis, scrutiny, and wry humor. I'm a faithful subscriber. It's available at bestevidence.substack.com

本書作者群

✦勞拉・貝佐倫 LARA BAZELON

舊金山大學法學院法學教授暨法庭辯護的巴內特主席（Barnett Chair in Trial Advocacy），也是犯罪與種族司法診斷中心的負責人。著有三本書，最新作品為《母親的野心：重視自己的事業為什麼對孩子是件好事》（*Ambitious Like a Mother: Why Prioritizing Your Career Is Good for Your Kids*，二〇二二年，Little, Brown 出版）。寫作犯罪、司法、愛、工作與家庭的專欄、論文與長篇新聞報導作品曾刊登在《紐約時報》、《華盛頓郵報》、《大西洋雜誌》、《紐約雜誌》與其他媒體。目前與兩名子女住在舊金山。

✦凱莉・布萊金格 KERI BLAKINGER

《懲戒錄》（*Corrections in Ink*）作者，本書是她入獄服刑的回憶錄。目前為《馬歇爾計畫》調查記者，之前曾為《休士頓紀事報》（*Houston Chronicle*）報導過刑事司法議題。作品刊登在《華盛頓郵報雜誌》、《紐約每日日報》與《紐約時報》。

✦拉比雅・查德瑞 RABIA CHAUDRY

律師、作者、倡議者，以及根據其《紐約時報》暢銷書《阿德南的故事》（*Adnan's Story*）所改編的HBO紀錄片《謎案追蹤：阿德南事件》（*The Case Against Adnan Syed*）執行製作。廣受好評的第二本著作《胖胖碰碰：食物、肥胖與家庭回憶錄》（*Fatty Fatty Boom Boom: A Memoir of Food, Fat, and Family*）於二〇二二年十一月由 Algonquin 出版社出版。拉比雅是五個播客節目的聯合主持人與聯合製作人，包括全球最受歡迎的冤獄播客節目《未公開的事》。她曾是二〇二一年阿斯彭研究所（Aspen Institute）反毀謗聯盟公民社會獎學金（ADL Civil Society Fellow）得主、二〇一六年的阿斯彭思想節學者（Aspen Ideas Scholar），現在是阿斯彭研究所先鋒委員會成員。杜魯門全國安全計畫（Truman National Security Project）、美國穆斯林公民領袖研究所（the American Muslim Civic Leadership Institute）、夏隆・哈特曼研究所（Shalom Hartman Institute）的研究員，猶太穆斯林聯盟（Inter Jewish Muslim Alliance）與穆斯林猶太人顧問委員會（Muslim-Jewish Advisory Council）的創始理事，這兩個組織的重點工作都在為穆斯林與猶太人建立聯盟關係，攜手解決跨種族間的重要政策議題與教育問題。更多有關拉比雅的資訊，請參訪網站 rabiachaudry.com。

✦蘇菲・海格尼 SOPHIE HAIGNEY

《巴黎評論》（*Paris Review*）的網路編輯。曾為《紐約時報》、《紐約客》與其他出版機構撰寫書籍與文化方面的文章。

✦麥可・哈比斯 MICHAEL HOBBES

播客節目《維修階段》（*Maintenance Phase*）的聯合主持人與《你錯了》（*You're Wrong About*）的創始聯合主持人。作品刊登在《石板雜誌》（*Slate*）、《哈芬登郵報》（*Huffpost*）、《外交政策》（*Foreign Policy*）與《太平洋標準》（*Pacific Standard*）。

✦鄭梅 MAY JEONG

《浮華世界》的撰稿者。曾派駐阿富汗喀布爾。她在阿富汗的報導曾獲南亞記者協會的丹尼爾珍珠獎（Daniel Pearl Award）與法國諾曼第卡爾瓦多斯巴約戰地記者獎（Bayeux Calvados-Normandy Award for War Correspondents），還獲得寇特・舒爾克（Kurt Schork）與利文斯頓獎（Livingston Awards）的認可。關於性工作的作品，為她贏得二〇二二年的盧卡斯進步獎（J. Anthony Lukas Work-in-Progress Award）。

✦尤葉維茲 RF JURJEVICS

白天負責科技工作，剩下的其他事情則都在晚上進行。作品刊登在《化繁為簡》（*Real Simple*）、維斯新聞、《聖地亞哥讀者報》（*San Diego Reader*）、《石板雜誌》、《貴婦人》（*Dame*）、《GOOD》與《寵愛女人》（*Allure*）。

✦阿曼達・納克斯 AMANDA KNOX

無罪釋放者、記者、公開演講者，以及《紐約時報》暢銷書榜回憶錄《等待傾聽》（*Waiting to Be Heard*）的作者。除此之外，她與伴侶克里斯多夫・羅賓遜（Christopher Robinson）也是播客節目《迷宮》的聯合主持人。二〇〇七至一五年間，她因為自己沒有犯下的殺人罪，在義大利監獄服刑近四年，審判八年。該事件之後，她成為刑事司法改革與新聞倫理的支持者。她目前為弗雷德里克・道格拉斯正義計畫（Frederick Douglass Project for Justice）的董事成員。

✦賈斯婷・馮德盧恩 JUSTINE VAN DER LEUN

獨立記者與作者，著有《我們不確定》（*We Are Not Such Things*）等書，文章刊登於《紐約書評》（*New York Review of Books*）、《哈潑雜誌》（*Harper's*）、《衛報》、《維琴尼亞季刊》（*Virginia Quarterly Review*）、《新共和國》（*New Republic*）與其他出版物。賈斯婷同時是調查性播客節目《相信她》（*Believe Her*）的主持人、首席記者與聯合製作人。她的新聞作品曾獲得或入圍麥克・伯格獎（Mike Berger Award）、詹姆斯・亞隆森獎（James Aronson Award）、新聞記者公會獎（Sigma Delta Chi Award）、銀法槌獎（Silver Gavel Award）、格雷西獎（Gracie Award）與安比斯優秀影音獎（Ambie Award for Excellence in

Audio）。此外，賈斯婷曾獲得普立茲危機報導中心（Pulitzer Center for Crisis Reporting）、泰普調查（Type Investigations）、國際婦女媒體基金會（International Women's Media Foundation）與羅伯特．席爾維斯基金會（Robert B. Silvers Foundation）的補助金，以及永續藝術基金會（Sustainable Arts Foundation）、新美國（New America）、羅根非小說類計畫（Logan Nonfiction Program）與美國筆會（PEN America）的獎助金。

✦威斯利．勞瑞 WESLEY LOWERY

曾獲普立茲獎的記者與作者，特別擅長種族與執法相關議題。在他的領導下，《華盛頓郵報》團隊因為創建與分析即時資料庫，追蹤美國警察開槍致死案件而獲得二〇一六年普立茲全國報導獎。二〇一八年的專案報導「無罪開釋的殺人案」（Murder with Iimpunity），以前所未見的角度切入美國重要城市的殺人懸案，入圍普立茲獎。第一本書《他殺不了我們所有人：佛格森、巴爾的摩與美國種族正義行動的新紀元》（*They Can't Kill Us All: Ferguson, Baltimore, and a New Era in America's Racial Justice Movement*）登上《紐約時報》暢銷書排行榜，並由舊金山時代書籍獎（LA Times Book Prizes）選為克里斯多佛．伊雪伍德自傳類文體獎（Christopher Isherwood Prize for Autobiographical Prose）得主。

✦布蘭迪．莫林 BRANDI MORIN

出身於加拿大艾伯塔第六號編序條約地（Treaty 6），擁有克里族、易洛魁族與法國血統的獲獎記者，也是《我們的火之音：一位崛起勇士的回憶錄》（*Our Voice of Fire: A Memoir of a Warrior Rising*）的作者。作品刊登在《國家地理雜誌》、半島電視台英語頻道、《衛報》、維斯新聞、《ELLE》加拿大版、《多倫多之星》、《紐約時報》、原住民電視網（Aboriginal Peoples Television Network）全國新聞，與加拿大廣播公司原住民電台。

✦戴安娜・摩斯柯維茲 DIANA MOSKOVITZ

叛逃媒體（Defector Media）的聯合創辦人、聯合所有者與調查編輯。目前任職於《邁阿密先鋒報》擔任調查記者與編輯。她的報導作品曾獲調查記者與編輯獎、截稿期俱樂部獎（Deadline Club Awards）、《長讀》（*Longreads*）、《長篇》（*Longform*）與其他獎項和機構的認可。文章獲選刊登在二〇二二年《年度最佳運動寫作》中。南佛羅里達人，現住在洛杉磯，正在撰寫她的第一本書。

✦瑪麗卡・拉奧 MALLIKA RAO

得獎散文作家與記者，也是小說的新進作者。文章曾經或即將刊登於《紐約》、《哈潑》、《信仰者》等刊物。目前正在進行一本短篇故事選集的編纂。她在本選集中的文章《德州的三具屍體》，目前正籌劃發展成一個播客節目。

✦愛蜜麗亞・頌貝克 AMELIA SCHONBEK

記者，作品聚焦於創傷經驗與復原過程。《紐約雜誌》定期撰稿作家。沒有工作的時候，她喜歡唱歌、游泳與待在戶外。

✦莎曼莎・史凱勒 SAMANTHA SCHUYLER

作者與事實查核者，佛羅里達州人，目前居住在紐約市。

授權同意

"A Brutal Lynching. An Indifferent Police Force. A 34-Year Wait for Justice." © Conde Nast LLC. Reprinted with permission.

"The Short Life of Toyin Salau and a Legacy Still at Work" © 2020 Samantha Schuyler. Reprinted with permission of the author.

"No Choice but to Do It: Why Women Go to Prison" © 2020 Justine van der Leun. Reprinted with permission of the author.

"The Golden Age of White Collar Crime" © 2020 Michael Hobbes. Reprinted with permission of the author.

"Picturesque California Conceals a Crisis of Missing Women" © 2022 Brandi Morin. Reprinted with permission of the author.

"How the Atlanta Spa Shootings . . . Tell a Story of America" © May Jeong. Reprinted with permission of The Wylie Agency LLC.

"Who Owns Amanda Knox?" © 2021 Atlantic Media Group. Reprinted with permission.

"Tie a Tourniquet on Your Heart: Revisiting Edna Buchanan, America's Greatest Police Reporter" © 2020 Diana Moskovitz. Reprinted with permission of the author.

"The True Crime Junkies and the Case of the Missing Husband" © 2021 Vice Media Group. Reprinted with permission.

"Has Reality Caught Up to the 'Murder Police'?" © 2022 Vox Media LLC. Reprinted with permission.

"Will You Ever Change?" © Vox Media LLC. Reprinted with permission.

"The Prisoner-Run Radio Station That's Reaching Men on Death Row" © 2021 The Marshall Project. Reprinted with permission.

"To the Son of the Victim" © 2022 Sophie Haigney. Reprinted with permission of the author.

"Three Bodies in Texas" © 2022 Mallika Rao. Reprinted with permission of ICM Partners.

國家圖書館出版品預行編目資料

犯罪故事沒有說的事：真實犯罪裡的正義、應報、救贖、寬恕與個人力量
薩拉．魏恩曼 Sarah Weinman 編著　麥慧芬 譯
初版. -- 臺北市：商周出版：城邦文化事業股份有限公司出版：
英屬蓋曼群島商家庭傳媒股份有限公司城邦分公司發行
2024.01　面；　公分
譯自：Evidence of Things Seen: True Crime in an Era of Reckoning
ISBN 978-626-318-976-8（平裝）

1. CST：犯罪 2. CST：報導文學 3. CST：個案研究

548.5　　112020405

犯罪故事沒有說的事：真實犯罪裡的正義、應報、救贖、寬恕與個人力量

原文書名／Evidence of Things Seen: True Crime in an Era of Reckoning
編著者／薩拉．魏恩曼 Sarah Weinman
譯者／麥慧芬
責任編輯／陳玳妮
版權／林易萱

行銷業務／周丹蘋、賴正祐
總編輯／楊如玉
總經理／彭之琬
事業群總經理／黃淑貞
發行人／何飛鵬
法律顧問／元禾法律事務所 王子文律師
出版／商周出版　城邦文化事業股份有限公司
台北市中山區民生東路二段 141 號 4 樓
電話：(02) 25007008　傳真：(02)25007759
E-mail：bwp.service@cite.com.tw
Blog：http://bwp25007008.pixnet.net/blog
發行／英屬蓋曼群島商家庭傳媒股份有限公司城邦分公司
台北市中山區民生東路二段 141 號 2 樓
書虫客服服務專線：(02)25007718；(02)25007719
服務時間：週一至週五上午 09:30-12:00；下午 13:30-17:00
24 小時傳真專線：(02)25001990；(02)25001991
劃撥帳號：19863813；戶名：書虫股份有限公司
讀者服務信箱：service@readingclub.com.tw
歡迎光臨城邦讀書花園　網址：www.cite.com.tw
香港發行所／城邦（香港）出版集團有限公司
香港九龍九龍城土瓜灣道 86 號順聯工業大廈 6 樓 A 室
E-mail：hkcite@biznetvigator.com
電話：(852) 25086231　傳真：(852) 25789337
馬新發行所／城邦（馬新）出版集團【Cite (M) Sdn. Bhd.】
41, Jalan Radin Anum, Bandar Baru Sri Petaling,
57000 Kuala Lumpur, Malaysia.
Tel: (603) 90578822 Fax: (603) 90576622
Email: cite@cite.com.my

封面設計／李東記
排版／芯澤有限公司
印刷／卡樂彩色製版印刷有限公司
經銷商／聯合發行股份有限公司
電話：(02)2917-8022　傳真：(02)2911-0053

■ 2024 年 01 月 04 日初版　　Printed in Taiwan

定價 520 元

城邦讀書花園
www.cite.com.tw

ISBN 978-626-318-976-8

商周出版

廣 告 回 函
北區郵政管理登記證
北臺字第000791號
郵資已付，免貼郵票

104　台北市民生東路二段141號2樓

英屬蓋曼群島商家庭傳媒股份有限公司城邦分公司　收

請沿虛線對摺，謝謝！

商周出版

書號：BK5214　書名：犯罪故事沒有說的事　編碼：

請於此處用膠水黏貼

商周出版

讀者回函卡

線上版讀者回函卡

感謝您購買我們出版的書籍！請費心填寫此回函卡，我們將不定期寄上城邦集團最新的出版訊息。

姓名：＿＿＿＿＿＿＿＿＿＿＿＿＿＿＿＿＿＿＿＿ 性別：□男 □女

生日：西元＿＿＿＿＿＿年＿＿＿＿＿＿月＿＿＿＿＿＿日

地址：＿＿＿＿＿＿＿＿＿＿＿＿＿＿＿＿＿＿＿＿＿＿＿＿＿＿＿＿

聯絡電話：＿＿＿＿＿＿＿＿＿＿＿＿ 傳真：＿＿＿＿＿＿＿＿＿＿＿＿

E-mail ：

學歷：□ 1. 小學 □ 2. 國中 □ 3. 高中 □ 4. 大學 □ 5. 研究所以上

職業：□ 1. 學生 □ 2. 軍公教 □ 3. 服務 □ 4. 金融 □ 5. 製造 □ 6. 資訊
□ 7. 傳播 □ 8. 自由業 □ 9. 農漁牧 □ 10. 家管 □ 11. 退休
□ 12. 其他＿＿＿＿＿＿＿＿＿＿＿＿＿＿＿＿＿＿＿＿＿＿＿＿

您從何種方式得知本書消息？
□ 1. 書店 □ 2. 網路 □ 3. 報紙 □ 4. 雜誌 □ 5. 廣播 □ 6. 電視
□ 7. 親友推薦 □ 8. 其他＿＿＿＿＿＿＿＿＿＿＿＿＿＿＿＿＿＿

您通常以何種方式購書？
□ 1. 書店 □ 2. 網路 □ 3. 傳真訂購 □ 4. 郵局劃撥 □ 5. 其他＿＿＿＿

您喜歡閱讀那些類別的書籍？
□ 1. 財經商業 □ 2. 自然科學 □ 3. 歷史 □ 4. 法律 □ 5. 文學
□ 6. 休閒旅遊 □ 7. 小說 □ 8. 人物傳記 □ 9. 生活、勵志 □ 10. 其他

對我們的建議：＿＿＿＿＿＿＿＿＿＿＿＿＿＿＿＿＿＿＿＿＿＿＿＿＿＿＿
＿＿＿＿＿＿＿＿＿＿＿＿＿＿＿＿＿＿＿＿＿＿＿＿＿＿＿＿＿＿＿＿
＿＿＿＿＿＿＿＿＿＿＿＿＿＿＿＿＿＿＿＿＿＿＿＿＿＿＿＿＿＿＿＿

為提供訂購、行銷、客戶管理或其他合於營業登記項目或章程所定業務之目的，城邦出版人集團（即英屬蓋曼群島商家庭傳媒（股）公司城邦分公司、城邦化事業（股）公司），於本集團之營運期間及地區內，將以電郵、傳真、電話、簡訊、郵寄或其他公告方式利用您提供之資料（資料類別：C001、C002、3、C011 等）。利用對象除本集團外，亦可能包括相關服務的協力機構。如您有依個資法第三條或其他需服務之處，得致電本公司客服中心電話 02-7718 請求協助。相關資料如為非必要項目，不提供亦不影響您的權益。】

1 辨識個人者：如消費者之姓名、地址、電話、電子郵件等資訊。 2.C002 辨識財務者：如信用卡或轉帳帳戶資訊。
政府資料中之辨識者：如身分證字號或護照號碼（外國人）。 4.C011 個人描述：如性別、國籍、出生年月日。

請於此處用膠水黏貼